剣道昇段審査合格の秘密

八段合格者88人の体験記に学ぶ

JN151414

目次

一、打込台を使った攻め合いのひとり稽古

二、200段の階段を2分で昇る。立合の感覚を身体に覚えこませた

三、稽古姿をビデオで比較、合格者との違いを研究した

四、メモをとる・読み返す・イメージする・稽古する

五、審査1ヶ月前の決断。先の掛かりの稽古に切り替えた

六、3年計画で合格プランを立てる。次があるからの気持ちを捨て去った

七、詰めた稽古、気を抜かない稽古、苦しい稽古が合格をもたらした

八、朝稽古で基本を確認。切り返しに半分以上の時間を費やす

九、剣道具を車に常備。出張先も道具持参で稽古を願う

十、審査は二分間三本勝負、二本取得をめざした

一、打込台を使った攻め合いのひとり稽古

突然の郡部勤務、量の不足を一人稽古で補った

1

亀井　徹

熊本県・警察官

かめい・とおる／昭和29年熊本県生まれ。九州学院高校から明治大学に進み、卒業後、熊本県警察に奉職。全日本選手権大会、世界大会、東西対抗、全日本七段戦など各種大会に出場。現在、熊本県警察本部教養課術科補佐。平成12年11月、八段合格。同21年5月、剣道範士。

私の場合、運よく八段審査に1回で合格することができました。皆さんは1回といえば、簡単だったのだなと思われるかもしれませんが、そこにはかなりの紆余曲折がありました。

もちろん46歳になったら八段受審の資格ができることはわかっていたことであり、ただ黙々と稽古さえ積めばどうにかなると、たかをくくっていたものでした。

しかし、突然の郡部勤務を命じられたときには、目の前が真っ暗になってしまい、これはやばい、と痛感したのを今でも鮮明に憶えております。

その郡部というのは県南の熊本市内から約100kmのところにある県下でも1、2番目に小さな警察署でした。

赴任してすぐ稽古場所を探しはじめ、地元では週1回水曜日夜1時間だけあることがわかり、かなりあせりました。しかし、他にないかと探しましたところ、地元高校、約40km離れた八代の高校、あるいは八代の一般の稽古会があることがわかり、一安心しました。

それでも週2～3回程度の稽古であり、以前に比べたら量的にも内容的にも満足いくものではありませんでした。

そこで稽古不足を補い、どうしたら八段に一発で合格できるかを考え、いくつか実践しましたので、それを皆さんに紹介したいと思います。

1、足の衰えを防ぎ、できれば強化すること（審査前）

地稽古の前にできるだけ基本打ちをすること。

すり足を素早く、できるだけ長くやること。

相手がいないときには一人稽古をやる。

道場においてすり足、踏み込み足、ダッシュ、素振り等を約1時間やること。

その他、道場が使用できないとき、あるいは仕事で帰りが遅くなったときなどは近くのグラウンドでかけ足、ダッシュをおこなった（回数を決めること）。

2、間合を詰めること（審査当日）

相手と対したときに退らないという消極的な考えではなく、前に出ることを心がけた。

一足一刀の間合からの打突が理想ではあるが、稽古不足を補うためにも体勢が崩れにくい近間を求めた。

3、大きな声を出すこと（審査当日）

相手に関係なく自分にできることであり、一生懸命をアピールするのはこれが一番ではないだろうか。

4、剣先を下げた（審査当日）

早く打とうとするあまり、剣先が上がり、手元が浮き、溜めがなくなり、手打ちにならないよう心がけた。

以上のことを留意し審査に臨んだのがよかったのかどうかわかりませんが、どうにか合格することができました。今まで指導していただいた多くの先生、先輩、仲間に感謝し、今は八段の重みを肌で感じ、より以上の修錬に心がけているところであります。

健康管理とパワーの向上 打突の軽さは素振りで改善した

2

原田哲夫　京都府・警察官

はらだ・てつお／昭和28年鳥取県生まれ。大阪府貿易学院高校（現・開明高）卒業後、京都府警察に奉職。全日本選手権大会優勝、世界大会団体優勝。現在、京都府警察木津署勤務。平成15年11月、八段合格。

昭和59年、第32回全日本剣道選手権大会に優勝し、はや19年が過ぎました。その間、職業人として、剣道人としていろいろなことがありました。しかし、それがすべてこの八段合格につながったのではないかと思います。

選手時代の私は、ただひたすら「勝つ」ことだけに執念を燃やし過酷なトレーニング、稽古に明け暮れていたように思います。しかし、やりすぎが原因で30歳を過ぎた頃から足の故障に悩まされ、一時は剣道を中断していた時期もありました。剣道人が稽古できないほど苦しいことはありません。毎日悶々とする生活を続けながら、剣道への想いは募るばかりでした。

そんな時です。私は一人警察本部道場で素振りをおこなっていました。すると、あとから通信部職員の剣道愛好者二人が横で稽古を始められました。決して器用な剣道ではなかったのですが、その熱意は驚くべきものがありました。その稽古を拝見しながら「この人たちの役に立つことはないだろうか」と思ったのが、私の剣道人生の第二の出発点であったように思います。

その後、平成5年に、府警の剣道愛好者とともに府警剣道クラブ（市田純三初代会長）を、平成6年に地域の剣道愛好者とともに城陽土曜稽古会（小川裕士幹事長）を発足し、私の主な稽古場所となりました。ここで稽古する剣道愛好者は、本格的な剣道をめざし、教わることに素直で貪欲でした。

私は、この人たちのためにも少しでも高いレベルの指導をめざし、八段審査にも合格したいと思うようになりました。また、府警クラブ、城陽土曜稽古会、中心の稽古のなかから八段に挑戦しようと考えていました。

昇段審査は、七段まで苦労せずにきましたので、受ければ合格するであろうと安易な気持ちでいたことは確かです。しかし、八段審査はそんな甘いものではありませんでした。

最初に受審したときは、目標がすぐそこにあるような気がしました。その後、不合格のたびに目標がだんだん遠くなり、7回目不合格のときは、もう無理かもしれない。と思ったほどです。

剣道をめざす者にとって、八段は大きな夢であり、目標でもあります。その夢をつかむために、何をしなければならないか、私の取り組んだことを紹介したいと思います。

稽古で心がけた3つのポイント。疲れを残さない自己管理

私は、一貫して井上晋一先生（剣道範士九段）に指導していただきました。数多くの指導のなかでとくに心がけたことは、

①一瞬も気を抜くことのない「気一杯の稽古」
②稽古にスタミナ配分をしない
③相手を休ませない先の稽古

以上3点です。日々の稽古において、意識しておこなうようにしていました。

また、稽古をおこなう上において、基になるのが健康です。しかし、長年激しい稽古を続けてきた者には、故障はつきものです。

私には、足の関節炎と腰痛があります。治療は、良いといわれることは何でも試し、自分に合ったものを選ぶようにしました。また、平日は夜間の稽古となるので、疲れを翌日に残さないように睡眠に配意するなど、体の手入れを十分におこない、常に稽古できる状態にしておくことが大切です。

剣道八段に必要なパワーをつける。腹筋・背筋を鍛えた

剣道は格闘技であり、パワーが必要です。選手時代も柔道選手と一緒にウエイトトレーニングに励んでいました。年齢とともに低下するパワーを向上させるのに剣道の稽古だけでは限界があります。しかし、単調な動作をくり返さなければならないトレーニングを続けることは難しいことです。そこで私は、

コナミ・スポーツジムに通うことにしました。職場の横にあり、最新の機械があること、同じ目的の人がおり、雰囲気がいいこと、などトレーニングには最高の環境でした。そこで一番に取り組んだのが体幹（腹筋・背筋）の強化です。

２００３年８月、パリで開催された世界陸上選手権男子２００メートルで末続慎吾選手が銅メダルを獲得しました。日本人選手が短距離でメダルを取るなど考えられないことです。末続選手は大学入学当時弾むような走り方で力が上に逃げていたそうです。腹筋・背筋を鍛えることでバネを前への推進力に変えることができ、メダルにつながったとのことでした。剣道においても打ち込む瞬発力を生むには、腹筋・背筋を鍛えることがなにより大切です。

打突の軽さを素振りで是正。二次審査終了までイメージした

各先生方から指摘されることは、「打ちが軽い」というものでした。これをなおすために取り組んだのが「素振り」です。今までの素振りをもう一度考え直し、細かいところまで気を遣い振ることにしました。とくに心がけたことは、体全体の力を竹刀の打突部一点にまとめることです。各道場での稽古において必ず素振りの時間を十分にとり、一本一本自分の思いを込めて大切に振ることにしました。また、早朝出勤をして署の道場でおこなうこともありました。とにかく、正しい素振りを体得するまで振ることが、「鋭い打突」につながり、本格的な剣道に変わっていけると信じています。

選手時代の私は、試合前は必ず対戦相手を想定してイメージで戦っていました。だから、実際に初めて対戦する選手でも戸惑いがなく戦うことができました。

八段挑戦のイメージは、「審査日の1日」です。起床から二次審査終了までイメージすることで当日間違いのない行動がとれます。審査相手については、審査にきておられる人の顔ぶれをよく覚えておき、主だった人を選びます。また、残心・立居振る舞いについてもイメージしておくことが大切です。

審査を楽しむ。気持ちも楽になり、自然に力が出せた

過去7回の審査において共通していえることは、合格するんだという思いが強すぎ、心に余裕がなかったことです。その反省から今回は審査を「楽しむ」という気持ちで取り組みました。すると気持ちも楽になり、体に力がみなぎってくるような気になりました。選手時代にもなかった感覚であり、自然に力が出せたように思います。

昭和60年、読売スポーツ賞を受賞後、パーティーに出席しました。出席者は各スポーツの一流選手ばかりです。その中の卓球関係者が私に、「私は剣道のことはわかりませんが、全日本剣道選手権はいつも関心をもって見ています。なぜなら、剣道は日本の伝統文化だからです。これからも良い剣道をつくり上げてください」と言われたことを今でも忘れられません。剣道は古来、日本国民のものであり、その継承者が私たちだと思います。だから、常に日本の伝統文化としての剣道を意識して責任ある稽古をすることが大切です。

今後は、さらに深く剣道を追求し、伝統文化である剣道を、より良いものにする一端を担えれば幸いです。それが、私に与えられた剣道人としての使命だと考えています。

逆転の発想
右手の脱力より左手の強化をえらんだ

3

矢作恵一郎　山形県

やはぎ・けいいちろう／昭和16年山形県生まれ。県立新庄北高校卒業後、山形県警察に奉職。全日本選手権大会、東西対抗、国体などに出場。現在、全日本剣道連盟評議員、山形県剣道連盟副理事長。平成15年11月、八段合格。

呼吸を切らない打ち返しと足を継がない面打ち

剣道を始めたのは、高校1年の終わりからで、卒業と同時に山形県警察官に採用され15年間、剣道特別訓練員として選手生活を経験しております。

昭和55年に警察大学校の術科指導者養成科に入校し、6ヶ月間伊保清次先生、松永政美先生の指導をいただきました。

昭和58年に山形県警察本部教養課勤務となり、剣道特別訓練員の監督として指導に携わっております。平成４年に山形県で国民体育大会が開催されるにあたり、成年二部の強化担当に指名され2年間、強化に没頭しました。

この間、中央コーチとして岡憲次郎先生をお迎えし、ご指導をいただきました。年に数回、来県しての指導でしたのでテーマを与えていただき、次回の強化訓練まで達成しておくという方法であったと思います。

とくに、呼吸を切らないでの打ち返しと足を継がないでの面打ちが中心でありました。打ち返しで大事なのは、連続左右面で肺の中の空気が無くなっても息を吸うことなく最後の面を打ち切ることだと教えていただきました。

剣道で大切な呼吸法を無意識のうちに教えていただいたのではないかと感じております。長年の我流剣道のせいで、足を継がないでの面は、1年経っても2年経っても自分のものにはできませんでした。

足を継がなくてもその場で足を踏み替えたり、足が動かないときは体を前傾したりして面にいってしまいます。

国体の強化では北は青森県から南は長崎県まで20県におよぶ遠征訓練をおこない、各県の選手に稽古をお願いしております。

国体が終わるまでは、試合に勝つことが最大の目標で昇段審査に挑戦するという意識はあまりありませんでした。

8年のブランクを経て剣道再開。足を継がずに一拍子で打つ

地元国体が終わった平成5年、人事異動により警察本部教養課を離れたことで剣道から離れた生活となりました。

平成13年3月に警察を退職したことで精神的に余裕ができたことから剣道を再開しております。稽古は週に2～3回で1回1時間程度のものです。

月曜日の夜は県警の機動隊道場、水曜日は県武道館、金曜日は個人の道場でお世話になっております。決して稽古量は多くないので一本一本を真剣に全力を傾注してやったつもりです。

初太刀一本までは慎重に、それ以後は打ち込み稽古を意識した稽古に終始しました。まわりの先生方からは、打ち過ぎだと批判をいただきましたが、技を身に覚えさせるには数しかないと勝手に思いこみ、誰に稽古をお願いしても先の面を打ち続けました。

13年の11月に1回目の八段審査に挑みました。

一次審査は合格しましたが二次では格違いの力を見せつけられ納得の不合格でした。

幸いなことに、山形県剣道連盟では平成13年度から堀籠敬蔵先生、岡憲次郎先生、佐藤成明先生、岩立三郎先生を順次講師にお迎えし、昇段審査受審者を中心にした講習会を開催しております。この講習会には欠かさず参加し指導をいただきました。

1年間、試行錯誤をくり返しながら稽古を続けましたが、やはり二次審査で不合格となりました。

講習会のなかで構え、足さばき等について指摘をいただいても、理解はできたつもりでも稽古に夢中になると崩れてしまうことから、自宅2階にある吹き抜けの空間に等身大の鏡を据え付け、稽古のない

日は構えの矯正と素振り、相手をイメージしての一人稽古をおこないました。ほんの短い時間でしたが1日1回は竹刀を手にするように心がけました。

昇段審査の3ヶ月前でしたが社会体育指導員剣道（初級）講習が山形県で開催されました。この講習には八段の先生方が多数おいでになり大変勉強になりました。講師の先生方の指導稽古のなかで面を打って体勢が崩れ、竹刀が少し回るがこれは右手が勝っているからではないかとの指導をいただきました。また、講義で脚力のトレーニングのため、足首にパワーアンクルを巻き付けて通勤している事例の紹介がありました。

短期間に右手の力を抜くことは困難と思い、逆の発想で左手の握力をつけ小指が曲がるようにしようと思い立ちました。というのも私の場合、ソフトボールで突き指したものを手当てをしないまま放置していたため、左手小指が中途半端にしか折り曲げられない状態にありました。

講習が終わった帰り道、スポーツ店に立ち寄りパワーアンクルとハンドグリップを買い求め、パワーアンクルは朝起きてから夜寝るまで装着し、ハンドグリップは常に持ち歩き小指に負荷をかけチョキチョキやっておりました。

2ヶ月くらいでしょうか、小指は完全に曲がるようになり、構えも心なしか剣先に力が入り、加えて面打ちが少し楽になったと感じられました。

13年の11月の受審は稽古再開の日も浅く審査の雰囲気をつかむこと。14年、15年までの受審には、足を継がないで一拍子の面を打つことを意識して稽古をしたつもりです。

11月の審査1回の受審にしたのは、指導や助言いただいたことを半年間では自分のものにするのは難しく、同じことをやってもまた失敗するのではないかと考えてのことです。

指導をいただいたことを素直に受け止める謙虚さは大切ですが、多くの先生方からの指導いただいたことをすべてやることは不可能であり、自分で取捨選択して、これだと心に響くものを継続していくことが大切ではないかと思います。

今回幸運にも合格できたのは、五十嵐秀男理事長が自ら範を示し組織をあげて取り組んだ成果の一環であり、東北地区の合同稽古会等では各県の先生方が八段不在県を何とかしなくてはと親身になって指導してくださった賜物と感謝しております。

今後は手数と体力の剣道だけではなく、心の剣道についても意識し修行していきたいと考えております。

打込台を使った攻め合いのひとり稽古

4

林　達雄　大分県・自営業

はやし・たつお／昭和24年大分県生まれ。早稲田大学卒業後、アメリカへ留学。昭和52年に英語教室を開校する。現在、ハヤシ英語教育センター代表。平成13年5月、八段合格。

剣道ノートを作成、毎回テーマを決めて稽古に臨んだ

大学を出て、アメリカの大学院での2年間の留学を終え、私は郷里の大分県三重町に戻り、英語教室を開校しました。1977年のことです。剣道はずっと少年指導を中心に続けてきました。

七段を取得したのは平成2年でした。剣道八段というものに対しては漠然としたものしか抱いておらず、遠い存在でした。七段になってからはただ剣道が好きであるということだけで続けてこられた気が

します。

八段受審の準備と本格的な稽古に入ったのは受審2年前からでした。私の一番の悩みは稽古量が少ないということでした。一般の稽古はほとんどが夜であって、私は塾の仕事で行くことができませんでした。それで量よりは質を大切にするしかないと考え、日曜日は地元の道場で剣友と汗を流し、火曜日は大分市の道場に通うという、基本的に週2回の稽古を八段審査のための修業としてきました。

まず、剣道ノートを作り、毎回の稽古の前にテーマを決めて書きとめ、稽古後は再びノートに反省と課題を書き入れ、次の稽古のための指針としました。

私は良師に恵まれました。小さい頃からの恩師成田三吉郎先生にはよく褒めていただき、やる気を引き出されました。

受審1年前に、東京より後藤清光先生（剣道範士八段）が私の郷里に戻ってこられて、鮮烈な刺激を受けました。先生は私の家の近くにお住まいで、事あるごとにお話を聞くことができました。先生からは「間合」と「捨てて打ち切る」ことの2つのテーマをいただき、修業の目標としました。

火曜日の夜は大分市の光明館道場の青木彦人先生（剣道範士八段）のところで指導を仰ぎました。先生からは「溜め」と「攻め返し」の2つのテーマを中心に親しく指導を受けました。先生には「溜め」というのは「気負い」と「居つき」の中間にあるものだと教わりましたが、その意味を理解するのに長い時間がかかりました。

青木先生から指導を受けた次の週の火曜日は、同じ大分市にある芳流館道場（三股量館長）に出向き、青木先生から教わったことを同じ七段の先生方との稽古で習得することに努めました。

生徒が帰った英語教室で毎晩打込台に向かって修錬した

しかし、やはり週2回の稽古量では絶対量が不足しているのは明らかです。そんな時、大学時代の先輩である矢野尊之さん（剣道教士八段）と電話でお話しすることがあり、先輩は「お前の教室でひとり稽古をしたらいいよ」と言われ、ハッと目覚めました。そうだ、教室は板張りだし、広さもある。外にばかり目を向けていて、身近なことに気付かなかったのです。ちょうど『剣道時代』誌の広告にあった打込台を購入し、備え付けました。礼から始め、蹲踞、立ち上がり、構え、そして、攻め合いからの打ち込みを毎晩生徒が帰った後、おこないました。

大切にしたのは隙のない動作、動き、そして攻め合いです。すぐに打ってゆくのではなく、気位を練り、動かぬ人形を相手に見立てて、心の攻め合いを意識して間を取って構えます。そして機をみて打ち込んでゆくのです。この打込台は面も小手も胴も打てるようになっていて、とても役立ちました。このことにより、気が練れ、充実した姿勢をとることと、打ち切るという稽古ができた気がします。

平成13年5月、2回目の受審で合格できました。大学3年時に早慶対抗剣道試合で4人抜きの優秀選手になったのが唯一の勲章で、私は準レギュラーでしかなかったし、その後も大きな大会の出場経験はほとんどありません。学生時代に、部の他に警視庁、講談社野間道場、会社の道場などで猛烈に稽古したことと、少ない稽古回数での質を高める努力をしたことが合格につながったのではないかと考えています。また、剣道が盛んな大分県という風土が私に味方してくれたのも事実です。

私は「修錬」という言葉が好きです。今後もこの2文字を大切に、修業に励んでゆきたいと思います。

60歳を機に八段に挑戦 構えづくり、正確な素振りからはじめた

5

小久保昇治 大阪府

こくぼ・しょうじ／昭和10年栃木県生まれ。県立栃木高校から東京教育大学に進み、卒業後、大阪府高校教員となる。井上正孝、小森園正雄、作道正夫各先生に師事。大阪体育大学教授を経て、現在、全日本学校剣道連盟副会長兼専務理事、全日本剣道連盟審議員・同普及委員会学校教育部会委員長。平成17年11月、八段合格。

私は平成17年11月の八段審査において70歳で八段に合格することができました。これまでに温かい激励や数々のご指導を賜わりました諸先生をはじめ皆さま方に心から御礼申し上げます。

私が剣道を始めたのは、昭和27年高校2年生の秋、「しない競技」からでした。大学4年間は剣道部で活動し、卒業後は大阪の府立高校の教諭を6年間、そして昭和39年から平成4年3月まで大阪府教育委員会事務局で勤務、その後、府立高校校長、府立体育会館の館長を勤め、平成10年4月から大阪体育大学教授（剣道は担当していない）として現在に至っています。

このように29歳で教育委員会に転勤してから27年間教育行政の仕事に携わったので、その間は剣道の稽古はできない状況でした。

平成8年3月、60歳の定年退職を迎えたので、その後本格的に剣道の稽古ができるようになりました。もっとも鍛えるべき年代に鍛えることができなかったので、不安もありながら八段審査を受けるようになりました。

ここ数年の審査会において3回一次合格、二次審査で不合格となりましたが、不合格のたびになにが不足か、稽古の課題がはっきり持てたことがよい結果につながったと思います。

苦労した中段の構えづくり。腰の決まりがポイントだった

審査員はどのようなところを見て合否の判定されているのか。25人の剣道範士の考えをまとめた『剣道審査員の目』（体育とスポーツ出版社刊）を読んでみると、審査員の先生方は、はじめの着目点として「足の構えに注目する」「立ち姿を見る、構えを見る」「正しい着装が身に付いているか」「基本を体現できるか」「手の内に着目する」「礼法、作法が身に付いているか」と書かれています。これらができていなければ合格点は出ないと思いました。

これは剣道の基本ですが、基本をおろそかにして悪い癖がついていることが少なくありません。私は受審前の稽古のなかで、これらを一つひとつ確認しなおすことからやりました。もっとも苦労したのが「中段の構え」でした。腰がビシッと決まった中段の構えができれば、よい打ちができる。気構えも充実してくることがわかりました。

2つ目は、素振りです。剣道の打突の基本（原点）は素振りにあると信じます。腰の構えを崩さない体さばきでの素振りです。振りかぶりと振りおろしは左手主導でおこなって刃筋を正しく振りおろし、足さばきと一致するようにしました。「気剣体一致」を意識してやりました。次に、空間の正面打ちは一本一本、振りかぶりから振りおろしをすばやくおこない、腰を崩さない体さばきでやりました。これは「一拍子の打ち」の基本と考えたからです。

昔から迷ったら原点に戻れ、悩んだら基本に帰れの言葉どおり、自分の剣道を基本に戻して見直す絶好の機会になったと考えます。

稽古で心がけた3項目。審査会で実践できた3項目

稽古で心がけたことは次の3項目です。

①目線の高さを変えない体さばき

稽古中に姿勢が上下したり、打った時や打った後に体が崩れないように「目線の高さを変えない」体さばきを心がけました。こうすることによって小手打ちや胴打ちで腰が曲がったり下がったりが矯正できました。

②初太刀を意識した稽古

どんな相手に対しても初太刀は一本取る稽古をやってきました。常に先の気持ちで立ち合い、剣先で相手の体の中心を攻め、中段の構えで左足に体重を乗せておくと、相手が動いたところを打突することができます。

③高段者に稽古をお願いし、指導を受ける

高段者の先生方に稽古をお願いして、具体的な指導をいただくことが絶対に必要です。

また、今回の八段審査に臨んでとくに心がけたことは次のことでした。

①立ち上がって構えてからは、時間をとって気を充実させ、気で攻め、剣先で攻めながら相手をよく観る。相手が出てくるところは、捨て身で打って出る。

②目線の高さを変えず、攻める時、打突時、打突後の姿勢が崩れないようにする。

③有効打突を一本打てばよい。無駄打ちはやらないようにする。

以上のことが今回の審査においてはできたので幸運にも合格できたのではないかと思っています。

高齢の剣道愛好者のなかには、私と同様に若いとき仕事が主で剣道ができず、定年退職してから剣道の稽古に励んでおられる方も多いと思います。70歳過ぎても合格可能です。高齢者の皆さんのますますのご活躍を心からお祈り申し上げます。

ビデオ活用による軌道修正 居合刀による素振りを実行した

6

岡田廣久　栃木県・会社員

おかだ・ひろひさ／昭和15年栃木県生まれ。県立足利工業高校卒業後、㈱日立製作所栃木工場に入社。平成5年に消費生活アドバイザー（国家試験）に合格。現在、栃木県剣道連盟常任理事、栃木県実業団剣道連盟副会長、足利市消費生活センター嘱託。平成10年11月、八段合格。

実業人の剣道は当然のことながら、称号・段位の昇格が職場での昇級・昇格につながるわけではありません。実業人剣道の目的は、自分の置かれている立場で業務を全うし、会社・社会に貢献することです。したがって、その手段として剣道の修錬により何事にも耐え得る強靱なる身体と忍耐力・根性の養成、および人格の形成をめざすもので、これが一番大切と信じて修行してきました。

しかしながら、昇段審査に実業人・警察官・教員などの区分けがあるはずありません。ただただ無心で審査に臨み、審査は自分の努力・精進の進度を試すものと考えるべきです。すでに七段になって久しく、常に指導的立場でこの道に取り組んでいるのですから。よく「審査に落ちた」という人がいますが、これは間違いで「審査に合格しなかった」というべきです。たとえ不合格でも確実にレベルアップしていることは間違いありません。私は、どんなゆるい坂でも上り坂なら必ず目標点に到達すると考え、挑戦しました。

私の六段合格は30歳でしたから、実業人としてそれほど進度は遅くないと自負していたのですが、七段は挑戦してから7年かかり43歳の合格でした。この理由は、永い間、企業チーム・地域チームの選手として勝負にこだわった剣道に終始してきたことのツケがまわってきたこと、および職場の異動や立場の変化など、いわゆる働き盛りで稽古量が激減したことがあげられます。

八段挑戦の決意は、53歳（七段合格後10年経過）になったのをキッカケに実業人としてやれるだけやってみようと思い、「会社員の現役60歳までに何としても合格する」と目標設定しました。

私が実行した7つの法則

1、素直な心で指導を仰ぐこと

栃木県実業団剣道連盟は今年（平成15年）創立34年になりますが、当時より故小笠原三郎範士および故堀内肖吉範士に懇切にご指導いただきました。その折々の言葉はメモし、くり返し読み、実行に努力したほか、いただいた手紙・はがきなども有り難く、できるだけ保管に努めました。

具体的には、小笠原範士には指導者としての心構え・所作の大切さ、堀内範士には左足の蹴り・引きつけの重要性などをご指導いただいたのが、つい先日のように思い出されます。先生や先輩の指導には、素直になり、はやく吸収することが肝要です。

2、安易に元立ちにならないこと

講習会・審査会などの後に必ず合同稽古会があります。この折、七段以上元立ちというのが一般的ですが、私は安易に元立ちにならないことを決めました。

栃木県には全国的・国際的にご活躍されている八段の先生が3人おります。福田匡志先生、菅波一元先生、白石正範先生です。すなわち、この3人の先生方に稽古をお願いした後にしか元に立たないことにしたのです。

しかしながら、この先生方に構えられ、睨まれるといつのまにか掛かり稽古のようになってしまいましたが、思いきり自分を投げ出した稽古は、あとで下位の人と立ち合ったときにその効果大なることに気付きました。

いま、周りをみると、六・七段に挑戦している人たちがすぐ元立ちになり同好の士と稽古をしていますが、まずは目標達成第一で上位に稽古をお願いすべきと考えます。

3、ビデオ活用による軌道修正

スペースシャトルが地球に帰還する際には、大気圏突入にあたり厳密な軌道修正があってはじめて実現すると聞いています。

我が剣道も、とくに高段者としての風格や、気剣体一致の打突は一朝一夕でできるものではなく、毎日の稽古で強い意思をもって自分を修正していかねばなりません。

また、人間ある程度の立場や年齢になれば「あなた、それはおかしい、こうすべき」と指摘してくれません。そこで、自分の稽古・立合を知人にビデオで撮ってもらい、くり返し研究しました。「百聞は一見にしかず」です。とくに意識していないときに撮ったビデオは非常に役立ちます。ぜひ実行のほどを。

4、居合刀による素振りの励行

会社員、現役しかも管理職で自分の余暇を計画通りにおこなえる企業などないと考えます。そこで稽古不足を補う方法として独り稽古、とくに居合刀による素振りを実行することに決めました。まず庭先で機会あるごとに特注の居合刀（二尺四寸五分・樋入り）の素振りをしました。素振り内容は、打ち込みスピード、および打ち込み力を高めるため、顎下まで切り下げる面打ちが主体でした。刀は玄関脇に置き、帰宅して自宅に上がる前に多く実行しました。

ある晩、これがハバキの所から折れて庭に激しく落下し、驚きました。断面を見るとハバキ付根からの疲労破壊のようでした。柄の巻糸が傷んできたので修理に出そうと思っていた矢先のことでした。

その後、同じ物を注文し、量は少ないですが今でも素振りは実行しています。なお、職場のロッカー内にも素振り用木刀を入れておき、昼休みにも実行しました。他人には何もそこまでしなくてもと思われていたようですが……。

5、積極的稽古量の確保

合格への習得課題が多いなか、先に述べたように稽古は計画通りいかないのが常です。従来どおり地区剣連の稽古・県剣連行事後の稽古のみですと、都合で行けなくなれば稽古量が減少します。そこで勤務地の地区剣連にも稽古をお願いした他、審査会で自分が審査員になっていない場合でも出かけていき、終了後の稽古会には参加しました。

また、県実業団剣連は創立当初より会合は原則として剣道具持参とし、会合と稽古会をセットとしてありましたので、これも稽古量の確保に大いに役立ちました。

昔からよく「稽古には金をかけろ」といいますが、その通り遠距離・深夜をいとわず精進すれば報われると考えます。

6、上位には教わり下位には学べ

先に紹介しました故小笠原三郎先生は剣道を学ぶ心がけとして「上位には教わり下位には学べ」とよく申しておられました。田舎にいるとなかなか上位の先生に常にお願いするわけにはいきません。そこで、下位の人と稽古する際には自己に相当厳しく鞭打って立ち向かうことが肝要で、下位の人に学ぶ姿勢がもっとも大切です。

また、小中学生の指導時には基本第一、および自分の足らないところをくり返し実行しました。

7、立合当日、自己暗示のすすめ

ご存じのとおり審査当日の組合せは、ほぼ生年月日順になっており気負わずに淡々と立ち合いたいものですが、会場の雰囲気からまさに「言うは易くして行なうは難し」です。そこで私は自己暗示をかけてきました。「七段合格までの永い苦しい修行、その後10年の修行を経て挑戦しているのだ。誰にも負けないくらい一筋に努力・精進してきたのだ。駄目ならまた修行し直せばよい」と。このように自分に言い聞かせることで心の落ち着きを保ちました。

八段挑戦5年、6度目（東京5回・京都1回）の58歳でなんとか合格しました。設定した目標の「会社員現役中の合格」を達成できたことはたいへんな喜びでした。多くの方々のご指導ご支援にわずかながら恩返しができました。

また、当日はほんとうに長い1日でした。一次審査・二次審査後、剣道形・学科審査と進み、終了後、鏡をみると頬がコケて厳しい顔つきだったのが思い出されます。

八段審査に合格したものの、鍛錬不足、すべてに未熟を自覚している私はその後、従来以上の求道心で修行に取り組んでいます。

ある書道の大家がテレビの書道教室で「辿り来ていまだ山麓」と謙虚に申していました。何事も上位になればなるほどいつも注目され、常に範を垂れることを求められます。謙虚で向上心を失わず「実る程、頭を垂れる稲穂かな」この言葉も大事にしていきたいと思っています。

居合に学ぶ剣道基本
重い真剣で腕力をつけた

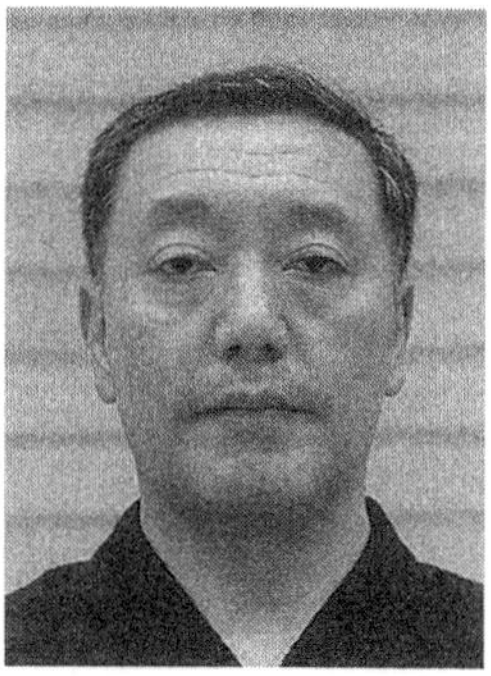

7

田口 昇 秋田県・警察官

たぐち・のぼる／昭和31年秋田県生まれ。県立秋田工業高校卒業後、秋田県警察に奉職。全国警察官大会、都道府県対抗、東西対抗などに出場。国体4位。現在、秋田県警察術科師範。平成18年5月、八段合格。

攻めるためには我慢が大切。打ち気をこらえて攻め続ける

剣道八段に合格したのは、多くの先生方のご指導と一緒に稽古してきた秋田県警察剣道特別訓練員のおかげであると感謝しています。稽古して後輩に打たれ、突かれ、「これではいけない」と反省し、素振りやトレーニングを続けてきました。同じことを毎日くり返すことが精進であると思います。自分が正しいと思ったことを、ただひたすらおこなってきたことがいい結果につながったと思っています。

私が稽古する上で心がけたことは、攻め、姿勢、打突の強さ、速さでした。剣道は気構え、身構えが大切です。先生方は、「相手が打ち込もうとする兆しをとらえて打つことが大切である」とよくいわれます。しかし、実際に立合を経験してみると、なかなか思うようにはいきません。相手が出てくるのを待っていては出遅れてしまいます。自分から攻めて打ち込んでいっては、抜かれたり、出ばなを打たれたりしてしまいます。

そこで、私が「攻め」で注意したことは我慢することでした。打ちたいところを我慢して相手を攻めるのです。相手が我慢できずに打とうとするところを思い切り打っていくように心がけました。

へそと足さばきで姿勢を矯正。素振りで出ばな技に磨きをかけた

姿勢がしっかりしていれば美しく見えます。着装も姿勢のひとつだと思います。姿勢については、構えたときの姿勢と打ち込んだときの姿勢、打ち終わった後の姿勢が大切です。構えたときの姿勢は、背筋を伸ばし、鏡に映った自分の姿を矯正すれば形だけは整えることができます。しかし、打ち込んだときの姿勢は簡単に直せません。私の場合、姿勢が前傾し、打ち込んだときに左肘が挙がる癖があり、稽古のたびに先生方から注意を受けました。

腕に力が入ると姿勢が崩れます。打ち込んだときの姿勢を保つためには、上半身の力を抜き、左脇を締め、へそから下に力が入るよう心がけました。

また、足さばきが大切です。私は踏み足、跳ね足にならないよう右足をすり足で前に出すこと、左足の引きつけを速くすることに注意しました。この足さばきにより、打ち込んだときの姿勢がよくなった

と思います。打ち込んだときの姿勢がよくなれば、打ち終わった後の姿勢も自然とよくなりました。

打突の強さ、速さについては、稽古だけでは不充分でした。元立ちを30分間おこなったとき、竹刀を何回振っているでしょうか。素振りだけを5分間おこなったときのほうが竹刀を振る回数が多いのです。稽古で足りない分は、自分で工夫を凝らした素振りをして打ちの強さ、速さを強化しました。竹刀の操作を速くすることで、出ばな技にキレが出てきました。打ちの強さが出てくると、切り落とし技が決まるようになりました。基本は素振りであると思います。仕事が忙しく、稽古ができないときもありますが、1日1回は木刀、竹刀を握ることに心がけました。

私は居合道も修行しています。居合道も素振りが基本です。真剣と竹刀では重さがまったく違います。居合道で使用する真剣の重さは1キログラム前後です。竹刀は約半分の520グラムです。しかし、振り下ろすスピードは真剣も竹刀もほぼ同じです。

居合道は、真剣を片手で操作することが多く、抜き付けと納刀は右腕1本で操作します。そのため、真剣を勢いよく振り下ろすために腕力を強化しました。ダンベルで手首を鍛えることも必要ですが、必要のない部位に筋力をつけるとかえって邪魔になります。そこで、重めの真剣と同じ1450グラムの木刀を準備し、素振りをしました。

重い木刀で素振りをすることで腕力はつきました。しかし、肝心のスピードがつきません。自分の身体に速い素振りを覚えさせるために、軽い木刀で跳躍素振りをしました。重い木刀の素振りと軽い木刀の素振りにより、竹刀を軽く扱えるようになり、打ちの強さはもちろんですが、刃筋が真っ直ぐに通るようになったと思います。

雪道で歩行訓練。傾斜で平衡感覚を高めた

私が日常生活で注意したことは、歩く姿です。背筋を伸ばし、後ろ足で身体を前に押し出すように歩くことを心がけました。通勤も車を使わず歩くようにしました。とくに冬期の秋田は雪が降り積もり、日中溶けた雪が夕方にはアイスバーン状態になります。滑りやすい道路を背筋を伸ばして、後ろ足で身体を前に押し出す歩行は非常に危険です。しかし、毎日訓練するうちに、安定感が出てきました。平衡感覚がよくなったのかなと感じました。道路が傾斜している場所では、何回か転倒しました。頭を打ってケガでもしたら大ゴトと思い、背中にナップザックを背負い、なかにクッションとなる衣類を入れて通勤しました。背中のクッションのおかげで、滑って後方に転倒したとき、頭や肘のケガを防止することができたと思っています。

審査前に気を遣ったことがひとつあります。それは、集中力を持続させることでした。審査前にはいろいろなことを考えます。考えれば考えるほど、頭が混乱してしまいます。相手がだれであろうと、自分の剣道を変える必要はありません。怖がる必要もありません。

私は今まで先生方に指導を受けたこと、自分で実践してきたこと、努力してきたことを思い浮かべていました。審査員の先生方に「自分が今まで実践してきた剣道を見てもらおう」という気持ちで立合に臨みました。二次審査の立合では、時間が長く感じましたが、だれかが後ろから身体を押してくれたような勢いで面を打つことができました。自分の剣道に気持ちを集中した結果、「無心」になることができたのではないかと思っています。

木刀・刀・竹刀で素振り900本
全剣連合同稽古にも欠かさず参加する

8

一之瀬　仁　山梨県・自営業

いちのせ・ひとし／昭和25年山梨県生まれ。市立甲府商業高校から中央大学へ進み、卒業後に帰郷し、出身道場である山梨修道館で後進の指導にあたる。全日本選手権大会、都道府県対抗、国体、寛仁親王杯八段選抜大会などに出場。現在、山梨修道館館長。平成16年5月、八段合格。

平成16年5月、私は8回目の受審で幸運にも八段に合格させていただきました。これまで数々の尊いご指導、温かい激励を賜りました諸先生、諸先輩の皆様にこの稿をお借りして心から御礼申し上げます。さて、このたび『剣道時代』編集部から審査に対し、どのようなことを心がけてきたかについて執筆依頼がありました。拙い経験ではありますが、私なりに心がけてきたこと、体験してきたことを述べさせていただきます。

道場で一人稽古を励行。ヘトヘトになってからが大事

平成8年、私は46歳になってすぐの5月から5回連続で八段審査を受審しました。しかし、一次不合格を重ねるだけでした。ただただ実力不足、努力不足を強く感じました。それからはこのまま受審を続けても結果は同じと思い、当分の間、受審を控えることにしました。考えてみれば、八段審査は難関の上に「最」の字がつく厳しいものです。実力もなく、ましてや受審に際して何の努力もしていない自分はあの審査の場に立つ資格がないと思いました。

受審しなかった5年間は自問自答の日々でした。その間、病気、ケガで生まれてはじめて入院、手術の経験もしました。杖をつきながら少年指導は続けました。しかし、自分自身の稽古はほとんどできませんでした。そのようなときに恩師の死、小学生時代の剣友の死が相次ぎました。生前、病床の友を見舞いに行ったとき、友はかすかな声で「剣道……がんばれ……」と励ましてくれました。私は八段審査を再受審する決心を固めました。

まず、審査場に立てるだけの努力をしなければならないと思い、道場で一人稽古をおこなうことにしました。静座（数息観）で気持ちを集中させてから素振りをします。素振り用木刀、刀、竹刀の順でそれぞれ300本です。次に素振り用木刀で試合場の白線に沿って、歩み足でまわりながら振り続けます。ヘトヘトになったら、おまけにもう1周します。最後に鏡の前で姿勢、構え、足さばきなどを稽古します。一本一本を真剣に心をこめておこない、そして続けることが大切だと思います。

また、平成15年2月からは、日本武道館での全剣連合同稽古会に参加させていただくことにしました。このとき今の自分の実力で八段挑戦などという大それた考えを修行第一に切り替えたきっかけを与えて

くれたのは、学生時代から旧知の仲である豊村東盛教士八段（現・全日本剣道道場連盟）にお願いした稽古でした。私は手も足も出ず、実力の差を痛感しました。帰りの車中で八段合格はあきらめたほうがいいと思いました。しかし、「一度行くと決めた稽古会ですから次回からは修行のため、勉強のために行くのだ。また審査についても修行の度合いを知るために受審するのだ」と思い直しました。

それから毎月欠かさず上京し、居並ぶ一流の先生方に稽古をお願いしました。並んで順番を待つ間は目を皿にして見取り稽古をしました。元立ちの先生方の姿勢、構え、気合、攻め、打突の機会、打突、残心、目にするところすべてを勉強させていただきました。いつも順番がくると小さい声で「ヨシッ」と気合を入れて全力で先生方に掛かっていきました。よく剣道では「打って反省、打たれて感謝」といいますが、私の場合は「打たれて感謝、打たれて反省」といった感じです。攻めは通じず、打ちに出ればほとんどが応じられ、見事に打たれるという状態でした。考えてみると情けない稽古でした。強い先生方ばかりなのだから打たれるのは当たり前のことだと思っていました。しかし、思い切りよく掛かっていきましたので、実に楽しい稽古でした。ただ打たれても体勢を崩したり、腕をさげて胴を防いだりするようなことのないよう気をつけました。合同稽古会での一番の収穫は、全力で掛かる稽古のなかで多くの先生方の気をいただいたことだと思います。

格好つけずにあるがままに立ち合えばいい

平成15年に5月、11月と八段審査を受審しました。しかし、一次審査で不合格でした。独特の雰囲気にのまれ、自分の剣道ができませんでした。これが今の自分の実力であると思う反面、ふがいない自分自身に腹が立ちました。そこで修行第一と2週間後の12月の合同稽古会に参加すると、この年最後の稽古を佐藤博信先生にお願いすることができたのです。佐藤先生は稽古終了後、笑顔で「頑張んなさいヨ」と言葉をかけてくださいました。この一言で来年も頑張るぞ、という元気が湧いてきました。

年が明け、新緑の季節になると、いよいよ5月の八段審査会です。日本武道館で諸先生方にご指導いただいたものが同段位、同年齢の方にどのくらい通用するのか、稽古をお願いするつもりで気楽にいこうと思いました。「ここにいるのも、これから立ち合うのもすべてが修行だ。格好つけずにあるがままに立ち合えばいい」と、これまで受けた7回の審査のときとは明らかに違う心境で審査に臨むことができました。

一次審査では自分でも不思議なほど落ち着いて立ち合うことができ、結果は初めての合格でした。しかし、二次審査は未知の世界です。「ここに残れただけで十分、あとは思い切りいこう、技ではない気力、気迫だ、今を精一杯やろう」と思うだけでした。2回実技があるなかで、両方とも攻め合いから初太刀で面に出たことは覚えています。しかし、その後のことは無我夢中でほとんど覚えておりません。体が自然に動いてくれました。今までこれほど無欲、無心になれたことはありません。立合が終わって座ろうとしたら、膝はガクガク、面を取ったら、全身から汗が流れ出ました。

今回の審査では、全力を出し切りましたので結果はまったく気になりませんでした。「たぶん不合格だからまた修行を積み重ねていけばいい」と思っていました。しばらくして二次審査の結果発表があり、思いがけなく合格させていただきました。学生時代からの剣友である轟木利孝七段（現・宮崎剣連）が真っ先に「おめでとう、よかったな」と喜んでくれました。付き添いをしてくれた同じ道場の仲間たちも自分のことのように喜んでくれました。

私はこれまで多くの諸先生、諸先輩、剣友たちに恵まれ、支えられて剣道に精進してこられました。これからも初心を忘れず。謙虚な心と剣縁を大切に、心して精進を重ねてまいりたいと思っています。

ぶら下げた5円玉を突く左腰・左手で集中力を強化した

9

平井道典　愛知県・刑務官

ひらい・みちのり／昭和29年熊本県生まれ。九州学院高校から愛知学院大学に進み、卒業後、刑務官となる。全国剣道連盟対抗優勝、全国矯正職員大会優勝など。現在、名古屋刑務所に勤務。平成18年5月、八段合格。

攻める気迫が機会を生む。縁を切らない稽古をくり返した

八段合格への秘訣とはいえませんが、私が八段合格をめざして日々コツコツやってきたことや考えたことを書かせていただきます。

「さあ来い。いつでも来い。来れば返すぞ、引けば打つぞ」という気持ちで、面を打とうとか小手を打とうとかは考えず、身体が自然に相手の動きに反応して無意識のうちに技が出る稽古が常にできるよう

に心がけました。

八段審査の合否は、面の一本が決まらなければ合格しないと思っている方が多いように思います。審査会場においても面打ちや姿勢にこだわりすぎるあまりに、肝心な気迫がおろそかになってしまっている方も見えます。しかし、やはり審査で一番大切なことは攻める気迫ではないでしょうか。気迫が攻めとなって相手に迷いや恐れを与え、その結果、相手が動じて打つ機会が生じるものだと思います。

こういったことから、日頃の稽古でも常に攻める気持ちを忘れず、気と体で攻め、相手の手元が浮いたり、さがったりしたとき、相手が苦しまぎれに打って出たときに、面打ちにこだわることなく、小手でも胴でもいいですから、強い打ちで確実に一本になるような技を出せるように稽古を積むことが大切です。

とっさに出る技を打つには常に気を集中させていることが必要なのですが、技が決まったと思ったときや中途半端な技を出したあと、よく気を抜いてしまい、稽古を中断することがあります。しかし、このようなことにならないように、常に縁を切ることなく、気を集中させ、出す技は打ち切ること、中断しない習慣をつくることが大切です。

しかし、自分が一本と思う打ちを出しても審査員が一本として評価しない場合がありますので、自己満足の一本ではなく審査員の方から評価していただける打ちを自得しなければならないと思います。まずは、だれが見ても一本になる打ちとしての機会、強さ、冴えを身につけることが一番大切だと思います。

起床直後に竹刀を握る。呼吸法、基本技をイメージ

私は毎朝、起きたらすぐに竹刀を手にして、30分程度の短い時間ですが、一人稽古をおこなっています。内容は、起きたばかりはまだ身体が本調子ではないため、呼吸法、基本技のイメージトレーニング、素振りをおこなっています。

呼吸法、基本技のイメージトレーニングでは、大きく息を吸い込み、丹田に力を込め、正眼に構えて姿勢を正し、左手が体の中心から外れていないか、剣先が相手の喉下にあるか、足幅が広くなってないか、などをチェックしながら前後左右に足さばきを5分程度おこないます。

次に、集中力を養うために、ぶら下げた5円玉を的にして諸手突きと片手突きの稽古をしています。このとき、大きく息を吸い込んで溜め、これを一気に吐き出しながら左腰と左手で5円玉を突き抜くような気持ちで、近いところからだんだん遠くなるようにして一足一刀の間合から確実に的を射れるようになるまでおこなっています。同じ要領で面打ち、小手打ち、小手面打ちを左足の引きつけをとくに意識しながら足だけの動作でそれぞれの技を各30本程度おこなっています。

素振りは座ったままでおこないますので台所や廊下などの狭いところでも充分にできます。床に座って足を前に投げ出し、足上げ腹筋をしながら面打ち、小手打ち、左右面打ち、胴打ちを100本程度おこなうのです。これが終わったら、背筋運動を100回おこないます。

続いて、安座の姿勢で大きく息を吸い込んで溜め、溜めた息をゆっくり吐きだしながら右手首と左手首の強化をおこないます。右手首は右手に竹刀を持って返し技と捲き技を意識しながら手首を右回り左回りに回転させ、左手首は片手素振りをそれぞれ50回おこない、下腹に力を込めて大きく100本の素振り

をおこない、今度はできるだけ速い素振りを50回おこなって、最後に手の打ちの冴えを覚えるために手だけの動作で諸手突きを50本おこなっています。

被収容者の監視で眼を、舎房巡回で足を鍛える

私は刑務官です。刑務官には不測の事態に備えて動じず、落ち着いた対応ができるような強靱な精神力と体力を養うことを目的として、剣道、柔道、矯正護身術が正課として取り入れられています。そのため、全国の刑務所や拘置所には武道場が設置され、毎日でも稽古ができ、剣道人には本当に恵まれた環境です。

刑務官の主な仕事は、被収容者の身柄の確保です。彼らの動静を四六時中、歩いて見て回り（巡回といいます）、被収容者の心情の変化を察知しなければなりません。被収容者の顔色や動作のわずかな変化からも心情の変化を読み取らなければならないので、これで見る「眼」を養うことができます。

刑務所内の工場や舎房をひんぱんに巡回することで「足」の訓練もできます。さらに、刑務所内は職員に対する殺傷事故など、いつ起きてもおかしくないところです。しかし、怖がっていては仕事にならないので、そのために「胆」を養うことができます。また、いざというときに相手に負けないだけの「力」を身につけておくことも必要とされています。こういったことから、職場でも日頃から一眼二足三胆四力を養えると思っています。

私は転勤族ですが、剣道をやっているおかげで、どこの施設にいっても剣道仲間がいることから、すぐにその施設にとけ込み、またその地域の多くの方とも剣道を通じて交流することもでき、剣道が仕事

にも大いに役に立っていることを実感しています。

二、200段の階段を2分で昇る。立合の感覚を身体に覚えこませた

「8」にこだわった日常生活 農作業で審査の手順を体得した

10

白石輝志通　栃木県・自営業

しらいし・きしみち／昭和28年栃木県生まれ。早稲田実業高校から早稲田大学に進み、卒業後、スキージャーナル㈱に入社。剣道日本編集部で取材活動する。昭和55年にフリーとなり、現在に至る。全日本選手権大会、都道府県対抗、東西対抗、国体などに出場。現在、武道具店「純篤」を経営。蔵の街剣志会道場主。平成18年5月、八段合格。

相手に所作を委ねる。謙虚な攻めが対応力を生んだ

「審査は受審者と審査員の意見が合わなければ審査相手をいくら叩いても合格には至らない」という経験を何度となく、くり返してきました。その理由として構えや攻めがあります。打突の好機をとらえても溜めのない打突や姿勢が崩れたり、心が動いて手元が浮いたりしてしまうのです。打った打たれたで判断し、暗中模索しながら一次合格まであと一歩のところを4年間も行ったり来たりしていました。

しかし、この受審生活は無駄ではありませんでした。知らぬ間に気持ちの持ち方が変わってきたのです。もっと謙虚になって意見や経験者の話を受け入れようという心境に変わってきました。高段者はもちろん、周囲の関係者はそれぞれが師匠であると気づかされたのです。

稽古も攻めるのではなく、意見を聞くために近づいて稽古相手に所作を委ねる意識を持っています。そこではじめて対応するという稽古ができました。審査5年目でした。その年に模擬審査で合格点をいただき、本番で一次審査にはじめて合格しました。しかし、二次審査で舞い上がってしまい、あと一歩で涙をのみました。その直後、右肘を骨折してしまったため、翌年は棒に振りましたが、12回目の挑戦で八段を許されました。

心（技＋体）＝力を意識。崩れない構えを重点目標にした

審査の流れは、立合、攻防、まとめということになります。一番目は構えです。立ち姿から身構え、心構えをつくり、これを不動のものにすることが大切です。受け売りになりますが、力を発揮するためには心（技＋体）＝力という方式が当てはまります。この方式を念頭に置き、生活の中に取り入れました。方法は種々雑多ですが、己れを信じ、安心して構えられることを重点目標にしました。

この構えができ、構えだけをほめられるようになると、その気になってこの構えを崩れない努力をしました。すべての所作の中で先を取るのです。先を取って攻める、近づく、相手が変化したら対応するというやり方です。変化とは打突の好機であるということはいうまでもありません。

打突の方法はそれぞれのやり方がありますが、面打ちならば身体の芯から構えて肩甲骨を開くように

打ちます。両親指の延長を相手の中心から外さないよう絞り込んで放てば、肠の締まった打ちにつながり、頭から突っ込むこともなく、距離もかせげると思います。声は噛むようにと指導を受け、打突後はすかさず残心を示し、攻撃のための準備を心がけました。

攻めは小手先ではなく、相手がジワリと感じるように大きい筋肉から始動させ、溜めのある攻め方を心がけました。この攻めが相手に通じない場合は、相手が一枚上手であると感謝し、心を新たに再度立合をおこないました。自分の打たれた技は同じ技で打ち返し、その対応の仕方を相手から学ぶ稽古をおこない、苦手意識をなくしていったのです。

いつでも対応できる心構えと身構えで、さばきなどを臨機応変におこなう訓練などを先生方との稽古の中から学び、子どもたちとの稽古の中で実践してみました。「同じように」というわけにはいきませんが、器用な少年剣士は簡単にこなします。そこで動きやさばき方を研究、工夫したり、子どもたちにも聞いたりして体さばきを自分のものにしました。これらのことを踏まえて、審査前には2分間の稽古を連続しておこないました。

46歳から12回目の挑戦で八段を許されましたが、受審のたびに個性のある受審者が増えてきたと感じています。そのたびに立合に創意工夫を施しましたが、最終的には身体が覚えた技が自然に出たことが合格につながったといえるでしょう。

審査は見た目も重要。12kgのダイエットに成功する

日常生活では「8」という数字にこだわりを持ちました。いつでもどこでも審査を意識した生活を続

けたのです。こうすると、不思議となんでもうまくいくバイオリズムみたいな流れが発生します。これを大切にしました。また、審査を思い出すたびにイメージトレーニングを心がけたり、時折のぞく剣道サイトで気になる記事があったときなどは稽古で実践したりすることもありました。

審査には姿勢も大切ですが、見た目も重要な部分を占めると考えています。私は太り気味だったので、8ヶ月間で健康的なダイエットをおこない、12kgほど痩せました。スリムになってスラリとした構えになりましたが、頭の中はいつも食べ物が浮かんでいました（笑）。

しかし、気迫を出しているつもりでも、構えに迫力もなければ元気もないというのが対戦相手に聞いた私の印象でした。3年前の夏は異常に暑く、このままでは身体がもたないと、ダイエットを断念。ここで得たものは限られた食べ物を大切にいただこうという気持ちでした。同時にこれを剣道に当てはめ、限られた時間で剣道をより充実させようと考え、一本の稽古を大事にしました。

食べ物を食べることで内側から湧きだす力を感じ取り、糖分を摂取すると頭の中に血がめぐる感覚を得ました。もしかすると、これが内側から出てくる気迫やオーラの出し方なのかなとおぼろげながら感じ取った気がしています。

趣味でおこなった農作業も剣道に役に立ちました。農作業は土づくりにはじまり、種を蒔き、苗にあった土壌にしなければなりません。夏は雑草とのたたかいです。作物はこのような作業をくり返しおこなってはじめて実るのですが、手順を誤ると実りません。農具の使い方もやり方ひとつで大きな働きをすることを学ばせてもらいました。

農業は仕かけるまでの攻防、仕かける時期、それに合った技、無駄を省き技術を身につけるなど、まさに審査の手順と同じであり、無駄のない技術は大きな成果を生むことに改めて気づき、先生方の端的なアドバイスの言葉の意味をこの作業を通じて体得した気がしています。

取材で得た財産を活かす。教えることが体得につながっていた

剣道をやっている剣士たちやその父兄、全国で活躍する名選手から高段者まで個性が豊かな楽しい剣友です。しかし、年代はもちろん、剣風においても対応の方法はまちまちです。状況に応じた接客や対応の仕方など千差万別であるということです。

これは剣風とも共通し、相手の気持ちを知るためには対話や観察が必要になります。「お互いが納得して気持ちよく別れる」というくり返しが、円満で長い付き合いになる秘訣であり、いろいろなヒントをもらえる秘訣であると思います。

『剣道日本』誌では主に技術もののページを担当させていただきました。その関係で、少年から高段者までの試合を観戦したり、名選手の技術や技をくり出すまでの攻防を目の当たりにしたりするなど、素晴らしい出会いがありました。その中で知り得た情報や基本となるテクニックなどは私の財産であり、これは審査で大いに活かされたものの、頭でっかちになっていたと痛感した次第です。

また、いろいろな技を記事にする機会をいただき、老若男女を問わず、そのときの状況や話を聞いて記事にしたり頭の中で仮想の戦いを演じたりして技をものにしていきました。ここで大切なのは見たり聞いたりしてきたものを子どもたちに指導することです。小学生にわかりやすく伝えるためには練習の意味や目的を考えさせ実行させせなくてはなりません。人に教えられることはレベルの差はあれ、自分も技を理解しているからできることだと思います。

このように技術を理解し、実戦でも活かせるように体得していき、無意識に相手の変化に対応できるような稽古を積むことを心がけています。

「間違っているから通らない」強烈な一言で意識が変わった

栃木県に高齢剣友会という団体があります。その名の通り、高齢者の剣道愛好家の集まる会です。以前、高齢者と少年との稽古会を開きました。審査に何度となく跳ね返され、落ちる原因はなにかと考えていた矢先に「間違っていることをやっているからいつまでも通らないのだ」という強烈な一言をいただきました。

そこで、審査が剣道の目的ではなく、その先にある「人間形成」が修業の目的ではないかと考えました。そのためにはどのようにしたらよいか？　その答えは高齢剣友会の先生方と子どもたちが答えを出していました。

剣道の大好きな先生が剣道を愛し、剣道に感謝している気持ちを心の触れ合いで子どもたちに電波を発信すれば、素直な子どもたちはその電波をしっかり受信していました。

その姿に感動し、心が洗われる想いがしました。以来、これまでの考えを改め、高い志で剣道に取り組むことに心がけました。「打突部は打たれても心は打たれないぞ」という気持ちで構えたら相手がよく見えるようになりました。

こうすると、心にやすらぎができ、安心感をもって審査に臨めるようになりました。心を入れ替えて立ち合うと相手に打突されても感謝の気持ちさえ持てるようになったのです。その落ち着きと冷静な気持ちが不思議な力を生んだように思います。先人たちの歩んでいる道をしっかり見据えて、これからも修業を積んでいきたいと決意している次第です。

12年間のブランク
剣道の基礎体力づくりからはじめた

11

首藤昭亮　滋賀県

しゅとう・しょうすけ／昭和18年宮城県生まれ。小牛田農林高校卒業後、東レ㈱滋賀事業場に入社する。都道府県対抗、国体などに出場。現在、滋賀県剣道連盟副会長兼専務理事。平成15年5月、八段合格。

姿勢の悪さをズバリ指摘。鏡との稽古で欠点を発見した

私が初めて竹刀を握ったのは、中学3年で剣道歴45年です。当時は、物資不足で剣道具はもちろんのこと、竹刀すら買えない時代でした。

幸い私は先生から「首藤君、これを使って稽古しなさい」といわれ、剣道具一式をいただきました。今日まで剣道を続けてこられたのは、恩師佐藤厚先生のおかげと感謝する次第です。恩師は、私の家庭

が貧しかったため、高校3年間の学費を負担し、私を卒業させてくれた先生です。

昭和37年、宮城県小牛田農林高等学校を卒業し、東レ㈱（滋賀事業場）に入社。仕事の傍ら、昭和57年まで毎日稽古に明け暮れ、毎年5月、京都演武会に出場される全国の高名な高段者の先生方が東レ明道館に立ち寄られ稽古をつけていただきました。

昭和58年転勤を命ぜられ、約12年間まったく稽古する時間が取れませんでしたが、平成10年、長かった単身赴任から解放され、自宅のある滋賀県に戻り、再び東レ滋賀剣道場で稽古する機会に恵まれました。12年間、稽古をしていないので、まず基礎体力づくりからはじめました。

私の基礎体力づくりは、①刃筋正しく、物打ちで左右の面を確実に打つ切り返し、②小手・面・胴の基本打ち、③打ち込み（1回の打ち込みで7本以上）、④掛かり稽古（1日最低5本以上）を目標としました。

八段審査は、平成12年から挑戦してきましたが、ことごとく失敗の連続でした。自分では、この機会と思い、渾身の力で打ち込むも有効打突とならず、体当たりした瞬間、腰砕け状態で態勢が崩れ、転倒することがしばしばありました。

私には悪い癖がたくさんありますが、ひとつは面を打つとき、剣先が右から半円を描き打突してしまい、結果、相手よりはやく技を出すが、相手の面が有効打突となることでした。また、攻めて先の技を出すが、肩に力が入り、出小手・出頭面をよく打たれることなどがありました。

これらを克服するには、どこを、どのようにすれば良いのか研究しました。究極は、平成14年11月の審査が終わった数日後、私どもの会場の審査に当たられた先生から「首藤君、審査以前の問題だ、姿勢が悪い」と、ご指導を賜りました。しばらく稽古を休み、道場で鏡との稽古をしました。

結果、生前、小川政之、長田為吉両先生からご指導賜った「手で打つな足で打て、足で打つな腰で打て、竹刀の振りかぶりはまっすぐに」ができていないことがわかりました。結論は、簡単なことでした（理屈では理解できるが、実践となるとなかなか難しいことである）。これを実践、自分のものにするには、どうするか……。「まず初心にかえること、基本を……」しかないと思いました。

私が注意した6項目。剣道形で癖をなおす

1、竹刀の持ち方

左手は、小指を柄頭いっぱいにかけて握り、両手とも小指、薬指は軽くしめ、中指は竹刀を支える程度、人差し指は軽く添え両手の親指が下方を向くように柔らかく握る。左手の位置は、臍、約ひと握りのところ、手首は内側に曲げ、その角度は１２０度から１３０度。打突の瞬間は、両手の小指、薬指、親指で茶巾を絞るようにやや強めに握り、手首を使って剣先で打ち、ただちに指の力を元に戻す。このことにより打突に冴えが出る。

2、足の構え

歩行時、右足が前に出て静止した状態、右足と左足は平行に、間隔は拳ひと握り。撞木足（左足の爪先が外側を向く）にならないよう細心の注意を払った。撞木足になると、踏み込んだ際、上体が半身（右手に力が入る）の状態になり、腰に力が入らず、スムーズに体の移動ができないため、剣先に力が入らない。にもかかわらず、稽古で打突の際、左足の爪先が外側を向いて蹴っているため、態勢が崩れ、左足の引きつけが悪いことに気づき徹底的に修正した。

3、間合

「剣道は、剣先の語らいですよ」（宮城県、剣道範士九段、堀籠敬蔵先生よりご指導）

体力はもちろんのこと、脚力の低下は甚だしい、打つことだけにとらわれ間が近くなっている。常に剣先と剣先が触れ合う間で、気で、剣先で攻め、打突の機会を創ることに心がけ、切り返し、基本打ち、打ち込み、掛かり稽古すべての稽古において、間合を意識した。

4、肩関節の使い方

攻め、打突を意識するあまり関節幅が狭まる癖の修正を心がける。肩関節を大きく開き、両肩の力を抜き構える（胸を張り肩の力を抜き大きく構える）。これの訓練は、道場の行き帰り、毎日約20分実行した（剣道の稽古はどこでもできる）。

5、剣道形の重要性

正しい剣道の本質は、形にあり。諸先生はじめ講習会などで剣道形の重要性について指導を受けているにもかかわらず、なかなか稽古できないものである。

記述の1項から4項までの習得は、形でできるものであり、これらを会得するには、剣道形以外ないと確信、剣道形の稽古をしました。相手がいないときは、一人で、打太刀・仕太刀とおこない、癖の修正に努めた。

6、無心、平常心

正しい剣道で、厳しい稽古の積み重ねによって培われることを信じ、地稽古時間を少なくし、もっぱら切り返し、基本打ち、打ち込み、掛かり稽古と自分との戦いであった。

終わりに、今回の八段合格にあたっては、諸先生はじめ諸先輩・剣友の皆様方のご支援の賜物と感謝申し上げますとともに、家族の協力はもちろんのこと、とくに愚息2人の励まし（審査前日、防具・竹刀の点検、着装の注意を受けた）があり、大きな力になったことも申し添えます。

今後は、微力ながら日本伝統文化「剣道」発展のため、また、恩師のご恩に報いるためにも、とくに青少年の指導育成に力の限り頑張るとともに、剣を交えた皆様から、「心が晴れた・楽しかった・もう一度相手してあげようか」と、心に残る「気・剣」をめざし、「我行、精進、忍従、不悔」を胆に銘じ修行する所存です。

楽しい剣道とは、正しい剣道ではないでしょうか。

とりとめもない内容で、皆様の参考にはならないと思いますが、何か一つでも心がけていただければ幸甚に存じます。

片道40分の徒歩通勤 少ない稽古量を足腰強化で補った

12

原嶋茂樹　東京都・会社員

はらしま・しげき／昭和29年熊本県生まれ。県立小国高校から下関市立大学に進み、卒業後、日本郵政公社（現・日本郵政㈱）に勤務する。全国郵政武道大会個人戦優勝、東京官公庁大会個人戦優勝など。現在、ゆうちょ銀行に勤務。平成15年11月、八段合格。

このたびの八段審査に際し、合格の栄を賜り私自身も驚いているのですが、編集部から、仕事の合間をどのような工夫をしたのか、また、どのように審査に臨んだのかと執筆依頼がありました。まとまりのない、かつ、皆さまも実は実践されている内容になろうと思いますが、思いつくままに記してみます。なお、諸先生方、剣友の皆さまから我が事のように合格を喜んでいただきました。紙上をお借りしまして厚く御礼申し上げます。

逓信道場昼休みの15分稽古。剣道観を変えてくれた国分寺剣友会

昭和54年7月、当時の郵政省本省勤務を命ぜられ、九州から東京へ。当初、まさか、本省地下に「逓信道場」があるとは知らず、約1ヶ月過ぎた頃、お昼に地下で、聞き慣れた竹刀の音が聞こえ、覗いてみると、興梠次房先生（剣道範士八段）、大久保久光先生（剣道範士八段）をはじめとする郵政省剣道部員、ＯＢの先生、近隣の官公庁、民間会社の剣道を愛する先生方が稽古をされていました。昼休みを利用しての稽古のため、15分しかできないが自分の好きな剣道ができると思い、翌日から稽古に参加しました。

また、逓信道場は東京官公庁剣道連盟の合同稽古会場にもなっており、毎月1回土曜には各官公庁の先生方が稽古に参加されて賑やかで、職場にいながらにして昼休み、土曜日に多くの先生方にご指導いただき、郵政という職域の中で育てていただきました。

結婚を機に、国分寺に住むようになったのですが、この国分寺にまず玉利嘉章先生、その玉利先生を崇拝する葛城先生、大久保先生（郵政）、中川先生（郵政）等、剣道の真髄を求め、極めようとしておられる先生方がずらりと揃われていました。とくに葛城先生は「剣道は芸術である、剣道は美しくなければならない」と常々語られ、剣道の品、格を大事にされ、実践されておられました。

当初、私は何もわからないままにも各先生方の姿が見えるその国分寺剣友会に入会させていただき、剣道に対する考え方が次第に変化していきました。「美しく」を求めるためには、竹刀の握り方、構えたときの足の位置、重心の置く場所、肩の力を抜くための腕の裏筋の使い方等を若い時代から普段の稽古のなかでご指導をいただきました。

路肩の白線をまっすぐに歩く。鞄は小指、薬指で持った

約10年間は逓信道場、国分寺で稽古時間は十分確保できたのですが、平成3年から、仕事の都合で本省庁舎を離れなくてはならない状況になりました。したがって稽古はもっぱら土曜、日曜の国分寺や西東京合同稽古が中心になり、週1稽古に慣れるのに戸惑いがありましたが、土曜、日曜の稽古ができることをありがたく思い、一つ一つの稽古に集中するようにしました。七段合格も稽古ができなくなったこの時期でした。

稽古に集中するために、「気を溜める」イメージ作りをしました。風船を膨らませるように、気をおなかの前で膨らませるようにしよう。竹刀は切先を揺らさず一足一刀の間で表からしっかりと相手の喉につけて、練り合うなど、皆さまがやっておられることと差異のない稽古をくり返してきただけです。

郵政の先輩である師匠の大久保先生からは自らの体験として姿勢を良くするには、歩き方が大事であるとの教えを受け、道路の路肩の白線に沿って足をまっすぐ出して歩く、鞄は必ず薬指と小指で持ち、生活のなかでできることは稽古と思い、実践をしてきました。

13年7月、徳島県阿南郵便局に赴任をしたことを機に、地元の剣道クラブに参加、私を入れて5人の指導陣と少年指導が終了した後、それぞれのレベルアップのために切り返し、遠間からの大きな面打ちを中心とした基本稽古、すり上げ面、返し胴を皆で40分間、回り稽古をおこなうことを提案し、毎週2回実施しました。初心者にかえったつもりで、1年間丁寧に指導しながら稽古したことが、自己の修正もできたのかなと思います。

この単身赴任を利用し、徳島県剣道連盟会長遠藤一美先生のご配慮で多くの徳島の先生方に稽古をお

願いすることができ、また、玉利先生を敬愛されている西野悟郎先生（剣道範士八段）からも高知での稽古会へお誘いがあり、日曜日に車で出かけ、ご指導をいただきました。

14年8月からは松山市の四国郵政局へ赴任し、武道館の朝稽古会で加茂功先生に数回稽古をお願いできましたが、十分な量の稽古はできませんでした。そこで、以前実践した「歩くこと」をやろうと朝夕の通勤は片道40分歩き続けました。そうすることで、稽古ができない部分をどれだけカバーできるかはわかりませんでしたが、足腰、とくに左足さえ丈夫であれば何とかなるだろうと考えていました。

15年7月からまた郵政公社本社に戻り、以前と同様、土曜、日曜の稽古を続けています。

先生方が望んでいるのは真面。稽古以上のものはできないと開き直った

初めての八段挑戦。私は稽古以上のものはできないし、審査員の先生に自分の剣道を見てもらうつもりでいましたので、いつものとおり、声を出して、竹刀を揺らすこともなく一足一刀の間から攻め合うだけと思っていました。機会のないところを打っても相手に読まれ、たいした面にはならないし、外されて体が崩れるだけ。審査員の先生方が望んでおられるのは、思い切った1本の真面《まめん》だけだ。相手の方も同じように考えていて、お互いこれで打てなかったらしかたがないというつもりで、気負わず立ち合っていたところ、面に出るところが見え、十分に割って面に乗ることができました。納得のいく面でしたから自分の剣道ができたと思っております。

二次審査ではさらに洗練された先生と立ち合えたことが合格につながったと思います。一次と同様、一足一刀の間で表から攻め合っていただけです。どうやって面に出たのかは覚えていませんが、初太刀

が確実に面をとらえた感触だけは記憶があります。37年ほど剣道をしておりますが、私には二度と打つことができない真面であったと思っております。

郵政及び国分寺で良き師に導かれて「正しい剣道を」「品、格を大事に」「打つ前が大事」「真面を割れ」「美しく」の教えをいただいたことを念頭に入れ、今後も基本を中心として普段の稽古を大事にしていきたいと思っております。あわせて竹刀は「刀」。竹刀はいつも手入れし、竹刀作製職人の先生に感謝しながら竹刀に気持ちを入れています。

200段の階段を2分で昇る立合の感覚を身体に覚えこませた

13

入井徳明　**東京都・会社役員**

いりい・とくあき／昭和20年朝鮮京城（現・ソウル）生まれ。県立福岡高校から九州工業大学に進み、卒業後、三菱マテリアル㈱（旧・三菱金属鉱業㈱）に入社。現在は㈱ピーエス三菱役員。平成15年5月、八段合格。

平成15年5月の審査で思いもかけぬ八段合格を果たすことができた。一次二次4人のお相手に持てる力をすべて出し切ったという充実感はあったが、立合のあとの合否は神まかせの心境で、次の審査への取り組みなど頭に描きながら合格発表を見たというのが実感である。

会社生活の傍ら、時間をやりくりしながらでの挑戦であり、合格はあくまで地道で地味な努力の積み重ねの結果である。道場での稽古回数はどうしても少なく、日常生活を稽古の延長と捉えて稽古不足を補い、技量を高めていくという姿勢を基本とした。人それぞれに環境も異なり、それなりのやり方があって当然であり、ここにあくまで自分なりに工夫したやり方、先生方からいただいて座右としたアドバイスなどを書いてみたい。

鉄扇を携帯。歩きながら素振りをした

・まっすぐなメン打ちを出す

玄関に等身大の鏡を置き、真ん中に糸を垂らして朝夕出勤前後に竹刀を振った。剣先が糸から外れぬよう、左手主導、肘に意識を置き、あごまで切る。

・出退勤・昼食時に階段を利用

足腰の鍛錬とともに踏み込み、呼吸法（調息）の良い稽古場である。11階の事務所までの200段を約2分（審査時間）かけ、50段30秒・100段1分・50段30秒と3段階に分け、溜め・攻め（勝負）・位攻めのパターンを時間の感覚とともに身体に教え込ませる。

・鉄扇を携帯

人気のないところで歩きながら右手・左手と素振りをおこなう。左手主導、肘に意識を置き、肩を使い、振りおろしの際、下筋に気を入れるよう注意。左足は力点（親指と人差し指の間）を意識し、右足つま先の方向に注意する。仕事柄出張が多く、このときは35センチに切った竹刀の柄を携行し、同様の稽古をおこなう。

・調息

調息は調心につながり調身につながる。関西勤務時代に呼吸法の塾に3年間通い基礎を学んだ。呼吸

とともに氣を全身に巡らせ身体を緩め、いま打つか・まだまだ早いの溜めの後に一気に打ちを出す。心は極限までの緊張感を保ちながら、身体はリラックスさせて柔らかさを保ち機会を窺うというこの相反する状態を維持し、人に上回る気勢・気迫を創り出すのが呼吸法と確信した。

・稽古を2分で区切る

毎回の稽古を2分間区切りのくり返しとし、30秒・1分・30秒の感覚をつかみながら打ちは全身を使い、必ず打ち切ることを心がけた。

・気を張る

常に気を張った稽古について、関西時代「百回の稽古で一回いい加減な稽古をしたその一回が結果として審査の場で出てしまう。それが八段修行の厳しさであり、いまのあなたに一番必要なことです」との貴重なアドバイスをいただいた。

・道場に入る

道場での稽古時間に間に合わず入り口で引き返そうとしたときに、「たとえメンを着けて稽古する時間はなくても、3分でも5分でも素足となり床を踏みなさい」という言葉をいただき、それ以来実践している。

・研修会に参加

八段講習会（研修会）は可能な限り参加した。審査での所作・雰囲気に慣れておくこと、審査の先生方の狙いとするところをできるだけつかむこと、できるだけ多くの受審者と立ち合っておく（知り合っておく）ことが狙いであり、また立合では2分の内に自分のすべてを出し切ることに主眼を置いた。

平成14年10月の東京都研修会での総評で「2回の立合が終わった後、膝ががくがくして立っておれないほど自分を出し切った人、集中できた人はいましたか。本番ではそこまで要求されます。練習でできないことは本番でもできません」との言葉があり、深く反省するところがあった。

・審査場での心がけ

審査場ではどっしりと床に足を着け、丹田に気を下ろし、相手・周囲を見下ろす気概で審査に臨むことを心がけた。

以上、心に残った教え、私なりの工夫など列挙してみた。最後にいまの自分に一番響いている言葉を披露しておきたい。

「剣道で一番大切なことは、驕らずに自分の弱点を認め、それを稽古で改めていく素直な心である」

(平成9年6月、NHKドキュメント日本『心で闘う120秒』石田健一氏の言葉より)

県庁舎19階412段の階段を昇る ケガ予防の筋力トレーニングも取り入れた

14

末平佑二　石川県

すえひら・ゆうじ／昭和22年石川県生まれ。県立羽咋高校から東京教育大学に進み、卒業後、石川県教員となる。全日本選手権大会、東西対抗、全国教職員大会などに出場。石川県教育委員会スポーツ健康課長を経て、現在、石川県立武道館長。平成17年5月、八段合格。

大阪府学校剣道連盟交流研修会。田舎剣道脱却への道しるべになる

平成17年5月、京都の審査会において八段に合格することができました。その11年前、47歳での初挑戦以来、ちょうど10回目となる受審でした。

高校の教育現場に18年間勤めた後、40歳から県の教育委員会勤務となり、自分の剣道の大きな転機を迎えました。勤務時間も不規則になりがちななか、面をつける回数がそれまでの半分以下となり、稽古

不足を痛感しながら数年間が過ぎたように思います。

そういったなか、八段をめざさなければという思いと稽古不足はいかんともしがたいという焦燥感のなか47歳での初挑戦は、漠然としかとらえていなかった八段に対する認識の甘さと力不足をいやというほど知らされる結果でした。

その後遺症もあって、5年近く受審できない期間がありましたが、52歳で学校現場に異動してからは、ようやく少し態勢を整えることができたように思います。

平成16年4月、再度教育委員会勤務となり、稽古時間の確保は満足のいくものではありませんでしたが、自分なりに工夫し、なんとか合格することができたものと思います。

今回の合格にはいろいろな要因が考えられるわけですが、一番には大阪府学校剣道連盟との交流研修会を挙げたいと思います。

「継続は力」といいますが、実に30数回を数える大阪府学校剣道連盟と石川県学校剣道連盟との交流研修会（現在は富山県も加わり、3府県で実施）には、これまで2回ほどやむをえず欠席しましたが、毎年秋におこなわれる1泊2日の研修会には万難を排して参加してきました。

故小森園正雄先生に舵取りをしていただいてスタートした研修会の第1回は、27歳のときでした。若さにまかせた剣道、田舎剣道からの脱皮を図るべき絶好の機会をつくっていただき、そして継続して参加させていただくなかで、小森園先生にはもとより、太田友康先生や作道正夫先生をはじめ、多くの先生方からご指導をいただいたことで、参加するたびに自分の剣道を見つめ直すことができたものと思います。

また、この研修会によって、教職員大会などにおける本県の成績の向上にもつながったことも確かであり、本県の牽引役として尽力された故津雲達雄先生、田畑武正先生には深く感謝いたします。

七段の先生に基本稽古を願う。そこから互格稽古に入った

そのほか、とくに心がけたことをいくつか挙げると、少ない稽古の機会を最大限に活かすため、前日にはランニングと素振りを欠かさないようにしました。

週3回の稽古日のうち、せいぜい1回、時にはまったく稽古の機会がなかった週もありました。帰宅が午後9時を過ぎるとかなりつらいものがありましたが、易きに流れる稽古とはならないよう努めました。

また、準備運動や整理運動ではストレッチングを丁寧におこない、筋力トレーニング（といってもたいしたことではなく、鉄アレーや1キロ超のマスコットバットを使ったもの）も欠かさないようにしました。これは、その前10年の間に膝の手術を2回、手の指も2回骨折するなど、けっこうケガとの付き合いを余儀なくされたことから取り入れたもので、現在もケガの予防を兼ねて実施しています。

剣道以外の日常生活のなかで心がけたこととして、平成16年から意を決しておこなったものに、県庁舎の階段昇降（19階までの412段）があります。幸い（？）にも18階にスポーツ健康課があることから、最上階19階の展望ロビーまで昇り、体調を整えてから1階降りて仕事を始めるのが日課でした。

412段を5分から6分で昇ることは、1000メートルから1500メートルの持久走に匹敵する運動になると考え、継続して実施してきました。稽古ができない日でも、一日の最低限の運動量を確保するため、これを実行するようにしました。

稽古のなかで工夫したことといえば、必ず七段の先生に相手をしていただき、基本稽古をおこなってから、互格稽古に入るよう心がけました。限られた回数の稽古を大切にするために、できるだけ基本は毎回欠かさないようにしました。

互格稽古では、「ため」と「打ち切り」のバランスを常に意識し、初太刀を有効打突とすることをよりいっそう心がけ、互格稽古のあとは約15分間、若手剣士と一緒に大きく遠間から面を中心の打ち込み稽古で最後の力を出し尽くし、全体を締めくくるように心がけたつもりです。振り返ってみると、ささやかながら自分なりに工夫を重ねた10年間でした。

一段飛ばしで9階の事務所に駆け上る少ない稽古量を足腰の強化で補った

15

河田清実　徳島県・教員

かわた・きよみ／昭和29年徳島県生まれ。県立富岡西高校から筑波大学に進み、卒業後、徳島県高校教員になる。全日本選抜八段優勝大会、東西対抗などに出場。現在、県立城北高校教頭。平成16年5月、八段合格。

私は平成14年3月まで徳島県立富岡東高校に18年間勤務していました。女子剣道部の監督として全国大会で優勝をめざし、生徒とともに稽古に励んでいました。同年4月、私は学校現場を離れました。そのため生徒の指導ができなくなり、張り合いのない生活になりました。初めての行政職という仕事はそれなりに充実していましたが、なにか物足りない日々でした。そこで、この物足りなさを埋めるためにとてつもない目標を掲げることにしました。それが八段審査の挑戦でした。

面技にこだわって不合格。得意技を生かしたら合格した

最初は八段審査がどういうものなのかを経験しておこうという安易な気持ちで受審しました。案の定、毎回情けない結果に終わりました。当然といえば当然の結果でしたが、今までの自分の剣道はなんだったのかと反省せずにはいられませんでした。自分をもう一度鍛え直して、何とか一次審査だけでも合格したいという思いが募ってきました。そこで自分なりに合格するために実践したことをまとめてみました。

・稽古時間

これまでとまったく違った環境では、週1回土曜日の午前10時から12時までの徳島県剣連の稽古会か富岡東高校の生徒との稽古くらいしか時間が取れませんでした。半年ぐらいが過ぎると仕事にも慣れ、少し余裕が出てきたので、水曜日の午後7時から8時までの県剣連の稽古会にも出られるようになりました。それでも週に1回か2回（たまに3回できる週もありました）の稽古時間でした。

そこで、稽古量の不足を補おうと、14年9月から、仕事帰りにトレーニングジムに1年通いました。午後11時まで開いているのはとても魅力でした。腰痛と右肘痛があるので、あまり負荷をかけないトレーニングを自分で考えて実施しました。最初はあれもこれもとおこなったため、オーバートレーニング気味で翌日に疲れが残ってしまいました。しかし、続けなければ意味がありません。そこでウォーミングアップとクールダウンの時間を入れても1時間で済ませるようにしました。また、ジムの駐車場で素振りや面打ちをやりました。

・稽古で心がけたこと

私は攻め合いからの面打ちにこだわりました。二次審査を見学するたびに「あのような面打ちができればいいなあ」「どのようにすればあのような面打ちができるのだろう」と考えていました。稽古のときには、左足を継がずに右足を出しながら打つなどの練習をしてみました。しかし、なかなかできるものではありませんでした。相手に起こりを読まれて返されたり、出頭を乗られたりして思うように打てませんでした。

次に心がけたことは、左脚、左腰、左手の左側の線がつながって崩れないように意識して稽古しました。そうすればどのような状態でも体勢が崩れないと思いました。

3点目は、最初の2分間を審査の立合のつもりで稽古しました。そして打ち切ることを心がけました。

・道場外で心がけたこと

私は机の前でパソコンと電話を相手に仕事をしています。そのため、脚力の衰えが心配でした。それを補おうと、9階にある仕事場まで階段を一段飛ばして上がっていました。他の階に行くときもできるだけエレベーターを使用しないようにしました。また、職場から駐車場まで徒歩で7～8分のところを駆け足で行きました。出勤時、ワイシャツ姿での駆け足は少々周囲の目が気になりましたが、慣れでしのぎました。しかし、夏場は汗でシャツがベトベトになるのには閉口しました。

・その他、審査に対して大切な要素

合格した1年前の審査で一次審査に合格したときは、面打ちだけにこだわらず、自分の攻めと得意な技が自然に出て、自分の流れで立ち合えました。しかし、二次審査は消極的になり、攻めもなく、待って技を出したため、お相手に面を打たれました。最初の一太刀で不合格を確信しました。次の審査では、面打ちにこだわり、迷いながら攻めのないままに面を打ってしまい、簡単に返されてしまいました。

その後、面打ちに迷ったまま稽古を続けていましたが、佐藤博信先生にご指導を仰いだ折に、胴打ちを褒めていただきました。それが自信になり、得意技を生かそうと思いました。合格したときは、試合のような気分で臨み、受けにならず相手を攻めることができ自分の流れになり、持っている得意技がすべて出たように思います。

以上、思いつくままに書いてみましたが、皆様方の参考にならなかったかもしれません。いまの私にいえることは目標を掲げ、「納得のいく練習」を積み重ね、皆様方がお持ちになっている得意技にさらに磨きをかけ、審査会場で自分の剣道をしていただけたらと思います。

左手で1キロの杖をついて散歩 息を止め、呼吸と打突のタイミングを測った

16

阿部昭一

大分県・教員

あべ・しょういち／昭和30年大分県生まれ。県立杵築高校から日本体育大学に進み、卒業後、大分県高校教員となる。都道府県対抗、全国教職員大会、国体などに出場。現在、県立杵築高校教諭。平成18年5月、八段合格。

軌道を意識した素振り。相手の発声直後に打突する

まず、だれとやるときでも構えを絶対に崩さないように心がけています。そして初太刀一本を必ず取ることです。私は身体が小さいので、その分、足を使いながら自分の間を大切にしています。

高校の教師をしている関係で、日常の稽古の相手がほとんど高校生です。高校生は遠間から勢いよく打ってきますが、「攻め」というものは、まだまだ理解できていません。「攻め勝って打つ」という状況

をつくりきれていない場合があります。そのため、攻め切れていない打ちに対しては意識して打たせず、応じ技を打ったり出ばなをとらえたりして生徒自身に気づかせるよう心がけています。

私が毎日確かめることは、足の踏み込み、素振りによる「剣の軌道」です。常に「気・剣・体の一致」となるよう、10分から20分くらいは面をつけずに打ち込み動作をおこないました。

稽古の際には呼吸の使い方を意識して、相手の発声直後に打突するようにしています。なぜならば、息を吐いた後の動作には、一瞬ですが、必ず隙が出てくるからです。そこを逃さないよう日々工夫しています。

愛妻料理で健康管理。犬の散歩でストレス発散

日常生活においては、ありきたりですが自己管理に気をつけました。八段審査を受けはじめたころから、年齢に応じた食生活、とくに外での暴飲暴食を避け、できるだけ妻がつくってくれる家庭料理を腹八分目くらい食べるようにしました。

合格する前の年には国体少年女子の監督を引き受けることになり、使命感とプレッシャーでストレスが増し、「八段審査どころではないな」とくじけそうにもなりましたが、なるべく日常を自然体で過ごそうと気持ちを切り替え、健康管理に努めました。

毎晩1時間以上、犬と散歩に行く習慣も今となってはストレス発散になっていたのかもしれません。唯一、剣道に関することといえば、犬との散歩のとき、左手に必ず1キロ以上の杖を持って「意識づけ」をしていたことです。先にも書きましたが、暇を見つけて息を止める練習をおこない、呼吸と打突

のタイミングを測る訓練を自然にやっていました。

仕事と剣道にメリハリ。仕事に熱中すると思わぬ褒美

私は幸いにも高校で保健体育を教えていますので、授業は身体を動かすことが主になります。もちろん机に向かって書類やプリントを作成したりもしますが、授業中は生徒とともに汗をかくことを心がけました。とくに脚力は年齢とともに衰えてくるものなので、授業のはじめにおこなう補強運動の際、生徒と一緒にランニングをおこなうようにしていました。

しかし、仕事は仕事、剣道は剣道というメリハリもつけていました。なにもかも剣道に結びつけて考えるのではなく、日頃から仕事に熱中し、一所懸命働いていれば、神様がご褒美をくれる、それが私の場合、たまたま剣道八段であった、という感じです。

そのため、高校生には授業や部活動において「剣道以外のことを一所懸命やりなさい。そして自分以外のすべての人に感謝し、恩や情というものを日々感じ取りながら過ごしていくように」と、よく話して聞かせています。

教育を仕事にしている立場上、自分よりも二回りも離れた子どもたちと接することは、私にとってよい刺激でもあり「先生」と呼ばれることで「規範」というものを意識し続けられる環境だなと思っています。新渡戸稲造博士の『武士道』の理念が息づいた職場に身を置かせていただいたおかげで精神的な部分において八段の修行が自然におこなえたのかもしれません。

街頭の鏡で構えをチェック
階段は爪先立ちで上がる

17

中西　章　山口県・警察官

なかにし・あきら／昭和26年山口県生まれ。多々良学園高校（現・高川学園高）から福岡大学に進み、卒業後、山口県警察に奉職。都道府県対抗、国体、全国警察官大会などに出場。現在、山口県警察学校に勤務。平成18年11月、八段合格。

8種類の素振りを実践。後輩のアドバイスに耳を傾ける

私は合格時、山口県警察本部交通規制課に勤務しており、日常は剣道とは縁のない業務をおこなっていました。そのため、稽古は山口市内の警察体育館（旧武徳殿）において出勤前の朝稽古（6時30分から約30分間）と土、日曜日の午前中に2時間程度の他、月1回おこなわれる県剣道連盟主催の稽古会に参加するのみで、審査に向けては充分な稽古量とは決していえない状況でした。

このような稽古環境のなかで、とくに留意したことの1点目は「人の話をよく聞き、これの実践に心がけたこと」です。まず稽古が終わったあとには、必ず先生からご指導をいただき、後輩などからも欠点などを指摘してもらえるよう、自分から積極的に質問することに努めました。とくに後輩は先輩の欠点をなかなかいってくれないため、「今日はどうだったか」などと自分から積極的に話しかけました。

また、聞く場所も稽古後のシャワー室などを選びました。場所を選ぶと自然と話がはずみ、いろいろな問題点を話してくれました。先輩後輩にかかわらず、みんなが人の稽古をよく見ています。自分では気がつかないところが多く出てきて、たいへん参考になりました。

これらのご指導していただいた事柄については、翌日の稽古では必ず矯正するように努めるとともに、聞いただけでは時が過ぎれば忘れますので、それを手帳にメモし、機会あるたびにメモを開き確認して、矯正すべき点を反芻することを心がけました。

2点目は、素振りを継続しておこなったことです。先ほども申し上げましたように、充分な稽古量で審査に臨むことのできる環境ではありませんでしたので、それを補うものとして素振りを毎日３００回以上はすることに努めました。帰宅が午後7時頃になりますが、夕食を済ませた後、午後8時30分頃から屋外でおこないました。

素振りは竹刀で、小手だけを着装しておこないます。単に正面素振りだけでなく、左右、正面と左右の混合、前後5回の正面と左右、すり上げなど8種類の素振りを混ぜておこないました。

置かれた環境を大事にする。チャンスは必ずやって来る

3点目は、日常生活のなかに稽古を取り入れたことです。体力をつける時間もありませんので、階段をできるだけ使用し、上りは必ず爪先立ちで上がり、入浴中には握力の運動にも努めました。また、肩を左右に揺すって歩く癖があったことから、歩む際は「歩」を真っ直ぐ進めるとともに、体重を左右に移さないように心がけました。

街頭のショーウインドウ、トイレの鏡、エレベーター内の鏡などを見つけては常に姿勢、構え方について工夫をしていました。これをやっていて通りがかりの人から何回か、怪訝な顔をされたこともありました。

4点目は、自分の置かれた環境を大事にして、目標をあきらめなかったことだと思います。機動隊の剣道特別訓練員を離れて20年以上になりますが、その後は県下の警察署などに赴任し、現場の警察活動が中心となり、稽古も週1回あるいは1ヶ月に1回しかできないときが続きました。その稽古も勤務終了後、赴任先から車を運転して30分、あるいは1時間以上かかる道場へ通ってのものでした。

そのようなとき「いつか、もう少し稽古ができる時期が来る。そのときがチャンス（昇段審査を受審するとき）だ。そのときまで地道に努力しよう」と自分に常に言い聞かせていました。

幸い、本年（平成18年）3月に現所属に赴任したあと、朝稽古ではありますが、毎日稽古ができるような環境になりました。私は「今しかチャンスはないぞ。今年にかけよう」と、自分を強く奮い立たせました。このような気持ちの継続が今回の合格の大きな原動力となったと思います。

八段合格者の多くが全国的な大会などにおける功績の持ち主であるなかで、そのような実績のない私

の合格は、周りの人には合格が身近に感じられるとともに、今後の審査に向けての取り組みにも一段と力が入ったのではないかと思っています。

私自身、今回合格したとはいえ、道半ばの未熟者です。合格は私の剣道人生の通過点ととらえ、さらに精進していく所存ですので、剣友の皆さまに引き続きご指導ご鞭撻をお願いいたしまして、筆をおかせていただきます。

日常生活に稽古の場はいくらでもある

18

千葉胤道　東京都

ちば・たねみち／昭和20年東京都生まれ。私立城北高校から明治大学に進み、卒業後、トッパン・ムーア㈱（現・トッパン・フォームズ㈱）に入社。全日本・関東実業団大会各２回優勝、東西対抗、都道府県対抗、国体などに出場。現在、全日本剣道連盟理事、関東学連剣友連合会副会長、東京都剣道連盟専務理事、トッパン・フォームズ㈱非常勤顧問。平成14年11月、八段合格。

限られた時間での稽古の工夫

会社員であるため、専門家の受審者よりも稽古量が足りません。短時間でも内容の充実した稽古を目標にしました。その限られた時間のなかで自身の剣道の質をどう高めていくかを考え、次の点を心がけておこなってきました。

1、先生方から指導を受けたことは素直に聞き、それを実行しました。

2、毎回稽古前、礼法・作法などがきちんとできているのかを、鏡や窓ガラスに自分の姿を映して提げ刀、帯刀、立礼、蹲踞などを確認した後に素振りをおこない、左手がわずかに上がる傾向にあるので、そこをチェックしました。稽古後は、遠間から刃筋正しく打っていたか？　足構えは？　手の内は？　打突後の身崩れはなかったか？　残心は？　などと自分自身に自問自答しました。
3、打ち気に走らず、機をみて打って出る。どんなことがあっても退かない。気合で相手に負けない。声は大きく。
4、審査員の目は絶対にごまかしがききません。理屈ではなく、日頃の稽古によって正しい剣道を体で覚えさせないといけません。それには「初太刀一本、千本の価値」を大事にし、攻め、間の詰め方、打突は打ち切っているか、無駄打ちをしないよう毎回の稽古に臨みました。
5、出稽古では、その道場の先生方に必ず懸かり、アドバイスを受けるなど、常に懸かる稽古を心がけてきました。
6、日本剣道形を打つ時間をわずかでもつくり、理合、間合、目付け、呼吸、構え、刃筋などを修錬しました。
そういう稽古を積み重ねていくことにより風格・品位のにおいが出てくると思います。

日常生活で心がけてきたこと

3、4年前から通勤でも仕事でも足の衰えをカバーするため、なるべく多く歩くようにしています。歩くなかでもイメージトレーニングをし、階段を上がるときはできるだけ爪先で上がるように努めています。電車内では、つり革につかまらず、バランスをとりながら、車窓から架線の電柱をとらえる訓練もしました。駅のホームで電車時間待ちの際に、相手を想定した構えをとったりして周囲に怪訝な目で見られたこともありました。

また、正坐のときに限らず、日常生活のなかでも長呼気丹田呼吸を実践したこともあります。

新入社員時代、当時の宮澤次郎社長（東大剣道部ＯＢ）がいわれた「一流の剣道人をめざせ。そうすれば一流のビジネスマンになれる」という言葉を胸に抱いて仕事と剣道に取り組んできました。実際の稽古はできなくとも、剣道という言葉の意味を考えれば、いつでも稽古はできると思います。

八段挑戦9年目、その間一次審査は5回通り、平成14年秋6回目で合格しましたが、その分かれ目について僭越ながら、私なりに感じたことを述べさせていただきます。

当然のことながら一次、二次審査とも理合に適った剣道に風格・品位がともなっていなければなりません。それが一次では評価されても、二次では意識過剰になって無心の境地になれず、緊張感も持続できず、自身の修行の足りなさを感じました。

では、なぜ今回合格できたかを振り返ってみますと、一次審査と同様に心が調えられ、適度な緊張感を保ちながら、日常の稽古と同じ心境で立合ができたのではないかと思います。加えて相手との縁が切れなかった、相手の攻めに心が動じなかった、気で攻めて崩して打ったという3点が挙げられます。

最後に、私の好きな詩の一節を紹介したいと思います。

人は信念と共に若く　疑惑と共に老ゆる。
人は自信と共に若く　恐怖と共に老ゆる。

希望ある限り若く　失望と共に老い朽ちる。

これからが本当の修行と考え、微力ではございますが、品格の満ちた剣道を求めて日々精進していきたいと存じます。

三、稽古姿をビデオで比較、合格者との違いを研究した

乗って打つ、応じて打つ
その一瞬の攻防を念頭において稽古した

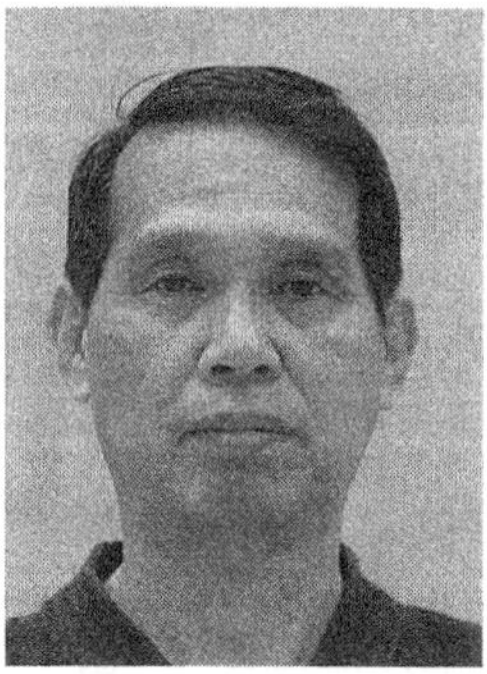

19

松下明房　愛知県・非常勤講師

まつした・あきふさ／昭和17年長崎県生まれ。経理専門学校を経て、愛知県岩倉市役所に勤務。谷鐐吉郎、榊原正、林邦夫各先生に師事。現在週1回、一宮南高校の指導にあたる。平成17年5月、八段合格。

一人稽古でイメージづくり。打ち間の入り方をシミュレーションする

私は、京都演武大会の折に、故中西康先生とお話しをする機会がありました。60歳になったら八段受審をやめようと思っておりますとお話しをすると「なにを言っておるんだね、八段合格だけが剣道ではないだろう。受審しようと思う気持ちが、健康に留意し稽古に励むだろう。稽古はよい（正しい）稽古でなければ上達しないよ。よい剣道を習うこと、よい稽古を指導することにより、人間形成の道につな

がるんだ」と諭されました。

それから稽古では、子どもも大人にも「お願いします、ありがとうございます」の挨拶を丁寧にすることを心がけました。そのことにより、姿勢と言葉づかいもよくなったように思います。

基本技、とくに面打ちを一足一刀の間合、打ち間、近間の3段階の間合に分けて、子どもたちと一緒にやっています。一足一刀の間合からの面打ちは今でもまだうまくできません。一人稽古でイメージづくりを何通りもつくり、鏡を見て稽古は一足一刀の間合を基本にし、打ち間への攻めをどうつくるか、攻める、相手が動じない、打ってしまう、返される、攻める、動じない、まだ攻める、これでもか、まだ動じない、近間まで攻める、打たれても、打たれてもくり返しおこなう、信念をもって稽古しなければ負けてしまいます。

定年となり2年が過ぎ、時間は十分すぎるほどありますが、昼間に剣道ができる場所はどこにでもありません。階段昇降をずいぶんとしました。高校のクラブ活動にも参加しました。

夜の稽古は少年剣道教室2日、居合道2日、大人の剣道2日と夜7時から9時半までが日課となっていましたから、自分の稽古を他へ求めました。武講同窓会年2回、春京都、秋伊豆長岡での1泊2日の居合道、剣道の錬成会、中高年剣道研究会月1回午前中1時間の講話、残りを基本打ち、とくに一足一刀の間合からの打突を大事にする、応じ技の研究をくり返しました。

社会体育初級コースに参加したり、東海地区合同稽古会、県八段受審者講習会春4回・秋4回、地区合同稽古会に参加し、多くの先生方に指導を受けました。家族の理解がなければできないことです。妻に感謝しております。

発声は大きく、中心を譲らない。審査後の講評にとくに注意した

剣道を始めた中学生のころに剣道が強くなりたかったら足先をまっすぐに向けて歩きなさいといわれ、今でも歩き方には注意しております。剣道八段審査においては、審査の先生方の講評などをよく読み、実践することだと思います。

私が合格したときの立合をまとめてみたいと思います（立ち合ってくださった先生のお許しを願って）。一次審査に合格したとき、二次審査のイメージを、昨年一昨年と合格した先生の立ち姿でつくり、頭の中に浮かべました。蹲踞から立ち上がると同時に右足から半歩前に攻める気と、立ち姿と気迫を、審査の先生にアピールしました。

とくに掛け声を大きく、30秒間くらい相手の攻めに対して自分は中心を攻め、動かない、自分が半歩攻めて動かして打つ予定。相手は動いてくれない、打てない、攻めるが動かない、振り上げる、まだ動かない、もっと大きく振り上げる、このときの動きが自分ではゆっくりに思えました（あとでビデオを見てみるとゆっくりではありません）。

相手の手元が上がる、小手を打つが不十分。離れる、数秒攻めて面、これも不十分。自分では打ち切っている。向き直り、攻めながら大きく振りかぶり小手面、これも不十分。相手は打たれているから焦り気味に思う。前に出る、面を打ってくるので返し胴、有効打と思う。攻める面に来るので乗って打ったと思うが相打ち、向きなおる、攻める、今度は出頭の面、有効打突の手応え。構える、相手の剣先が下がるところ小手面と打つ。時間となりました。

2人目、立ち上がり半歩前に攻める気迫、相手に負けないような掛け声、約20秒間くらい、前に半歩

出て小手をさそう。小手に出るところを小手抜き面、見事に打てた（これは自分の判断）。あとは自分の思いどおりの立ち合いができました。

相手との攻防のなかで一足一刀の間合のなかから自分の打ち間までの攻めに対して、相手が動じたところを出頭、乗って打つ、応じて打つ、「攻めの一瞬」のところに合格の秘密があるように思われます。

参考になるかどうかはわかりませんが、思うがままに書かせていただきました。これからの稽古を八段として恥ずかしくない、竹刀で打った打たれたではなく、心と心の気攻め、剣先での攻防が楽しめる、よい剣道をめざしたいと思います。この場をお借りして諸先生方のご指導をお願い申し上げます。

年間三百日の稽古を十数年稽古が楽しくなったときに合格した

20

川瀬能男　東京都

かわせ・よしお／昭和16年千葉県生まれ。県立長狭高校から平和相互銀行（現・三井住友銀行）に入行する。大平康、中村太郎、堀口清、小沼宏至各先生に師事。第3回世界大会・東西対抗出場、都道府県対抗・全日本実業団・関東実業団優勝。現在、NPO国際社会人剣道関東クラブ会長、三井住友銀行剣道師範。平成8年11月、八段合格。

表裏の攻め・強弱の攻め・和の精神

私は昭和35年の春、千葉県立長狭高等学校を卒業し、平和相互銀行（現・三井住友銀行）に入行した年より30数年、社会人剣道家として仕事と実業団剣道大会などの試合に勝つことに重点を置いた稽古に明け暮れた。全日本実業団剣道連盟の推薦により第3回世界剣道選手権大会（昭和51年）日本代表選手として選出され出場し、大会が終了するまでは、それこそ勝負剣道に徹していた。私の剣道の転機はその世界大会終了後である。

当時、平和相互銀行剣道部の師範でおられた故範士九段堀口清先生（第3回世界大会の審判長）から「川瀬さん、これからは慈愛の剣の修行が大切ですよ」とのご指導を受けたのだ。この教えはそれまでの勝負中心の剣道から真の剣道への導きであった。また「どんな相手でも和することですよ。とくに剛に対して剛で対峙してはいけませんよ」「剣道は水灩刀《すいえんとう》の位ですよ。このギリギリのところでの稽古（修行）が大切ですよ」と稽古のたびにご指導をいただいた。技術的には「表裏の攻め」「強弱の攻め」を強調された。

私は40歳で銀行の支店長を仰せつかり多忙を極める生活を送っていたが、先生の教えを肝に銘じ、寸暇を惜しんでは週3日1時間の稽古に励んだ。どんなに忙しくても稽古は休まなかった。稽古後また仕事に戻る日々であったが、不思議と稽古後のお客様との商談はたびたび実を結んだ。これは堀口先生から学んだ「和」の精神が銀行員としても非常に役立った表れであった。常に相手の立場を考え、どんなことがあっても「争わず」の精神で支店長の重責を担い続けることができ、その結果、勤めていた銀行自体の荒波の変遷（銀行の吸収合併などやその結果生じた諸問題）も乗り越えられたのである。私は社会人剣道家として仕事に剣道にと一生懸命生きてきたことを誇りに思っている。

気攻め・捨て身・一本を打ち切る

私に大きな影響を与えてくれた方がもう一人おられる。それは故範士九段小沼宏至先生である。小沼先生とのご縁が深くなったのは前述した第3回世界大会で、先生は日本選手団のコーチであり、選手の私は強化合宿から大会終了までご指導をいただいた。そのとき私は先生の剣道の強さと人間的な大きさを肌で感じすっかり先生に惚れてしまった。そして大会終了後も積極的に先生にご指導を願い、公私共にたいへんお世話になった。その後、縁あって住友銀行（当時平和相互銀行は住友銀行に吸収合併された）の師範をお願いすることになった。

先生との稽古では「捨て身の技」「一本を打ち切る」指導を徹底的に受けた。しかし、若いとき試合中心の稽古をしてきた私には小手先の技の名残があった。そこで自分なりに師の教えを具体的にまとめ、稽古の留意点として、多くの先生方にひたすら稽古をお願いした。

一、立合の間から気攻めの稽古をする事
二、先を大切にし、気の攻め剣の攻めに徹し、一本一本は捨て身で打ち切る事
三、打った一本は必ず有効にすべき打ちとし（無駄打ちはしない）、打った後、姿勢を崩さない事
四、どんな相手とお願いしても決して気を抜かず（とくに若手との稽古）、受け身にならない事

仕事上どうしても30分くらいしか稽古時間が取れないときは、とくに間合と気攻めを意識して、面打ちを中心に思いきり踏み込んで一本一本打ち切る稽古を集中しておこなった。

八段合格前の10数年間は、留意点を意識して年間３００日くらいひたすら稽古を積んだ。そして多くの先生方との稽古を重ねていくうちに、「左手と左足が良くなりましたね」といわれるようになった。その一言により構えたときに余分な力が抜け楽になり、スーッと立てている自分に気付きはじめた。

攻めが打ち気に逸りがちだったのが腹式呼吸によって気を下げることを意識できるようになった感じがしてきた。結果、相手の動きがだいぶみえるようになってきた。これが堀口先生のいわれた「剛を和で包む」、小沼先生の「気攻め」かなと実感できるようになった。稽古でも弱点であった小手先の技が

改善され、自然に踏み込んで大きく一本打ち切れるようになってきた。以前は日常的にも仕事と剣道の両立がかなりきつかったが、稽古が楽しくなってきていた。そう感じたときに審査に合格した。

目標達成に情熱を燃やし続ける

以上のような軌跡を経て今日の私がありますが、八段合格の一番の要因は数多くの良い先生方に恵まれ、ご指導をいただけたことかと思います。それに加えることといえば、師の教えを念頭に置き、それらを守り迷うことなく、ただひたすら稽古をしたこと、純粋に剣道が好きなことでしょうか。そしてその好きな剣道に専念させてくれた家族の理解と協力があったればこそであります。

私は、いまも仕事をしながら八段合格前より稽古数を落とすことのないよう全剣連、東剣連の稽古会をはじめ、火曜を除くほぼ毎日稽古をしています。師が教え導いてくださった「慈愛の剣」に一歩でも近づけるように、またご指導をいただいた多くの先生方や稽古をお願いした方々に感謝し、剣道が好きな方、何かを求めている方と剣を交え、剣道の修行に励んでおります。

終わりに私が非常に影響を受けた気の研究家である河野十全先生の言葉を引用します。

「人はどの様な絶望的な状況にあろうとも、どんな失意の連続する毎日を送っていようとも人生を切り開くチャンスが必ず残されているものである。誰もが積極的に考え、やる気を燃やすこと、そして、自信をもって行動する事によって人生をよい方向に進展させることが可能である。誰の人生にも、いくらでも大きな可能性が残されている。逆転のチャンスが残されている。年齢には全く関係ない。『だけどやってみよう』『必ずやってみせる』という前向きな志と燃える様なやる気がありさえすれば無限の能力は発揮できる。目標達成に情熱を燃やし続け自信と信念で事に当たればどんな奇跡さえも実現出来るのである。すべての人間には、それを可能にし得る能力が隠されているものである。」

36年18回目にして一段上がった無心

21

新堀　強　東京都

にいぼり・つよし／昭和7年茨城県生まれ。県立鉾田中学校（現・鉾田一高）から昭和26年6月警視庁へ奉職。持田盛二、森正純、小川忠太郎の各先生に薫陶を受ける。国体優勝。元警視庁剣道師範。現在、東京都練馬区剣道連盟名誉会長、東京外国語大学剣道部師範。平成10年11月、八段合格。同20年5月、剣道範士。

握り方、剣先の争い、足捌きに留意。そして匂うが如き残心を

日々ご研鑽の各位に些《いささ》かでも役立てばと苦節の日月を記してみたい。

人間、何回やっても駄目だという時、心に怒りが生ずる。それを下腹部に納め、勇気に変えた。そのために私は一時期、坐禅にも没頭した。そして「我に七難八苦を与え給え」と不退転の大勇猛心を以って毎回の稽古に励んでいた。

そんな或る日、朝稽古の折に小川忠太郎先生が大きな声で「新堀さん、今年も八段駄目だったそうだが、そんなものは問題じゃないから修行第一に頑張ってください」とおっしゃった。八段にとらわれず、唯々精進しなさい、という意味の激励だったと今にして思う。

また恩師の森正純先生は稽古の折々に「剣道は一朝一夕にしてはならない。毎日毎日の修行、しかも汗と脂の結晶によってはじめて成し得るものと信ずる」と語っておられた。

さらに持田盛二先生は、「昨今は剣道の理論に精通している者は多いが、これを体得している人は少ない」とおっしゃっていた。

私は、かかる先達の教えに基づいて、百錬自得すべく稽古に励んだ。

さて私は、昭和38年に30歳で「七段」に合格し、48歳から挑戦、18回目にしてやっと八段合格の栄に浴した。七段合格後、実に36年という歳月で僅かに一段上がったのみである。

七段審査合格の頃、体重は68kgで体調は最高であった。警視庁剣道指導室勤務時代は75kgであったが、18回目の八段審査までにベスト体重である68kgに落とした。

そして審査に臨んでは、八段の風格、姿勢、足捌き、手のうち、剣先の作用、打突の機会、特に気剣体一致の一本、等々が大切である。これらを常に念頭に置き、稽古を重ねていった。

そのような折、ちょうど審査半年前であろうか、さらにいったいどんな点を直すべきかを長島末吉先生にお尋ねする機会を得た。そして次のようなご教導を賜った。それは「握り方、剣先の争い、足捌き」の3点であった。このご指摘をいただくや、私は何かビリッと響くような閃《ひらめ》きを感じた。

爾来《じらい》半年、この3点に留意して稽古に打ち込んでゆき、それにつれて自信も次第に深まっていった。

併せて審査へ向けての心身調整をおこない、当日は休憩時間に会場から離れ、公園を散歩するほどの余裕さえも持てるようになっていた。

審査に臨んでは、初太刀一本の面技を必ず成功させるよう努めた。以下、攻めて待つ動作、相手の打突への返し、気力の充実と正しい姿勢、そして何より打った後の残心を心がけて進めていった。

前出の持田盛二先生が常々「匂うが如き残心を」と申されていたが、心すべきことである。審査終了後、旧知の奥園國義先生から「後ろ姿が立派でした、よくぞ修行されましたね」との評をいただけたことは大きな喜びであった。

当日は無心になれたせいであろうか、相手がよく見え、全身の無駄な力が抜け、姿勢が崩れなかった。思うにこれらも36年間の苦闘時における、諸先生方の心に残るご助言の賜物である。

目下ご奮闘中の各位には、今後とも良師の言を十分に傾聴し、自らのご研鑽に生かされるようお奨めいたします。

稽古姿をビデオで比較
合格者との違いを研究した

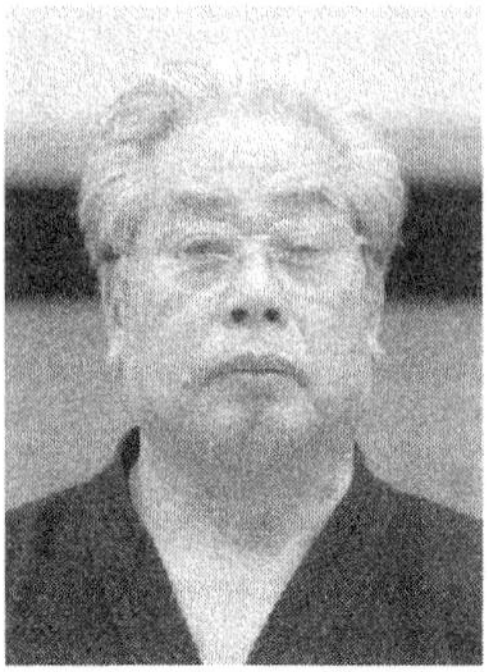

22

松本　武　愛知県

まつもと・たけし／昭和13年愛知県生まれ。県立蒲郡高校卒業後、東洋レーヨン㈱（現・東レ）に入社する。全日本実業団大会優勝2回のほか、東西対抗、国体などに出場。平成16年5月、八段合格。

毎朝5時半起床、1日1万歩ウォーク。筋トレで体力強化に努める

平成10年5月、私は永年勤務した東レ㈱名古屋事業場を定年退職した。退職を機に、在職中に健康管理室から指導を受けていた「生活習慣病」の克服に取り組んだ。病名は肥満で退職時95kgの体重を10kgの減量と「1日1万歩」を宣言し、これを剣道八段合格の第1課題とした。以来、毎朝5時半に起床し、万歩計を腰につけ、子どもの頃によく遊んだ神社、学校、公園などを歩いた。帰宅後に体重を量り、カ

レンダーに体重の変化を記録することが日課となった。半年ほど経つと、体重に変化が現われ、翌年の2月頃にはズボンの胴周りが10cm、体重は10kg減、当初の目標を達成することができた。

そんな折、東レ名古屋時代の師範であった故近藤利雄範士から中京大の林邦夫範士のもとで受審指導を受けるお話があり、週1回の稽古会に参加することになった。稽古の内容は、審査会の要領で2分間の時間稽古をくり返しおこなったり、切り返し、正面打ちの基本練習をくり返したりした（ビデオ撮影付き）。稽古後には、撮影したビデオを再生し、八段合格者の方の稽古と対比したり、パソコンでプリントアウトした姿を科学的に研究したりした。こういったことを普段の稽古にも取り入れることを第2課題とした。

体重10kg減量の第1課題は比較的早く達成できた。しかし、体力・筋力は年相応に衰えており、基礎体力の強化が必須であると感じた。そのため、週1回大学の近くにあるスポーツクラブで1回1時間の筋トレ強化メニュー、トレーニング後の30分の筋力マッサージを2年間おこなうことで足、腰、肩、腹筋、前屈、股関節の体力強化を第3課題とした。

以上の3つの課題に取り組んだ効果は、東京、京都の審査会において、一次審査を通過する結果につながった。しかし、肝心の二次審査では結果を出すことができなかった。

平成14年5月、私は知立市にオープンした知立セントピアホテルの経理責任者として再就職することとなった。そのため稽古場所を知立剣連誠心館道場に移し、週1回の稽古に全力を尽くすことになった。受審年齢も66歳に到達した今日、これまでの審査結果からも一次はもとより二次審査合格ははるか遠いものになった。しかし、これまで多くの先生方にご指導を受けたことを想い起こし、平常心にかえって中段の構え、剣先の動き、打突の好機、有効打突、残心などに技の磨きをかけ、段位審査規則の課題である剣道の奥義を極めることを稽古の最終の課題とし、全身全霊を注いだ。その甲斐あってか、念願の二次審査で合格することができた。

昨年（平成16年）、東レの社内剣道大会は第50回の記念大会の年を迎えた。この機に合わせて八段に昇段できたことはまことに幸せなことである。今後も段位の名に恥じないよう精進を重ねる所存である。

八段合格への3項目 攻め勝って打つ、反省する、ビデオを見る

23

大塚尚弘　東京都・公務員

おおつか・なおひろ／昭和29年神奈川県生まれ。相模工業大学附属高校（現・湘南工科大学附属高）から専修大学に進み、卒業後、日本運送㈱（現・フットワークエクスプレス）に入社。昭和55年に刑務官となる。都道府県対抗2位、全日本実業団大会優勝、全国矯正職員大会優勝3回など。現在、東京矯正管区に勤務。平成18年11月、八段合格。

打つ気持ちを消す。攻めと打ちの間に虚をつくらず

平成12年から八段に挑戦して、今回で7回目の審査ですが、今までの審査は八段というものはこうしなければいけないと、うわべだけのイメージを自分で勝手につくってしまい、そのイメージを追っていたように思います。要するに形だけのもので中身のないものでした。

今回の審査では、普段稽古してきたことを審査員の先生方に見ていただくという気持ちで審査に臨み

ました。

八段審査ということではなく、普段の稽古において「①相手に攻め勝って打つ。②左手、左腰、左足の意識と手元を上げず、足が主導で打ちを出す。③稽古の反省を怠らない」といった3つの課題を自分に課し、かつ絶対にさがらない強い気持ちを持ち、打ち切ることを心がけました。課題ができたときのイメージを大切にし、だれと稽古しても実践できるよう努力しました。

その中で自分なりに過去の審査、稽古の反省を踏まえ、とくに心がけたことを紹介したいと思います。

①相手に攻め勝って打つ

「攻めると打たれる」「変だ？　おかしい？」「自分では攻めたつもりでも相手に響いていないため、逆に打たれてしまう」といった状態が続きました。なぜかと考えてみたところ、打とうとする気持ちがあるからだということに気がつきました。

打とうとする気持ちがあると、自然に気攻めがなくなり、剣先に威力がなく、起こりが大きくなり、相手に打たれやすくなります。充実した気勢で攻めていると打とうと思わなくても打つべき機会に知らず知らずに打突していると思います（試合などで成績の良かったときを振り返ってみると、無心になっているときには、必ず勝っている）。

しかし、これがやってみるとなかなか難しく、打ってやろうとすぐ思ってしまいます。攻めても相手に響かない、打つために攻めると必ず「攻め」と「打ち」の間に虚ができ、そこを打たれてしまうのです。このことを通して「打つために攻める」のと「攻めて打つ」のとでは大きな違いがあることを感じました。とにもかくにも、打とうとする気持ちを持たないことです。

ビデオで自分を確認。理想のイメージに近づける

②稽古の反省

「打たれて修行せよ」とあるように、打たれて稽古することです。わざわざ打たれるというのではなく、自分が至らない点を指摘してもらうのですから有難く打たれ、あとで二度と打たれないよう反省、研究をすることが大切だと思います。

「打たれてもビクビクしない、ひるまない」という固い決意で稽古に臨むことです。

また、常に自分を見つめ、自分の足りないところはなにか、それを補うためにはなにをしなければいけないかを考えることだと思います。反省には研究、工夫が伴わなければ意味がありません。研究・工夫は直ちに実行して価値があるものです。考えて実行がなければそれは考えないのと同じことだと思います。実行あるのみです。

③ビデオの活用

私は数年前の自分の試合のビデオを見ることがあります。試合は普段の稽古の集大成を披露するものだと考えているので、試合のビデオを見れば自分の良いところ、悪いところが明確にわかります。また、映像から技も含め、精神的なものも思い返すことができるので、そのときの状態を把握することができ、とくに成績が良かったビデオを見ることによって、攻め方、打突の機会、足の運び、打突などの自分として良いときのイメージを理解することができます。それをイメージしながら日頃の稽古のなかで近づくように集中しました。

ビデオを見ることによって、「自分ではできている、やっている」と思っていることが意外と自分が

思っているようにできていないことに気づかされることがあります。一度普段の稽古内容をビデオに撮ってみてはいかがでしょうか。良いイメージで稽古することによって、悪いものは矯正されていくような気がします。

八段受審10年と17回目の挑戦で合格した

24

本屋敷　博　千葉県

もとやしき・ひろし／昭和18年大分県生まれ。県立宇佐高校から国士舘大学に進み、卒業後、千葉県高校教諭となる。国体優勝、全国教職員大会団体2位のほか、全日本選手権大会、東西対抗、都道府県対抗などに出場。現在、㈶千葉県剣道連盟副会長兼専務理事。平成14年5月、八段合格。

激励の言葉「逆立ちで千葉県を一周してみせる」

10年と17回目、この数字は私が八段審査を受けはじめてから合格するまでの年数と受審回数です。サイクルの早い現在の社会から考えると、なんと長い年月だと一般の方は思うのではないでしょうか。剣道の八段審査を受けられている先生方には、ごく普通の数字で特別でもなんでもないと思う方も大勢おられると思います。

『心で闘う120秒』というNHKで八段の審査会のドキュメンタリーが放映されてからは、この審査の難しさが世の人の知るところとなりました。

剣道修行の目的が剣道理念を体現するために稽古に励むことは自明と思いますが、目標の一つが段位取得にあるとすれば、それに向かって努力するのも一つの方法だと思います。

私も例にもれず八段を目標にして普段の稽古に取り組んできました。受け始めたころは、その難しさをよく聞いていました。自分が合格するとしてもまだまだ先のことだと思っており、真剣になにがなんでも合格するぞ、という意識は薄かったような気がします。このような考えがのちのち大変甘い考えであることを思い知ることになります。

また、高すぎる目標である八段へ私の大学の同期生が次々と合格（私で5名）するのをみて、自分でもなんとかならないだろうかと考えるようになりました。

それまでも稽古は自分なりに一生懸命やっているつもりでした。あるとき千葉県で早く合格された先生が、その程度はだれでもやっている。自分は八段を目標にどんな場所にも行って稽古をお願いした。そしてあらゆる工夫をした。ということをお話しされました。

それからは稽古をより多くするように心がけるとともに、その内容についても先生方が言葉に残された本などよく読んで稽古するようにしました。

まず、学校勤務の傍ら、自分の稽古時間を一週間単位で確保すること。稽古の内容をよく考え、反省をして次の稽古につなげることなどを常に心がけました。

しかし、受けること10回を過ぎても内容も悪く、一次審査に一度も通ることなく年を重ねていきました。

これでは八段合格するどころか、今のままで終わってしまうだろうとの思いのほうがだんだん強くなってきました。やはり剣道に対する考え方、稽古の方法はこれでよいのか、という思いにかられることしきりでした。

このような疑問を持っているときに、稽古でご指導いただいていました、故瀧口正義範士より「本屋敷の場合は、まず生活態度から改めて一からやり直すつもりで心構えをつくること。ただ稽古をやれば強くなると思っていたら間違いだ。命がけの稽古をしないとほんとうの剣道はわからない。教職を犠牲にしても剣道に取り組む覚悟をもて」など、ことあるごとに剣道の稽古に対する心構えのお話を聞き、ご指導を受けました。

また、剣道も八段に合格するくらいから稽古がわかってくるようになるともいわれ、今の稽古で合格したら俺が逆立ちをして千葉県を一周してみせる、といわれたときは、聞いていた後輩と思わず大笑いをしてしまいました。ほんとうは笑っている場合ではないのですが、いま思うと、これ以上の激励の言葉はなかったとしみじみ思います。

稽古の前に必ず目標を定めて工夫した

それからの稽古は、基本の気剣体一致の面打ちの打ち込みをとにかく気力を充実させ、足捌きに気を配りながら集中しました。

また、稽古の前には必ず一つの目標を定めて工夫することを心がけるようにしました。

それから55歳で初めて一次審査に通ることができ、57歳で2回目の一次に通るようになりましたが、二次審査ではなかなか攻め・打ちともに一歩足らず不合格でした。

この頃からなんとなく稽古をどのようにするかということが、おぼろげながら見えてきたような気がしました。そして迎えた17回目の審査当日、会場が京都市立体育館に移り広くなり、今まではなかったことですが、後輩と3人で審査前に基本の面の打ち込みなどを十分におこない一次審査に臨みました。結果はなんとか一次を通ることができ、いよいよ二次審査です。

とにかく気力の集中を心がけ、2名の先生方との立合の4分間は一瞬のあいだに終わったような気がして、内容については面が打てたというくらいで、あとは夢中（無意識）でした。見ていただいていた先生より、まず大丈夫でしょうといっていただき、なんとかなるかなと思いながら発表をみると、二次も合格していました。

その後、翌日の学科と日本剣道形の日程説明を受け、宿に戻ると同宿している先生から「まだ翌日の学科と日本剣道形の審査発表までは、合格したわけではないので酒は飲まぬように」というありがたいご指導をいただき、それを忠実に守り、学科、日本剣道形ともに無事に合格することができました。

千葉へ帰り、これからの稽古に思いを巡らしているときに高体連の八段の先生から〔精一杯〕と書かれた色紙をお祝いに戴きました。そして、私どもは齢をとってからの八段なので、これからの稽古が大切です。また同年齢の先生方の励みにもなることと思います。お互いにこれからは、剣道の目的に向かって日々の稽古に励みましょう。との言葉がありました。

まさしく、今後の私の剣道に対する方針を示していただいたと、大変ありがたく思っています。

私の場合は良い先生に恵まれて稽古をすることができました。

特別効果のある稽古、あるいは合格する秘訣があるとすれば、やはりご指導いただく先生の教えをよく聞き、自分で稽古を工夫し、くり返すことが大切ではないかと思っています。

25 最後の八段審査背水の陣 日本剣道形で勝ちの収め方を感得した

藤牧守芳 埼玉県・会社役員

ふじまき・もりよし／昭和17年埼玉県生まれ。県立飯能高校から拓殖大学に進み、卒業後、東洋水産㈱に勤務する。都道府県対抗、国体、全日本実業団大会などに出場。現在、ゼネラル備建を営む。平成16年11月、八段合格。

平成16年11月の八段審査で念願の合格を果たすことができました。喜びはもちろんですが、これまでの修行においてご指導くださった先生方へ恩返しができたこと、平素道場で門弟とともに確認してきたことが形に表せたという安堵の気持ちのほうが強いかもしれません。これまでご指導ご支援くださった皆さまに紙上をお借りして感謝申し上げます。

八段合格の秘訣ということですが、私は特段のことをしたわけではありません。ただ、師からいただいた指導を日々実践したのみに過ぎません。以下、実践した内容について記させていただきます。

一拍子で突き破る勢いのある打突。2分の回り稽古で審査時間を体感させた

数年前、一次審査を5回ほど連続して通過し、二次審査に臨みました。しかし、合格には至らず、その後は一次も不合格ということが2回ほどありました。この時点では、自分の形というものが確立されていなかったのだと思います。そこで、自分自身のなかで区切りをつける意味で、受審は今年限りという設定をし、自らを精神的に追い込みました。しかし、京都の審査会は取り組んでいる課題が整理できておらず休みましたので、今回が背水の陣というつもりで臨んだ気がします。

道場において心がけたことは、日本剣道形です。私の道場では稽古前には毎日剣道形の稽古をおこないます。理合、打突の機会などを体得する上で本当に役立ちました。私は館長という指導者にありますので、打太刀となることが多くあります。しかし、あえて仕太刀の立場をとり、技、勝ちの収め方の感覚を稽古に生かすようにしました。

また、平素の稽古は切り返しに始まり、基本打突、掛かり稽古をした後、出席者全員で2分間の回り稽古をおこないます。外部から先生がお越しくださった際もご了承いただき、この方法は崩しませんでした。正直なところ還暦を過ぎ、若い門弟との切り返しや掛かり稽古は厳しい部分もありました。しかし、それを乗り越えずに活路は見出せないと自分に言い聞かせ取り組みました。剣道では、高段位になっても基本が大切といわれます。しかし、実際に形に表すことは難しいものです。貝原益軒の言葉に「知って行わざるは知らざるに同じ」という教えがあります。自身に課した「一拍子で突き破る勢いのある打突」に、この基本稽古がプラスとなりました。

また、2分間の稽古は物足りないと思われる部分もあろうかと思います。しかし、実際の立合の時間

を体得すると同時に、短く集中するという意味合いでおこなっています。その間、所作（とくに蹲踞）はとても意識いたしました。基本を含め1回の稽古で平均30回ほどになるでしょうか。1回1回をしっかりとした気持ちでおこないました。以前参加した東日本講習会で森島健男先生よりいただいた「蹲踞は心である」の教えを実践しています。品位、風格は会場で意識してもすぐにできるものではありません。平素の取り組みが大切なのではないでしょうか。

稽古時間については、自営業であるため仕事が長引いたりして、十分とはいえませんでした。今年に関しては週2回ほどだったと記憶しています。審査を控え、稽古の量を増やすことはとくにしなかった……というよりもできない状態でした。しかし、そのことが逆に限られた時間を有効に使うという形でプラスに作用したのかもしれません。

道場外での稽古では、どの先生にお願いするときも当然審査を意識しておこないました。以前お願いしたことのある先生には、互いに得意技や組み立てなど先入観をもって稽古しがちです。しかし、そうした意識を払拭し、新鮮な気持ちを心がけました。また、相手の打突に対しては寛容に、自身の打突に関しては厳しく判断するという審判も自分の中に置きました。

稽古以外ではスクワットや腿上げなどを毎日欠かさずおこないました。以前はこうしたことを意識しませんでしたが、年齢を重ねることによる体の衰えは隠せません。鋭い出足を失わないためにおこないました。お世話になりました故楢崎正彦範士の「二次は突き破る勢いが大切」の言葉が脳裏に焼きついていたからです。

ここまでご紹介させていただきましたとおり、私の場合は特段のことをおこなったわけではありません。

師は身近にあり

26

長野　大　兵庫県

ながの・ふとし／大正15年兵庫県生まれ。県立姫路商業学校（現・姫路商高）卒業後、兵庫県警察に奉職。全日本選手権大会出場。尼崎中央署長、姫路市消防局長、神戸国際大学名誉教授、兵庫播磨高校剣道部監督、しらさぎ剣友会会長などを歴任。著書に『寒夜聞霜―播磨の剣道復活の歴史』がある。平成14年5月、八段合格。同22年没。

何事も真剣に一所懸命やること

私は、剣道範士九段長野充孝の子息として誕生し、勉強より剣道が主眼で8才年上の兄（武専卒、今次大戦で戦死）に連れられ、4才から竹刀を握って毎晩武徳殿へと足を運んだものです。

剣友たちは、色々の大先生方に夫々の段階でご指導を受けられ精進を積み重ねられていることと存じますが、私も数多くの立派な大先生方にご教授いただいて参りました。

なかでもこの喜寿の年になるまでに特筆すべき3人の先生をご紹介させていただきます。

第一は、20代で亡父の横面である。

昭和27年講和条約発効記念鉄道80周年記念行事で、戦後初めての西日本官民剣道大会が開催され、見事姫路が優勝を果たしており、姫路地域で市民大会四～五段の部で3年連続優勝していた私はいつものように亡父に掛り稽古、そして一本勝負の順になり、その過程で見事にゆっくりとしてきたと思われる横面がパクッと私の横面で炸裂。亡父70才の頃のことである。

第二は、警察大学校へ入校中の34才の頃の持田盛二先生の片手突である。

昭和36年、時の県警教養課長に警大へ入校させてほしい、武者修行してきたいからと懇請。警部昇任1年以内の内規を過ぎていたが許されて入校、爾来約束通り剣道に精を出す。その中で妙義道場で持田先生にご指導を直接受けた。それまで私は兵庫県警の代表選手として出場すること三度、昭和34年には全日本剣道選手権大会にも出場している。自負があった。立ち上がって構えた瞬間、持田先生の竹刀がスーッと伸びてガクンと突きに命中。

第三は、平成14年6月29日の八段昇段祝賀会にご来駕賜った倉澤照彦先生（剣道範士九段）から受けた摺り上げ面である。祝賀会翌日「しらさぎ剣友会」の道場（警察署）でご指導を頂ければと申し入れますと気安く応諾を得、見て戴くこととしていましたが、西播担当教師の中田善幸先生の防具を借りてご指導を頂いた。

私は、この直前まで60才以上のねんりんピック県予選では、12回出場中11回優勝、全国大会5回出場負け知らず、唯一の5月の京都演武大会でも負け知らずの私が先生と対峙。ここだと思い面へ跳び込んだところ、ものの見事に摺り上げ面で脳味噌が遠くへ飛んでいくのではないかという衝撃を受けた。やはり趣味として楽しい剣道をやってきた私にとって驚天動地の心境で、アマチュアと違ってプロはかくあるべきだと教えられた一コマである。ゆめゆめ無駄にしないで努力を傾注したい。

さて、剣道というものは前へ進もうとすれば進むほど難しいものだなと感じることが山ほどある。何も剣道だけでなく芸術においても同様であろう。

初心者の場合、人格的に立派な先生について手ほどきを受け継続して一所懸命自分なりに努力することだと思います。事実私のことをいって申し訳ないが、毎晩武徳殿へ通い、当時は切り返しばかりをして帰ってくる毎日でした。今のように防具をつけ試合中心の稽古ではなく6年生の12月稽古納め会で初めて地稽古をさせて頂いた。もちろん、その過程では、少年用居合刀で貫心流の居合をしていたが、防具をつけるようになったのは中学生になってからでした。そこで私は、自宅庭に柿の木が七本ほどあり前栽の木に白墨で印をつけ間合を計り、片手突を学校から帰れば毎日のように1年間続けたものです。

何事も真剣に一所懸命やること。

長じて社会人になった場合、一事象一事象を真剣に取り組んでいないと最近の政・官・業界での不祥事のようなことになるのです。自己保身にうつつを抜かしていると大変なことになります。剣道人は無欲淡淡として公明正大を目標に頑張ってほしいと思います。

そうすることによって立居振る舞いも変わってくるものと信じます。世間一般の剣道観と違ってくる。

最後になりましたが、今回の受審には、何かのきっかけがあるものです。

私の場合、私が関与する女子高生の気力、やる気が老骨にひしひしと伝わり、それでは最後の挑戦をするかと思い、受審いたしました。受審するからには勝ち負け、合・不合格は別にして私の持論であります真剣に取り組もうと思い、姫路の中心部に借りている4階の事務所まで両手に書類をぶら下げて2

段飛びで駆け上がり足腰を鍛えました。最初は1Fから2Fに上がるだけでフゥフゥいったものです。4～5日経つと不思議に息切れすることもなくなりました。自分では元気だと思ってもやはり70才代は70才代ですネ。

人に言われてするより自分で考えて徹底して精進することだと存じます。

四、メモをとる・読み返す・イメージする・稽古する

稽古覚書をしたためる
欠点を確認、修復の稽古に終始した

27

松田勇人　奈良県・奈良市庁

まつだ・いさと／昭和32年奈良県生まれ。大阪府清風高校から国士舘大学に進み、卒業後、奈良市立一条高校教諭になる。全日本選手権大会3位、世界大会出場、国体2位3位のほか、都道府県対抗、東西対抗などに出場。現在、奈良市スポーツ振興課長補佐。平成16年11月、八段合格。

平成16年11月におこなわれた昇段審査会において、八段に合格できましたのは、今までご指導いただきました諸先生方、諸先輩方、剣友の皆さま方のおかげと感謝しています。

私は幸いにも、平成7年4月から奈良市中央武道場（鴻ノ池道場）に勤務することになり、西川源内範士から剣の道について、より多くのことを学ぶことができました。中央武道場では、毎日の夕稽古（休館日を除く）と週2回の朝稽古がおこなわれています。また、数年前から全日本中堅剣士講習会がおこなわれるようになり、全国の著名な先生方が講師として来られます。勤務をしている関係上、稽古をいただく機会を得ることができ、八段審査に向け大きな財産になりました。このように、稽古のできる環境に恵まれたことは、八段合格の大きな要因のひとつであったといえます。

恵まれた環境が惰性となる。緊張感を求めて出稽古に行く

しかし、いながらにして稽古のできる環境にあることが逆に惰性の稽古におちいる結果となり、緊張感のない内容の稽古をくり返していました。このことに気づいたのは、平成15年11月に受けた初めての八段審査会で不合格になったときです。剣道に対する取り組み方が甘く、気の充実した稽古ができていなかったとつくづく思いました。今の稽古内容では、合格へはほど遠いと思うようになったのです。私はこの日から心の持ち方、稽古の内容について覚書をするようになりました。そのときの覚書をみると、「自分の力量の無さを痛感した。合格するまでどう取り組むか、心の持ち方が大事である。真剣勝負である」と書いています。

普段の中央武道場での稽古はもちろんのこと、全剣連の京都稽古会には欠かさず参加しました。また、朝稽古のない朝には自宅から薬師寺、唐招提寺までのランニング（約５㎞）をおこない、休日には大阪へ出稽古に行くようにしました。以前から、週１回は母校である清風高校の朝稽古に行っておりました。また、それだけではなく、時間をつくって大阪市立修道館、堺の日曜会にも出かけました。このように出稽古をすることによって、緊張感のある充実した内容の稽古ができ、自分の欠点が少しずつ見えてくるようになりました。

清風の朝稽古には西善延範士、賀来俊彦範士、小林三留範士、下村清範士をはじめ多くの先生方が稽

古に来られます。時には東京からも稽古に来られます。西先生に稽古をお願いしたときの覚書を見ると「構えを柔らかくし、力の抜けた攻めを心がけた。初太刀、力まないで面に行く。軽かったが、いつもと違う感じで打つことができた。その後は無理な力が入り、気の浮いたような打突がほとんどであった。攻められて、打たされて、打っている。気が浮いてしまう。心の攻め、心の充実、驚懼疑惑をいかに取り去ることができるかが課題である。心を平静に保ち、相手の心を動かす攻めを工夫しなければならない。そのためには先の気が大事である」と書いています。私は以前から気合が入ると、構えに無理な力が入り、起こりが大きくなる癖があります。そのため、打突の機会でもないところで無駄打ちし、心を乱すことがあります。構えを柔らかくし、気を充実させ、先の気で攻めて打突する機会をつくり、理にかなった打ち切った打突をすることが合格への鍵になったと思っています。

面打ち中心の基本稽古。審査当日は出し切ることに集中した

ある日、西川源内先生から「構えているとき、待っているようにみえる」とご指摘いただきました。確かに相手と対峙したとき、先の気位がないように自分自身でも感じていました。西川先生の稽古はジリジリと相手を攻め、出てくるところをポンと打つ稽古であったことを思い出しました。また、審査の数日前、西善延先生に稽古をお願いする機会がありました。前の人が掛かっている稽古を拝見すると、先生はじっとされているのではなく、相手に向かって風が吹いているようにスーッと気で攻められているのを感じました。本当の攻めとは目には見えない、そして形に表れないものであり、気から生まれるものであることを教えられました。

不合格から合格するまでの1年間、月40回を超える稽古をこなし、毎日稽古前には面打ちを中心とした基本稽古もおこないました。その間、迷いが起こり、くじけそうになったこともありました。そんなとき、賀来俊彦範士から「気合だよ」、小林三留範士から「自分に自信を持ってやれ」、千葉県の岩立三郎範士から「なりふりかまわず、死に物狂いでがんばれ」という温かい励ましのお言葉をいただいたことが心の支えになってきたと思います。十分な稽古を積み、心の充実に努め、審査に臨みました。

審査当日の朝、今まで先生方からご指導いただいたことが走馬燈のように浮かんできました。先の気で、自分の剣道を出し切ることだけに集中して立ち合いました。立合の内容についてはよく覚えていません。それだけ無我夢中で審査に臨むことができたということではないでしょうか。

全剣連の中堅剣士講習会が柳生の里でおこなわれていたある年に、芳徳寺の御老師から「山々雲」の語が示されました。この「山々雲」とは、一所懸命に剣と道を求め、努力してひとつの峠を越したところには、さらに難関が待っている。修行の道にはこれでよいということはないとのおしえです。八段に合格させていただいた今、改めてこの教訓を胸に、日々精進していきたいと思います。

30代からつけている稽古録
自分の弱い心を戒めた

28

石川　暉　静岡県

いしかわ・ひかる／昭和18年静岡県生まれ。高校卒業後、静岡県警察に奉職。静岡県警察剣道師範。平成15年退職と同時に藤枝明誠高校剣道師範、同校非常勤講師。現在、静岡県警察剣道名誉師範、静岡県剣道連盟副会長。平成11年11月、八段合格。

私には「秘密」も「秘策」もありません。私なりにやってきたことをご披露し、これから受審しようと修行されている方、あるいは現在挑戦されている方の参考になればと思い、記してみました。

執念をもって泥まみれになって稽古に励むしかない

昔から「継続は力なり」と申します。昭和57年の6月に始まった静岡県剣道連盟「朝稽古」も20年を経過しました。この20年、早朝5時に起床、車で30分の静岡市まで通いました。この朝稽古を継続したことが私に強い力を与えてくれました。

八段合格まで絶対に続ける、という目標があったればこそ継続できたものと思います。継続することの大切さを学びました。

2　執念をもつ

百人に一人の合格という難関を突破するには、甘い考えでは合格しないと思います。受けようと決意したならば、血のにじむ努力と必ず合格するという「執念」をもつことです。「何とかなるだろう」「資格ができたからとりあえず様子見に行ってみよう」とか「あの人が受かったんだから」などという軽い考えは捨てるべきです。〝合格〟の二文字を手中にするのはすべて自分自身です。自分自身がほんとうにその気になって、執念をもって泥まみれになって稽古に励むことです。

そのためには日常の稽古はもちろん、あらゆる稽古の機会を逃すことのないようにすることです。例えば、地方にいると高名な先生にご指導をいただくことはなかなかできません。その少ない機会を逃すことなく、多少遠くても出かけていって稽古をお願いするという姿勢が大切ではないでしょうか。

3　謙虚であれ

我々は、年齢を重ねるにしたがって他人の指導や忠告に耳を傾けることを嫌う傾向にあります。それは大きな間違いです。地位も身分も捨てて謙虚な心で稽古することです。先にも申し上げましたが、泥まみれになって稽古するということは、師をはじめとする多くの皆さんからいただく指導を素直に聞き、実行するということです。

私は剣道の素質はなく、不器用、短躯という人間です。そのため常に「自分は強くない」と心に言い聞かせ、強くなり、上達するにはどうするか、それには先生方からの指導を素直に聞く耳をもって稽古あるのみ、と心がけました。

4　記録する

「稽古録」と表題をつけた大学ノートは3冊目になりました。30代の頃からご指導いただいた先生や先輩などからの貴重なお話や言葉を記録し、また雑誌や新聞記事で稽古の参考となる事柄をスクラップしてあります。とくに30代から40代の記録は、現在の自分自身の稽古にも非常に役立っています。

また毎日開く日誌には、その日稽古をしていただいた方の名前を記すことにしています。これは、稽古をした日と相手をしていただいた方を確認することによって、稽古に取り組む自分の弱い心を戒めるための方策です。

30代からは気の稽古、長呼気丹田呼吸を毎日実践する

1　「気」の稽古

30代のころ、ある先生から「技の稽古は20代、30代からは気の稽古」と教えていただきました。当時若く未熟な私には理解できませんでした。

ある日稽古の際、先生から

○気を張れ

○気を緩めるな

〇気を抜くな
〇気を切るな
ということを指導されました。この四つの項目を稽古の始めから終わりまで一つも欠かさず持続することは至難のことです。張っているつもりが緩んでいたり、気を抜かないと思っていてもいつの間にか抜けていたり、という具合でした。

これを心がけて稽古をした30代後半から40代の稽古は、相手には打たれ、また稽古が堅いとよくいわれました。しかし、これも永年忍耐強くその気になって稽古を続ければ自然に身に付いてくるものです。

2　呼吸

気の稽古と同様に大切なことは呼吸です。全剣連の中央講習会の際、講師の先生から、剣道は「長呼気丹田呼吸」であると。そしてその方法についてご教授いただきました。この呼吸法を稽古の前はもちろん、職場で、自宅で毎日欠かさずおこないました。当初は長く呼吸することも、気が丹田に収まることもできませんでしたが、毎日毎日のくり返しで自分なりに少しは身に付いたかなと感じています。

3　日常の稽古

日常の稽古と審査当日の立合が違ってはいないでしょうか。日常の稽古を審査当日と同じ状態、つまり着装から入場、立礼から蹲踞、立ち上がり、そして稽古を審査員の先生に見ていただいていると自分でイメージするのです。そのような状態で稽古をすれば一本一本の打突を無駄にすることはないと思います。一本の稽古に全身全霊を傾注する稽古を毎日くり返すことによって、気迫溢れる立派な稽古が身に付くのではないでしょうか。「稽古は試合のごとく、試合は稽古のごとく」です。

4　審査当日

審査当日は全神経を「審査」に集中しなければならないことは当然のことです。しかしながら会場に入りますと、実に無駄話や無駄な動きが多いと思います。人それぞれで集中の仕方は異なりますが、私なりに心がけたことを申し上げます。

静岡から東京まで約2時間、また審査会場でも知人、友人に会います。この間なるべく喋らない。知人、友人にはたいへん失礼ですが挨拶程度でお許しをいただき、審査に全神経を集中することにしました。そして指導されたことを思い出し、イメージトレーニングをして審査に臨みました。

合格証書をいただいてから3年が経過しました。最近の稽古でいつも思うことは、いまの稽古で八段の審査に合格できるか？　常に向上心をもっているか？　段位の上にあぐらをかいていないか？　と自省自戒しているところです。ご存じのとおり、八段審査はほんとうに超難関です。だからこそやりがいのある、挑戦するにふさわしい試験です。日夜研鑽されている方に、この拙文が少しでもお役に立てば幸いです。

メモをとる・読み返す・イメージする・稽古する

29

栗原雅智　山梨県

くりはら・まさとも／昭和16年山梨県生まれ。県立吉田高校から法政大学に進み、卒業後、日野自動車へ入社。その後、郷里に戻り、富士吉田市議、山梨県議を経て、平成7年富士吉田市長となる。現在、全日本剣道連盟常任理事、山梨県剣道連盟会長、尚武館道場館長。平成13年5月、八段合格。同21年5月、剣道範士。

掛かり稽古、切り返しを息が上がるまで続けた

私が八段の受審資格を得たのは、平成元年5月です。その時は、八段受審は年に1回5月でした。たいへん厳しい審査であることは、毎年見学をしておりましたので承知しておりました。その時より、私にとりましては、八段は夢でありました。

平成6年に、前山梨県剣道連盟会長・大森幹夫先生が他界され、私が山梨県剣道連盟会長を引き継ぐ

ことになりました。

大森先生の逝去以来、県剣道連盟に本県出身の八段の先生がおりませんので、そこで私は八段を取得したいという気持ちになりました。しかしながら、平成7年4月に富士吉田市長になり、なかなか思うように稽古ができなくなりました。

平成11年4月に現職の座を退き、これを契機に各道場の先生方のご指導を受けにまいることを主とし、稽古一筋に励むことを決意しました。

また、山梨県においでいただいた先生方にもご指導、稽古をお願い致しました。

そして先生方から悪い所を指摘されたことは、稽古後、その都度必ず手帳に記すことにしました。

先生方に指摘されたことは、以下の通りです。
○左足を引きつけて打て！（腰から打つこと）
○左足、左腰、頭のラインは一直線にならなければいけない（心気力を一致させる）
○目線をゆらしてはいけない（遠山の目付のように）
○左手が収まるように（磐石な構えをつくる）
○剣先を高くするな（打とう打とうという気持ちをなくせ）
○肚を練れ（何事にも動じない心を養え）
メモをとることで、これらは言葉こそ違え、先生方は同じことをいわれていたと気づきました。つまるところ、私は剣道の基本的なことができていなかったのでした。

そして稽古が始まる前には、いつもその手帳を開き、それらを読んで脳裏にうかべながら稽古に臨みました。しかしながら、なかなか思い通りにはいきませんでしたが、くり返しくり返し稽古することによって少しずつ良くなっていったように思います。

また、初心にかえった気持ちで、時には掛かり稽古に重きを置いて指導をしていただきました。倒れてはまた立ち上がり掛かっていきましたが、お相手の先生もほんとうに親身になって付き合ってくださいました。最後は切り返しでしたが、これも息が上がるまでおこないました。

顧みれば、合格までのこの2年間の私にとっての稽古は、大学時代の厳しく辛い稽古以来でした。いやむしろ、大学時代よりも苦しく、かつ自分の力の腑甲斐なさを知り、なお一層稽古に励んだものです。おかげさまで平成13年5月、59歳で八段を取得することができました。

現在も八段を受審するつもりで稽古に励んでおります。

気負わない、造らない、柔らかく剣道ノートを作ってチェックする

30

岡　政吉　山梨県・市議会議員

おか・まさよし／昭和19年山梨県生まれ。明治大学中退。甲府消防本部に就職し、特別救助隊となる。職務の傍ら、山城剣友会で少年指導にもあたる。甲府市役所企画部次長を経て平成23年4月、甲府市議会議員当選。平成15年5月、八段合格。

全日本剣道連盟の八段合格者像については、すでに全剣連が示していますが、ことに「剣道の奥義に精通し……」のとおりです。一般的な技術（考え方）からみると、立ち合いは遠間の剣先が触れない間合で位置取りをし、最近の言葉の通り、剣先の触れ合う触刃の間から一足一刀に至って打ち込むのです。「その打ち間に入るのが問題であり、すでに立礼から心の戦いが始まっているのであるから、打ち間も遠い間から機をみて打突しなければならない」と、ほとんど先生方からご指導をいただいております。

心と心の闘いに勝って、而して後に意を決して打突する。打突は捨て切る打突（爆発力を大きく）を

心がけ、姿勢正しく気力いっぱいで相手に立ち向かうこと、ともご指導をいただいております。

私は甲府消防本部、甲府市役所に勤務いたしておりますから、実社会のなかで非常に生臭い部分に携わっており、剣道にどっぷりと漬かっているわけではありません。

八段取得者の人間形成という面からみたら、私はほとんどいけません。反対に人間臭さ（本性）が目立ってしまうような人間ですので、八段をいただいてみて、この件については非常に困っています。一生をかけて修行をしていかなければならない課題だと思っています。

立ち合い時刻に合わせて予行練習。1発合格の気概で取り組んだ

受審を控えての3年間の取り組みは、ひたすら遠間からの打ち込み稽古（週2回ほど、山城剣友会の中学生や指導者を元立ちとしての打ち込み）、気力、体力の養成（消防本部での訓練や休憩時間を利用して）、東京を中心としての稽古（月1度の全剣連稽古会、講談社野間道場、警視庁武道館、その他、千葉県、長野県等近県に出稽古をお願いした）でした。

いよいよ受審を迎えるにあたっては、これまで見学した受審内容を自分に置き換え、土・日曜日は当日の立ち合いの時間に合わせて、1時間前から準備運動、立ち合い、終了までの練習をときどきくり返しました。

結果、1、2回は不合格でした。審査に臨んで、自分の稽古してきたものに自信をもっていたのですが、応援者からは「造りすぎてロボットか能役者のようでぎこちなかった」との評価でした。「絶対1回で合格する」と自信をもって臨んだ審査が思わぬ内容であったことから、「気負わない、造

らない、柔らかく」の3点を次回の審査までにクリアーするべく努力目標とし、上記3点をクリアーするため、剣道ノートを作成しました。

内容は日時、同伴者、稽古場所、稽古相手、内容、とくに3点についてどのようであったか、交通手段、燃料費用、高速費用、その他という内容です。半年間のデータを精査し、指導いただいた方々に、とくにどのような点を指導いただいたかを絞り出し、次の半年間の課題としました（結局、合格までこれをおこないました）。

そして3回目に1次審査で合格しました。見えないながらの1次合格です。有頂天でした。2次審査に入るまで気負わなくて過ごしたはずでしたが、2次審査で思わぬ剣道に出会って転倒しました。立ち合いから打ち間に入った瞬間、相手は竹刀を下段に下げたのです。一瞬面くらって成す術を知らずでした。あんな剣道もあるのだ、動ずるなかれ、見たままを理解し、技を施せばよかったのです。諸処反省はあったが、いまの稽古を積んでいけば良いのだ、と自分に思わせた。しかしその反面で、あの点は、この点はどのように理解し稽古していけばいいのだろう、と自分でも納得いかないところが心のなかに何点かあることはわかっていました。品位（姿勢、態度、気合、構え）、間合を知る（身長差）ことでした。

「自分の有利な間合が最適である」長島先生の一言で悩み解消

4年目を過ぎた頃、山梨県剣道連盟・栗原雅智会長から西東京で毎週1回午後6時から稽古会があるがお願いしてみないかと誘いをいただきました。

稽古会は、八段審査の受審者で全員（7人）1次審査は何回かクリアーしており、指導者は剣道範士長島末吉先生であることを知らされました。先生の京都の立ち合いは何回となく拝見していました。ある時の立ち合いで、相手に放った小手の音が武徳殿に大きく響いたことが今でも印象に残っています。

さっそく13年7月からお願いをしたところ、皆さんとの立ち合いも、さらに先生には77歳の高齢でありながら、手も足も出ないほどのご指導をいただきました。それ以後、先生の足さばき、気の攻め、竹刀の殺し、技の殺しなど今までに稽古しなかった新しい分野と思える剣道を口伝、身伝として親身にご指導いただきました。

なかでも間合の取り方については、私は157㎝、審査相手はすべて自分以上が相手であり、前述したとおり、170㎝、175㎝などの相手と一緒に遠間から打つ剣道は私には向いていないのです。

先生は「間合は自分に有利な間合が最適であり、相手に合わせた無理のある間合は、良い間合とはいわない。しっかりと自分の間合に入って打つこと」と当たり前の指導をいただきましたが、範士九段の先生のこの一言が、これまで私には一番悩みの種であった打ち間についてのすべてを解決していただき、八段審査合格への最短距離のご指導となったと思います。たいへんな力をいただきました。

これまで、どうしても格好よく構えようとすると武張ってしまったものでしたが、姿勢、態度については自然体の立ち姿、いつでも打突できる姿勢、そこに気攻めを伴った無理のない構え、足幅など新たな教えをいただきました。いうなれば再修行です。

月2回、審査が近づくと毎週1回の東京通いも1年4ヶ月が過ぎ、14年11月の審査も間近になったころ、先生から「もう良いでしょう」との一言をいただきました。その11月の審査には2次審査で残念ながら不合格となりましたが、後の発表であと1票であったことがわかりました。

前回の反省に基づき落ち着いて審査に臨んだつもりでしたが、1次審査が終了して「合格していそうだな」との思いがちらつきました。「いつもどおり」「いつもどおり」と言い聞かせての2次審査、いつもの練習相手のような強い相手はいないだろうな、との自信がありました。自信をもっての立ち合いでした。終了後はいけるだろうなとの思いがありましたが、結果は不合格。

やはり、2人目の相手の強い当たりに思わず竹刀を右手から離して左手だけで相手竹刀を受けたことがマイナスになったと思いました。さらに、右手を離したことでわずかに動じてしまい、相手の攻撃に対し、思わず竹刀に心が止まってしまい、その心の卑しさを審査員の先生方に見透かされてしまったようです。

良師との出会いに感謝。レスキュー隊の修羅場経験も活きた

15年5月の審査は出かけるときから気負いがありませんでした。なぜなら先生のいわれるとおり、「いつもどおり」の稽古のごとく審査もおこなえばよいと思えたからです。結果、1次審査はあまり良くはないように思えましたが、2次審査は思わぬ遣い方ができたように感じました。

八段合格までの道のりは、多くの仲間、多くの先生方のご指導をいただきました。夏休みを利用して長男、次男、妻と大阪修道館、岡山県西大寺、福岡、鹿児島の朝稽古に参加、出張を利用して熊本県警、静岡県武道館、兵庫県警に参加、全剣連稽古会、警視庁武道館、講談社野間道場、神奈川県警、千葉県警、栃木県警、全剣連京都武徳殿、住友銀行道場、北海道徹心館道場などでお世話になりました。

七段合格までに両足のアキレス腱切断を克服し剣道への思いが継続できたこと、自分では言いたくあ

りませんが、身長差、自由時間のない公務員という職業で、山城剣友会の週3回の少年指導がメインです。よくやれたかなあと思っています。

大森幹夫前会長、栗原現会長の八段への取り組みを間近にいて拝見し、先生方に指導を受ける真摯な姿勢と、絶対八段に合格するという執着、また、大森前会長においては、大手術を克服し命を懸けてまで八段を取得するという熱い思い、この思いを実現するには、やはりいい指導者に巡り合い（大森会長は堀口清先生に師事）、指導者から受ける指導を本人自身が真摯に受け入れることを大事にしなければなりません。この先生と思ったなら逡巡せず心から信頼し指導を受ける、本人の努力によって合格できればこの上もありませんが、指導を受けるのであれば前記の心がけが必要と思われます。

その他、心がけたことを列挙します。

●**日常修行（常住坐臥）**

歩行については腰から出ることを心がけ、肩の力を抜いて丹田に意識を置きました。遠山の目付け、また車に乗っていても呼吸法を実践するようにしました。

●**議会での度胸**

仕事上、議会で答弁することがあります。八段審査場と心得、説明、答弁もあがらない心作りを心がけました。

●**現場指揮者としての冷静な判断**

私は28歳から11年間特別救助隊で隊員、隊長として多くの災害現場に出場し、多くの人びとを救出してきました。災害現場は修羅場です。一瞬でその源を見極め、瞬時に判断し、決断して現場対応をするのです。わずかに躊躇した場合、心の動揺を誘い判断、決断が鈍るのです。この結果で被害者は死に至ることもあります。訓練と現場を数多く経験していることが見事にその事案を処理できるのです。剣道の練習も上記のとおりと心得ます。もう現場を離れて20年近くなりますが、そんな経験が私の身体のなかに稽古を通して蘇ってくるのでしょうか。

剣道日誌に綴った先生方の教えを実行した

31

中島博昭　東京都・教員

なかしま・ひろあき／昭和30年熊本県生まれ。県立多良木高校から筑波大学に進み、卒業後、東京都高校教諭となる。丸目蔵人顕彰全日本選抜七段戦出場、全国教職員大会団体3位、寛仁親王杯八段選抜大会出場。現在、都立小松川高校教諭、東京都高体連剣道専門部副部長・委員長、千葉商科大学剣道部師範、日本武道館武道学園講師。平成14年11月、八段合格。

平成14年11月の審査会において、剣道八段に合格することができました。いま考えてみますと、多くの先生方にご指導していただきました。私の主な稽古場は、勤務校である都立竹台高等学校、日本武道館「武道学園」、千葉商科大学、松戸市にある「松風館」(毎月第2土曜日におこなわれる高段者稽古会)などであります。

武道学園「正しい刃筋で打て」

今から20年ほど前の話になりますが、稽古できる場所をさがしていたところ、私の先輩から「武道学園」を紹介されました。その当時、小森園正雄先生、森島健男先生、中村伊三郎先生方にご指導していただきました。小森園先生は「正しい刃筋で打て。右足は方向性、打ち足は左足」ということをよく言われたことを覚えています。

数年後は、岡憲次郎先生、丸山鐵男先生、土居安夫先生方が中心となってご指導されました。この頃より先生方から受けたご指導を剣道日誌として記録していきました。それぞれの先生に多くのご指導をいただきましたが、紙面の関係上いくつかを載せたいと思います。

岡先生には「上体に力が入りすぎている。右足があがりすぎるから腰が折れる。右足はすり足のつもりで前に出し、腰を中心にして技を出せ」「攻めにはいろいろな方法がある。たとえば右足・膝・腰を送る方法、竹刀での攻めなどがある。ただ打つだけではいけない、攻めを工夫しろ」、また審査上の注意として「立ち上がったら姿勢・構えをしっかりつくる。打つ前の攻め・機会を考える。打つときは捨て身で、打突後の姿勢・残心をとる。当たらないときの姿勢が大切」などご指導していただきました。

丸山先生には基本打ち、特に面打ちをご指導していただきました。一足一刀の間合から足を継がないで一拍子で打ち切る面打ちを練習させられました。稽古をお願いした後に「打つ前の充実が足らない。右から打ってきている、相手の中心を割っていく気持ちで打て。相打ちになったときに左手の位置がわかってくる。左手がしっかりおさまるように」「面打ち一本でいけ、打ったら左足をしっかり引きつけろ」など、面打ちを徹底的にご指導していただいたように思います。

土居先生には構えや重心の移動について特にご指導していただいたことを覚えています。重心移動は、運動の原則だから、いかにしてそれをおこなうか考えました。先生は「構えた姿勢は右手・右足前なので左腰を入れることによって重心移動を起こし打突する。竹刀の動きは、最初は相手から見て点の状態で動き、線の状態にすぐにならないことにする。また、右足を出しながら同時に振りかぶること」ということを全般的な注意としてされました。また「姿勢を正しくし、自分の背骨を相手の背骨に合わせるつもりで構えろ。竹刀の動きに惑わされるな。上体が硬い感じがする、みぞおちあたりの力をわずかに抜いてみろ、楽な構えになる」とご指導していただきました。

現在も武道学園で稽古していますが、いまは月曜日に佐藤成明先生、加藤浩二先生と指導担当になっています。もちろん両先生にも稽古をお願いし、ご指導いただいています。

佐藤先生は私の大学時代の先生でもあります。稽古はもちろんですが、欠点も矯正していただいております。厚い壁にぶつかっている感じで、打ち込んでもはね返されてしまいます。構え・攻め方・打ち方と教えていただき、また審査が近くなったとき「いいじゃないか、自信をもってやれ」と言われました。

加藤先生からは気を学びました。「剣道は当てっこ、触りっこじゃないんだ」と厳しい稽古をいただきました。昨年5月、京都での審査において一次審査に合格し、二次審査に臨んだわけですが、不合格でした。それを先生がご覧になっていて、それ以後先生に稽古をお願いすると「二次審査のつもりでこい」とよく言われました。

また、太田忠徳先生にも稽古をお願いしました。手の内が素晴らしく、技が冴えます。「気合が乗ってきたぞ、審査は異様な雰囲気だけど、しっかり頑張れ」と励ましていただきました。

千葉商大「人に預ける稽古をするな」

岡村忠典先生の後を受け、千葉商科大の指導をおこなうようになって、早くも20年近くになります。現在は師範岡村先生、監督中島の体制で指導にあたっています。数多くの学生と稽古をおこなってきました。学生のスピードと勢いに負けないように打ち合いもしました。また卒業後も続けている先輩も多く、OB会などでの稽古は勉強になりました。岡村先生は、私の勤務校都立竹台高等学校の元校長ということもあり、公私共にお世話になりました。

私が40歳を過ぎたころ、「中島、人に預ける稽古をするな」と言われました。私は若い頃から打突の機会として、出頭中心の稽古を多くやってきました。「自分の先が弱いから、相手の攻めにあわせて出てくる。相手の攻めや色には出ずに、打ちに対しては打ちでいけ」とよくご指導していただきました。しかし、攻めや問合などは非常に難しい問題であり、先生との稽古も結局最後は引き出されてしまいました。

松風館「立ち上がった位置から下がるな」

松戸市にある松風館で、毎月第2土曜日に高段者稽古会（六段以上）がおこなわれています。私も2年ほど前から参加させていただいております。多いときは50名を超える参加者で賑わいます。そこに集まる人たちのエネルギーにはものすごいものがあると感じます。まず4列で廻り稽古をおこないます。「立ち上がった位置から下がるな。前に出る稽古をしろ。勢いが足りない」と、岩立三郎先生の檄《げき》がとびます。その後、先生方に稽古をお願いします。

2年前に岡村先生の八段ご昇段の稽古会・祝賀会がおこなわれたときに、岩立先生から「中島、お前はどうするんだ」と言われ、それから高段者会に参加するようになりました。岩立先生との稽古は、自分で先を取って面を打っていくのですが、中心を取られて、逆に面を打たれてしまいます。何本打っても同じ結果となります。早く打ちたいために剣先が開いて打ちにいっていると思いますが、私はそれでも面を打ちました。

先生とはこのような稽古が毎回続きました。高段者会に参加していた方のなかで、昨年5月の京都と11月の東京の審査で合格した3名の方のお祝い稽古会・祝賀会が今年1月におこなわれました。その席で、先生が「中島は打たれ強い、打たれても崩れないでまた打ってくる」と言われ、私は複雑な心境になりました。前述の岡憲次郎先生は「ここに何を学びに来ているのか、先生を一本二本打ったと思っていてもだめだ」とよく言われました。

勝浦研修会「左足に重心を乗せて打て」

私が現在勤務している都立竹台高等学校の剣道部は全員で20名ですが、今は1・2年生9名と一緒に稽古をおこなっています。初心者が半数以上のため、基本練習が中心となっています。剣道において基本は大切だとわかっているのですが、今までは廻り稽古のときだけ面をつけていました。

しかし、二人の先生の話をお伺いし、基本練習から一緒にやるようにしました。一人は大阪体育大学の作道正夫先生です。毎年1月4〜6日千葉県勝浦市で全国高等学校指導者研修会が開かれます。稽古をお願いした後「構えたときの気は、素振り・切り返しで養われる」という内容のお話を伺いました。もう一人は前述の岩立先生です。「面の打ち込みをしっかりやれ」と、稽古の後よく言われました。学校での稽古も道場を他のクラブと共有していたり、仕事や会議の関係でできない日もあります。時間があるときは、準備体操・素振りから一緒におこない、切り返し・基本練習も指導しながら面をつけておこなうようにしています。やりながら切り返し・基本の大切さ、難しさを痛感しています。

勝浦の研修会において、秋田の目黒大作先生から「左足にしっかり重心を乗せて打て。そうすると打突時の体の出がよくなる。右足にかかっていると、瞬間的な体の出しかない。最初のうちは、そこを打たれるかも知れないがしっかり稽古しろ」と言われました。生徒との基本打ちで意識してやるようにしています。

また前述の岡村先生の影響もあるのですが、道場の使用ができない日にトレーニング・ランニングをおこなうようになりました。岡村先生が八段を受審されているときにトレーニングをやられて効果があったというお話をお聞きしました。もちろん剣道は稽古が一番だと考えますが、補強的なねらいとしてトレーニング・ランニングを時間があればやるようにしています。本校体育科の先生でトレーニングに詳しい先生がいらっしゃるので、指導を受けながらおこなっています。

このように書いてみますと、ほんとうに多くの先生方にご指導していただいたことに改めて感謝申し上げたいと思います。先生方がおっしゃることがうまく表現できなくて、先生の意図している内容と違う点があるかも知れません。

いま振り返ってみると、子どものころ構え・素振りにはじまり、防具をつけて切り返し、面打ちから教わりました。中学・高校・大学と試合をおこなうようになって、いろいろな技の練習や試合練習なども多くやりました。30数年経った今、また素振り・切り返し・面打ちを一生懸命稽古しています。稽古のなかで使う技も多くの種類の技を使うより、数を絞って、その一本一本を研《みが》いていこうと考えています。剣道に引退はないと思います。八段に合格できましたが、もとより微力ですので、これからがほんとうの修行と考え精進していかなければならないと考えております。

足構えで剣道が変わった

32

楢崎武司　京都府・接骨院院長

ならさき・たけし／昭和14年福岡県生まれ。大分県日田商高校（現・藤蔭高）卒業後、京都府警察に奉職。田中知一範士をはじめ、歴代師範に指導を受ける。46歳の時に退職して接骨院を開業。現在、全日本剣道道場連盟監事、京都府剣道連盟評議員、京都府剣道道場連盟副会長、城陽市剣道協会顧問。平成10年11月、八段合格。平成22年5月、剣道範士。

目的達成をめざす者として、人それぞれ置かれた環境、立場、取り組み方で大きく違ってまいります。私は接骨院院長として地域の医療を負う責任があります。従って稽古時間も制約があるなかで自分なりに短時間内での濃い稽古が必要になってまいります。

その中で一人稽古の大切さを痛感したことを参考までに述べさせていただきます。

一、足構えで剣道が変わった（聞く耳を持ち、素直に実践せよ）

私も含めて、ややもすると打つことばかりにこだわり、肝心な下半身、特に左足がおろそかになってないか。皆さんも左足のことについては、一度はアドバイスを受けられた経験があると思います。果たしてその時、聞く耳を持ち、真剣に取り組んだでしょうか。否でしょう。私もその一人でした。今回八段に到達できたのは、左足の構えに真剣に取り組んだ結果だと思います。そのきっかけはある先生との出逢いでした。稽古が終わったところで、つかつかと寄ってこられ、無言で左膝の後ろをポンポン叩かれ、「これでは駄目ですよ」との一言。ショックでした。しかし今までにない実に新鮮さで受けとめられました。この出逢いが、私を八段合格へと導くことになったのです。

それから左膝を矯正するための一人稽古の始まりです。毎日一回の足構えを課しました。やる気になれば道場以外でも稽古はできます。私は主に自宅で木刀を持って素振りをしました（現在もおこなっています）。ただやるのではなく正眼の構えをとり、左足親指から腓骨《ひこつ》（腓骨に力を入れると膕《ひかがみ》が伸びる）にかけて力を入れていくと左腰に力が入る。精神的にも肉体的にもきつく、最初は1分間もやると気が散ってしまいますが、少しずつ時間を長くしていく。5分もやると脂汗が出てきます。1ヶ月くらい続けると左足から腰にかけてパンパンに脹ってきますが、それを続けていくうちに痛みもとれ、姿勢が良くなり、中段の構えが安定し、稽古にも変化が出てきました。

剣道仲間から以前の姿と全然ちがうといわれたときは、心の中で「やった」と叫びました。その結果が遂に合格へのトビラを開いたのです。自分の欠点はわからないもので、アドバイスを受けたときに、いかに素直な気持ちで受け入れ、それを自分のものとして実践できるかがその人の将来を左右することになるのではないでしょうか。私の場合、素直に聞く耳を持てたことが自分を変えたと思います。

二、情報収集と実践

合格する3年前から目的達成のためにメモノートを始めました。内容は
・先生方から指導を受けた内容（日付記入、名前）
・『剣窓』の八段審査会寸評については大いに参考になり稽古に取り入れた
・剣道雑誌からの参考資料
・受審した際の反省点と今後の取り組み方
・年間の稽古日数。稽古をお願いした方の名前と人数データをノートに記録。

それを身近に置いて、くり返し、稽古に取り入れてまいりました。私なりに非常に勇気づけられ、効果が大であったと思います。今も私の分身（剣道ブック）として活用しております。

以上二つのことを申し述べましたが、もちろん合格に至るまでは多くの先生方、同僚・後輩の方々のご指導の賜物であり、とくに私の場合は少年剣道の指導者として30年余り、共に汗を流してきたことが原動力となっています。

23歳のとき、恩師からいただいた座右の銘「運・鈍・根」を実践してきたおかげで最後に運を与えていただいたと感謝しております。それを信じてやってきたことで、今日の私があります。

素直な心で助言を聞き、それをひたすらに実践

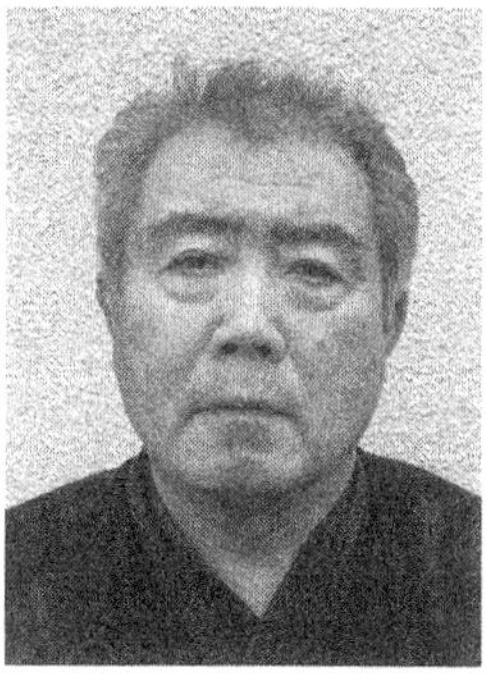

33

北條一弘　香川県・自営業

ほうじょう・かずひろ／昭和19年香川県生まれ。県立高松商業高校から日本大学に進み、卒業後、ゼブラ㈱へ入社する。その後、郷里へ戻り、家業を継ぐ。植田一、大澤孝彰各先生に師事。都道府県対抗、国体などに出場。現在、北條木管工芸代表取締役。平成14年5月、八段合格。

今回（平成14年5月2・3日）の八段審査会において、幸運にも合格することができました。そのときの審査のことは、自分でどう遣ったのかはほとんど覚えていませんが、ただ二次審査の1回目の立ち上がりに、小手抜き面が無心で打てたことだけは思い出されます。無心の技が打てた、それが大きかったのではないでしょうか。

八段に合格するための特別な方法というのはないと思いますが、私の体験から思邪無《オモイヨコシマナシ》、心の持ちようが大きいと考えます。

私の場合は、地方（香川県高松市）で、しかも警察でも教員でもない一般社会人（自営業）ですから、週3回県立武道館での稽古が主です。したがって普通の稽古をしていたのでは、剣技の現状維持が精一杯で、今の実力より少しでも上へいこうと思えば、稽古の回数を増やすか、稽古内容の充実を図るしか方法はないと考えました。稽古の回数を増やすには仕事の関係上、無理があります。よって稽古内容の充実を図ろうと思いました。

そのためには、まず地稽古のときにはなるべく元立ちにならないようにし、上位の先生に目いっぱい懸かることにしました。息が上がれば一息入れて、次の上位の先生に懸かる。毎回毎回このくり返しで稽古をしましたが、昨年までは一次合格すらできませんでした。

その間、県内外の先生方から打突時の欠点や心の持ち方、気分の入れ方、足捌きなど、いろいろと教えていただきました。なかでも面の打ち方に対することが多かったです。私はあまり振りかぶらず、スピードに頼った差し面気味の打ち方をしていたからでした。

○小手を打たれてもいいから、当てに走るな、相手の面を斬る気持ちで打て。

○体を右に開いて打つな。面の縦金を目指して打て。

そういう助言に対して、私は最初のうちは自分ではわかっているつもりでいたのですが本当にはわかっていなかったのではないかと思われます。だからなにも矯正されず、心も技も向上しませんでした。

ある時、何かの本で「直心」ということを書いてあるのを読み、先生方がいろいろと丁寧に教えてくれるのを素直な心で聞いて、そしてそれを真面目に実践しなければならないことに気づかされました。

いま振り返って思えば、島田虎之助の「剣は心なり　心正しかざれば剣また正しからず　剣を学ばんと欲すれば　先ず心より学ぶべし」の心境になっていなかった。やっぱり素直な剣道をしようと思えば、邪心があるとそれが剣道に表われるということだと思います。以来、そのことを念頭に置いて稽古を心がけました。

また、同じ八段受審者同士、短時間で気分を入れた張った稽古をおこない、面の打ち込みで終わるということも続けました。

以上のような地道な稽古をくり返したことが、結果的には良かったのかもしれません。

合格者と不合格者を分析
精神的要素の具体化に努めた

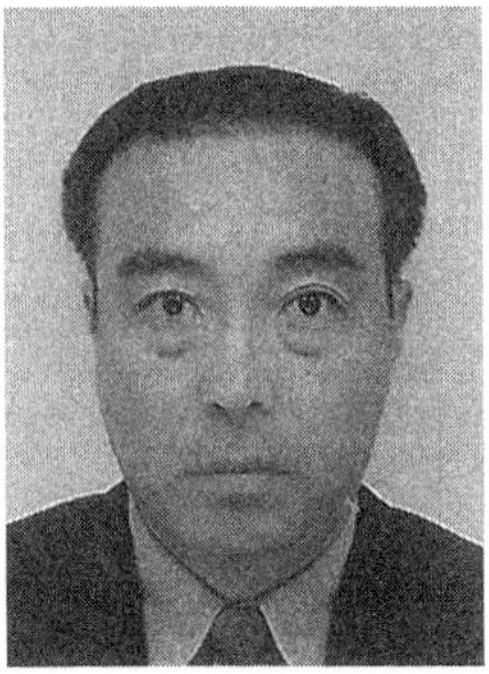

34

神﨑　浩　大阪府・大学教授

かんざき・ひろし／昭和35年宮崎県生まれ。県立延岡高校から筑波大学に進み、同大学大学院修了後、大阪体育大学に赴任、後進の指導にあたる。全日本選手権大会出場、都道府県対抗優勝、東西対抗出場、全国教職員大会団体優勝など。現在、大阪体育大学教授、同男子剣道部監督。平成18年11月、八段合格。

午前から八段審査を見学。受審者の緊張感を取り戻す

八段審査を知人が受審していたこともあり、ここ数年は審査会場に足を運びました。七段審査を受けてからもう10年以上経過しているので、受審者としての緊張感を忘れてしまっていたからです。まず受審に対しての緊張感を取り戻し、そこを乗り越えて本番当日の緊張感を軽減することが大切と感じました。観客席から見ていて伝わる緊張感と実際に受審する方の緊張感の格差は、はかり知れない

ものです。リハーサルもなく、この場の雰囲気の中で自分の力を出すことがとても過酷であると感じました。

自分の受審の年が近づくにしたがって、当然ながら第一会場の若い受審者に目がいくようになりました。会場の雰囲気、受審者の行動、審査員の動き、2分間のまとめ方など、たくさん参考にすることができました。どの受審者も構えた姿や態度は申し分ありません。そのため、合格する方とそうでない方の違いを分析する必要を感じました。

横でご覧になっていたある老先生が「みんな立派だけど、元気がないよ」と一言いわれたのが印象に残っています。自分が幼少の頃から教えてもらった剣道、現在大切にしている剣道の精神的な要素はまさに同じものであって、これが具体的に何であるのかをはっきりさせようと考えました。

稽古日誌を励行。自分の欠点を明確にする

稽古日誌をつけることは、不定期ながら日常化しています。しかし、この1年は毎回の稽古を詳細に自己分析して書くようにしました。大切なことを感じたり、ひらめいたりしたことは、時間の経過とともに忘れてしまうということに気づいたからです。

大学で剣道を教えているとはいえ、いつも剣道のことばかりを考えてはいられません。日常生活のいろいろな場面で心置きなく頭を切り替えるためにも必要なことであると考えました。

日誌に書く内容は、2分間の立合で自己をどのように表現するかという課題に対して、「今日の稽古はどうであったか」ということです。稽古をすればするほど、いろんな方とすればするほど、課題が現

れます。それを振り返り、また、その課題に取り組むといったことのくり返しです。日誌を通して気づいたことは、次第に課題が限定されてくるということです。自分の欠点が明確になってくるのです。多くの先輩、先生からの助言もまた参考になり、単調になりがちな稽古に弾みをつけていただきました。それをまた記し、次の稽古に取り入れました。

一人稽古でリハーサル。仮想相手に攻めて打つをくり返す

地稽古、打ち込み稽古といった相対での稽古の合間に、自分一人で壁や鏡に向かって「一人稽古」をおこないました。日誌をつけることで、ある程度やらなければならないことが明確になってくれば、それを自分の中に定着させることが必要です。自分に言い聞かせる時間が一人稽古であると考えています。自分がよかれと思ってやっていることが、鏡に映すとその姿になっていないこともあります。自分をチェックするのが一人稽古です。

相対の稽古では、相手との関係で自分の課題を実践できないこともあります。審査ではありえないようなことも稽古のなかではたくさん現れるはずです。壁や鏡に向かって構えていると、いろいろな相手が現れます。その相手をどのように攻め、打ち込むかをリハーサルするのです。もちろん、勝手な場面設定ですので、ほんとうにそうならないとわかっているのですが、事前に取り組むことによって安心することができました。

相手と対峙して、それも短い時間のなかであれこれ思考することは、かえって自分の剣道ができなくなります。無意識に事を成すために、日常的なくり返しの取り組みが必要です。「いざというときのた

めの準備」と考えています。

2分は短くない。機会はあると言い聞かせる

審査日が近づくにしたがって、寝ても覚めても審査のことばかりが頭に浮かび、悪いほうに悪いほうに物事を考えてしまいました。「あっという間に時間が加速的に進んでいき、気がついてみればもう一週間前だった」というのは、ほとんどの受審者が経験していることでしょう。

審査時間は概ね2分です。普段の一本の稽古時間からすると、とても短い時間です。そのなかで、自分を表現しなければならないという課題があります。しかし、この2分を短いと思い込むのではなく、充分に自分を表現するに足りうる時間とすべきです。

試合のように、いつまでも相手が打ってこないわけではなく、必ず打ってくる「機会」が来ます。審査員も同じ審査を体験した方々ですので、剣道の質を見極めることができるのです。自分が取り組んできた前述のことをもとにして、当日自分にはこれしかやることはないということを4つに絞り込んで、そのことに集中した取り組みをしました。以下がその4つです。

1、立合での気迫の充実
2、攻めの勢いの持続
3、崩れないこと
4、打突の打ち切り

五、審査1ヶ月前の決断。先の掛かりの稽古に切り替えた

アメリカ在住で八段合格
意識したのは先を取ること・気勢の持続

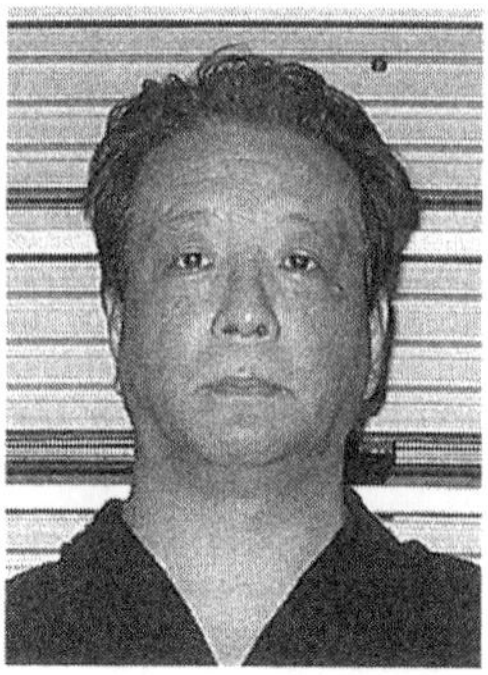

35

田川順照　アメリカ・会社経営

たがわ・よしてる／昭和25年熊本県生まれ。熊本龍驤館で剣道を始める。日本大学卒業後、会社員を経て渡米。紫垣正弘、西山泰弘、中村毅各先生に師事。ミシガン州デトロイトで道場を開く。現在、全米剣道連盟副会長、ミッドウェスト・ツアー社長。平成17年11月、八段合格。

アメリカ在住は理由にならない。西山範士の言葉で目を覚ます

八段審査に合格できましたのは、ご指導いただきました諸先生、諸先輩、励ましてくれたアメリカの剣友、支えてくれた家族のおかげだと感謝しています。

渡米して30年、学生時代の剣道の延長から八段をめざした稽古を考え始めたのは10年前、アメリカへ指導に見えられた故西山泰弘先生からの「アメリカにいるからといって七段をもらって甘えた剣道をし

ているのでなく、八段をめざしてしっかりした剣道をしなければだめだぞ」と叱咤激励を受けてからです。

あらためて自分の剣道を見てみますと、打とう、叩こう、打たれまい、叩かれまいといった剣道で下の段の人たちとの稽古では間合は近く、楽な稽古をしていました。

さて、目標はできたのですが、日本と違いアメリカでは高段者の先生、七段同等の先生に掛かる稽古のチャンスは年に数回です。とくに私が住んでいるミシガン州デトロイトでは週2回の稽古で三段、四段を頭に初心者や子どもたちです。なにをすべきかを私なりに考え、まずは年1回ないし2回、日本から講習に見えられる八段の先生に稽古をお願いして指導を受けました。

アメリカは広いですから出向くといっても飛行機で4時間から5時間かかります、時差もあります。先生方からアドバイスを受けて、それをテーマに稽古をすることから始めましたが先生方によって指導のポイントが若干違います。それを重ねているうちに頭が混乱してきます。それを訊《たず》ねようにも日本は遠すぎます。次の年まで待つしかありません。

持病の腰痛がひどくなり診察してもらうと椎間板ヘルニアで軟骨が小指の爪の半分ぐらい出ているとのことです。治療・ストレッチ体操で痛みをやわらげることはできるがなくならない、なくすには切除しなければいけないといわれ、まず聞いたのは手術しても剣道ができますかでした。1年間はしてはいけません、背骨から筋肉をはがして切除しますから、その筋肉がくっついてから徐々に始めればもう一度、剣道ができるようになるでしょう。その言葉を信じて7年前に手術をしました。日本では大手術でもアメリカでは手術後3日で退院させられ自宅でリハビリです。手術後、竹刀を握ったのは半年後です。大きく上下素振りから始めました。防具があると稽古を始めるからと家内が面を隠しましたので初心者との足さばき、面、小手の基本指導の1年でした。

生徒全員の前で基本打ち。稽古は遠い間合を心がけた

稽古を再開してアメリカゾーンの審判講習会に指導に来られた林邦夫先生に疑問に思っていること、不安に思っていることを話す機会にめぐまれ、次のような指導を受けました。

剣道の基礎的知識と理論をもう一度おさらいすること。基本稽古を中心に稽古をすること。衰えた体力の身体づくり。「気位」「風格」の剣道を心がける。気を高め、集中した稽古をする。などのご指導をいただきました。また、打ちの強さは素振り、打ち込み台への打ち込みでも一人稽古はできるとのアドバイスで具体的な目標テーマができました。

帰宅してすぐガレージに手製の打ち込み台を作ってその日から打ち込み、素振りを毎日おこない、週2回の稽古では切り返し、面打ち、小手打ち、小手面打ちの基本技中心に生徒全員が見ている前で模範を示すようにおこないました。これは気の集中にもなりました。

下位の者との稽古が多いので間を遠くもち、大きく速く一足で踏み切る面打ち、小さく強く左足を引きつける小手打ち、先を取っての出頭技、応じ技の稽古をおこない、講習会などで八段の先生がお見えになりお願いするときは掛かる稽古に専念し、ロサンゼルスへ行ったときやミーティングなどでの同位者との互格稽古では、礼法の時点で気を高め、集中させ、蹲踞の姿勢から立ち上がってから発声を長く吐くことで気持ちを落ち着かせながら気を持続する。相手をよく見る、気攻め、触刃から交刃の間で相手の力加減をみる、先を取る、打ち攻め、初太刀を大切に、技は捨て切る、残心は気勢を持続させ、次

につながることを心がけて稽古をしました。また、息子が週2回の稽古のビデオを撮ってくれましたので、それを見ながらチェックすることもできました。

やはり体力は足から衰えます。車社会のアメリカでは歩くことはありません。毎日の散歩と自転車漕ぎ、無理をしない程度の腹筋運動、ストレッチ運動を欠かさずおこないました。

技術は審査までに身につける。審査は気勢の充実とその持続だった

3回目で合格しましたが、今回は審査の10日前に帰国して林邦夫先生に稽古を見てもらい審査に対しての細かな留意点のご指導を受け、警視庁では日大の後輩の塚本博之先生に気勢のこもった打ち込み稽古をお願いし、田口榮治先生に形のご指導をいただきました。

審査当日は不思議なほど落ち着いていました。前回は広く感じた日本武道館でしたが、なぜか狭く感じました。まずは一次審査をとの思いで臨んだ一人目二人目、多少気負いはありましたが、落ち着いて立ち合うことができました。初めての一次審査合格です。二次審査は一次と違う雰囲気です、のみ込まれないように身体をほぐし、頭の中を空っぽにして深く長く吐く呼吸をくり返しながら、気を集中し礼をして蹲踞、立ち上がって気攻め、触刃交刃して相手の力をみる、先を取る、打ち攻め、初太刀が大切、技は捨て切る、残心は気勢を持続して次につなげる、これをくり返しくり返し言い聞かせていました。

一人目の方は背が高いので初太刀は面攻めから、二人目の方は背が低かったので小手攻めからと決めて立ち合ったのは覚えていますが、途中のことは無我夢中で覚えていません。身体が自然に動いてくれました。

立合のあと、先輩諸氏が「よかった、合格したのでは」といわれましたが、これ以上できないくらい自分のすべてを出し切った私には合格・不合格は関係ありませんでした。不合格ならば修行をやり直して力をつけて、また挑戦しようとの思いでした。

二次審査合格の次は形審査です。厳しい審査でしたが、前々日に最終調整を田口榮治先生にお願いに行ったとき、着装してすぐ形を見ましょうと先生がいわれます、私が「はっ？」といいますと「形が合格しなければ八段は受かりませんよ」といわれ、1時間ほど細かく指導を受けました。振り返りますと今回はすべての面で充実した審査前の日々を過ごせたと思います。

審査に対して技術の向上も大切ですが、気の充実と気攻めから先を取り、気勢を持続させることが今回の審査を振り返って私にとって大切なものではなかったかと感じます。

私の八段合格が海外から受験する方々の励みになればとの思いと、自分自身これからは八段の名に恥じないよう精進しなければと心を引き締めています。

上体を動かさない3寸の入り
左足拇指球を使った第二の攻めを研究した

36

濱口雅行　大阪府・大学准教授

はまぐち・まさゆき／昭和28年大阪府生まれ。大阪市立高校から関西大学、中京大学大学院に進む。全国教職員大会、国体出場など。現在、大阪府立大学准教授。平成17年5月、八段合格。

面打ちは相手の向こうまで打ち貫く意識で打突力を養う

私の普段の稽古場となりますのは今年で奉職24年目（合格当時）を迎えます大阪府立大学体育館内の剣道場です。健康科学担当の教員として着任直後から剣道部部長を拝命し、以後学生とともに師弟同行で剣道修行に励んでまいりました。とくに心がけていましたのは教育現場においての稽古ですので、ややもすると指導稽古中心の受け身な剣道になりがちですが、それを払拭するためにも絶えず先を心がけ、とくに「初太刀一足一刀の面」にこだわりをもって取り組みました。

もちろん審査に限らず、この心構えは私の剣道観そのものとするところです。それはあくまでも相手の面部位への打突を最終目標とするのではなく、相手の身体の向こうにまでも「打ち貫いていく」という強い気持ちを持つことです。そうすることにより打突の際の身体的エネルギーを迫力として体現することができますし、気迫の湧出感もあります。したがって、こだわりの「初太刀一足一刀の面」は「打つ」のではなく「打ち抜く」ことをもっとも重要な打突の要素として位置づけ、その完成へのプロセスが審査に向けての具体的な手段となりました。

打突は客観的には運動として発現されるわけですから、そのエンジンとなる左足の捉え方と重心との関係、前方への移動（攻め）の際の姿勢が中心的なテーマとなりました。

まず、このメン打突の実現には左足の拇指球（湧泉）から生み出されたエネルギーが腰を押し出す力として最大限に発揮されなくてはなりません。そのために無駄なく重心移動できるための腰の位置については左足とひかがみの張り具合の調節によって最適なポイントを探し、可能な限り遠間を取れるようにしました。

一足一刀の間は人により異なるわけですが、かつて「一寸違えば二段の差がある」という教えを聞いたことがあります。できる限り遠間から一足一刀を打ち抜くことができるという身体的能力が打突に対する自信の裏づけになると思います。この身体から漲る運動エネルギーを相手が感じないはずはありません。私はそれを「第一の攻め」としてとらえています。

股関節以外は動かさない。半年間、入りの稽古に集中する

しかし、それが通用しないのが八段審査であり、これまで3回の審査で十分認識させられました。そこで今回の受審でとくに取り組みましたのは、一足一刀の間から打ち抜ける自信を胆に、身体エネルギーを左足拇指球に溜めつつ、2～3寸間を詰めるという「第二の攻め」です。日頃学外で稽古の場とさせていただいております大阪城内の修道館の先生方からは、この攻めを「入り（はいり）」としてよくご指導賜りました。打ち気にはやってしまうと上体が前のめりになってしまい相手に面をかぶせられたり、また右手元が浮いて小手を押さえられたりと次元の低い「入り」となり、単に「前に出る」ことや一足一刀では打てないから「前に出る」では「攻め」にならないということを身体で認識させられました。

では、この「入り」方ですが、先生方からは足は動くので股関節が拡がることは当然だが、その他の各関節の角度は変えないようにとご教授いただきました。つまり左足に前方への推進力は残しつつも、上体は構えた立ち姿そのままで入れということです。「入り」が攻めとして利けば相手の身体や竹刀に動きとして反応が現れるのですが、なかなかうまくいきません。

しかし、先生方から「10回の入りで相手が1回動けば上等、3回動かすことができれば名人」と励まされ、気持ちを楽にしていただき、5月の審査までの半年間は「入り」による攻めを集中して稽古に取り入れました。

幸いにして学校勤務という恵まれた環境におりますので授業以外は自由に道場を使用できます。一足一刀でのタイヤ打ち、鏡に映る自分を相手に見立てて「入り」の研究など、一人稽古の時間は十分にと

ることができました。

ただ、私は15年前の事故により左足関節の機能を全廃するという障害を負ったため、失った脚筋力を取り戻すために相当の時間をかけなければなりませんでした。週2回の筋力トレーニングと週1回の水泳を課すことにより、現在では右足の3分の2まで筋量が回復しています。私が動きのエネルギーを分散されないよう重心（腰）の打ちにこだわるのもそのためです。もちろん障害を負っていなくても加齢とともに失われていく筋力は何らかの方法により鍛錬しなくてはなりません。

思うがままに稚拙な文章で書かせていただきましたので参考にしていただけるかどうか心配ですが、審査の日のことを振り返りますと、あの場で実際に私が稽古で積み上げてきた成果を実践できたことは「ようし、今日はこの会場でいちばん大きな声を出してやるぞ」ということです。それができたことにより普段の稽古で心がけているように「打ち抜く」気力での「入り」が少しでもできたのではないか、と想像の域ですが感じております。

最後にひとつお話したいことは、社会人の皆さまは道場に立っての実践的な稽古量を十分にとるということは時間的に難しいと思います。その不足分はテーマをもって一人稽古の時間を増やすことにより補うよう努力することだと思います。自室やベランダあるいは鏡の前も大切な稽古場になり得ます。そのような心がけがきっと私にも吹いたような「神風」が皆さまにも吹いてくれるのではないでしょうか。

姿勢を崩さず正面を打つ
踏み込み足の出足と体勢の極め、余勢での送り足を工夫

37

長尾　進　東京都・大学教授

ながお・すすむ／昭和33年熊本県生まれ。県立八代東高校から筑波大学に進み、同大学大学院（修士）修了後、筑波大学剣道部コーチを経て、明治大学に赴任する。平成10年より5年間、日本武道館武道学園講師を務める。現在、明治大学国際日本学部教授、同剣道部顧問。平成18年11月、八段合格。

八段審査は今回が初受審でした。しかし、学部の役職の繁忙のため、審査直前はまとまった稽古時間がとれなかったというのが実情です。ただここ5、6年は八段受審へ向けての意識や気持ちだけは途切れないようにと努めてきました。

六段と七段の受審でそれぞれかなりの回数を重ねたこともあって、当初八段というものは、私にとって遠い存在でした。しかし、5、6年前頃から近年合格された何人かの先生・先輩方とお話をしたりアドバイスをいただいたりするなかで、自分も八段を受審する年齢や時期が近づいていることに改めて気

づかされ、受けるからにはしっかりと準備をして臨みたいと思うようになりました。

合格者は面が素晴らしい。仕かけて打つ稽古にシフトする

そうした先生・先輩方の合格談を拝聴し、また稽古を頂戴したり拝見させていただいたりするなかで、いくつかの共通項が浮かびあがってきました。そのなかで最も注目したのは、合格された先生方は一様に素晴らしい正面打ちの出足を持っているということでした。単に出足がよいというだけでなく、機会をとらえた瞬間に打突の成否にかかわらず、体を崩さず、かつ身を惜しまずに捨てて打つというところも共通していました。

私はもともと応じ技が好きで、相手の技を返したり、相手の出る瞬間をとらえて打ったりすることにはそれまでさほど苦を感じませんでしたが、自分から攻めて機会をとらえ、その機を逃さずに身を捨てて正面を打つということは、剣道の基本中の基本であるにもかかわらず、あまり得意ではありませんでした。まずは、これを是正することからはじめようと思いました。

学生たちと稽古できる日には「元立ち稽古」にならないよう心がけ、なるべく遠間で体勢や気勢を整え、触刃の間に入って「いける」と感じたときには、打突の成否にかかわらず、身を捨てて正面を打つように心がけました。こうすると、確かに出足はよくなるのですが、今度は打突時の体勢が悪くなるというデメリットが出てきました。

これを克服するために、2つの契機がありました。ひとつは、平成15年に明治大学の在外研究員として英国に滞在中、角正武先生が講師を務められた講習会に参加させていただく機会を得たことです。角

先生のご指導のなかで印象に残ったのが、踏み込み足でかつ体勢を極める正面打ちの練習でした。踏み込み足でありながら、余勢を抑え体勢を極めた面を打つのは大変難しいものです。しかし、この練習のおかげで出足鋭く面を打つことと、体勢を崩さないこととの、一見相反する課題解決の糸口をつかむことができました。

もうひとつは帰国後に、ある連載のことがきっかけで大矢稔先生（国際武道大学）から故小森園正雄先生の余勢時の足運びについての教え「一歩・半歩・五分の送り足」を聞いたことです。これは関西の先生方の間で伝わった教えらしいですが、打突後の迅速な「打ち抜き」と体勢の極めについての有効なヒントになりました。これらを授業の合間などに道場の鏡を見ながら工夫しました。

また、普段の稽古不足を補うために、毎朝食事前に足腰のトレーニングと木刀での素振りを課しました。足腰のトレーニングは、自分の体重のみを負荷とした軽度の一般的なもので、そのことがかえって毎朝の実行を可能にしたように思います。木刀は、福岡に住む家内の叔父が贈ってくれた全長三尺三寸、重さ九百グラム弱の黒柿製の持ちやすいもので、これを振り続けているうちに、あるときから剣先の「走り」と、体の「締まり」を実感できるようになりました。

外見よりも身体内部。大東流合気武術から学んだこと

ただ、これらのことは剣道をしている多くの方がそれぞれに工夫なさっていることかと思います。もし、私が他の方と異なっている点があるとすれば、それは昭和62年以来、大東流合気武術の稽古を週1回以上続けていることが挙げられるかと思います。武田惣角先生から唯一正伝を受けられた故佐川幸義

先生に10年半、その後は佐川先生から最も親しく教えを受けられた木村達雄先生に就いて学んでいます。

両先生からは、武道に必要なのは外見上の強さよりも身体内部の強さであること、そのためには日々のトレーニングがいかに大切であるかを身をもって教えていただきました。

私は身長1６８cm・65kgで剣道人としては小柄な部類だと思いますが、同流の稽古を続けることによって身体内部の強さが養われ、そのことが私の剣道に有形無形の好影響を与えているものと思います。

審査当日は、日ごろ明治大学で森島健男先生からご指導いただいている「初太刀一本の大切さ」、「常に先々と心がけることの大切さ」と、武道学園での稽古で岡村忠典先生からいただいたアドバイス「しかけ技・応じ技ともに打ち切ることの大切さ」を忘れないように臨みました。これらの教えが実行できたかどうか自分ではわかりませんが、二次審査の最後の瞬間まで、そうした気持ちだけは持続するよう努めたことが良い結果となってあらわれたものと思います。

審査1ヶ月前の決断 先の掛かりの稽古に切り替えた

38

花澤博夫　大阪府・教員

はなざわ・ひろお／昭和25年愛媛県生まれ。県立大三島高校から大阪体育大学に進み、卒業後、大阪府公立中学校教諭、教育委員会指導主事、教頭、小中学校校長を歴任し、退職。国体出場、全国教職員大会団体優勝など。現在、大阪体育大学非常勤講師、大阪市立修道館講師。平成15年11月、八段合格。

私は、9回目の審査で合格することができました。34歳で七段をいただき、当時48歳が八段の受審資格を得る年齢であったので少しの心の緩みや、剣道ばかりが人生ではない、もっといろいろなことを経験したいと思い、剣道がおろそかになった時期がありました。しかし、心の片隅には稽古をしておかなければならないと思いつつ月日が流れていきました。

40歳になると、仕事のほうも教育委員会に変わり忙しくて剣道どころではなくなりました。そのようななかで、自分なりにそろそろ本腰を入れて稽古に取り組まなければならないと思っていた矢先、受審資格が46歳に引き下げられました。48歳に照準を合わせていた私は少々うろたえました。なぜなら、30歳から40歳にかけては稽古を積んで地力を付けていなければならない時期に稽古量が足りないことは、剣道家にとっては致命的なことであるともいえるからです。後悔しても手遅れです。そこで、心機一転、自分なりに稽古プランを立て、遅れを取り戻すために努力していくより方法はありませんでした。

いつでも・どこでも、だれとでも。3つのデモで稽古時間を捻出

私は当時、中学校で教頭職をしていましたが、1日10時間～12時間もの勤務で稽古時間を捻出するのは容易ではありませんでした。

そこで、1週間の稽古プランを立て、学校のスケジュール（行事予定）と照らし合わせて、稽古の日程を組んでいきました。

もちろん家庭は顧みず自分の稽古日程を優先させてもらいました。「いつでも・どこでも・だれとでも」稽古ができるよう、いつ・どこで稽古会がおこなわれているかを確認し、車には防具と竹刀を常時積んでいました。

日曜日は堺の日曜会や岸和田心技館、月曜日は堺の月曜会、木曜日は夜のトレーニング（これは、剣道をするための体力、筋力を取り戻すため）、土曜日は近大附属高校の朝稽古、午後にはどこかの稽古会などにできるだけ参加するよう心がけました。また、稽古に行くために職場に迷惑をかけられないので、最善の努力を払いました。また、出張などで大阪市内に出向くことがあると必ず大阪市立修道館に足を運び、稽古をお願いしました。長期の休業中など大阪体育大学の出稽古に同行させてもらい、大阪

府警で稽古をさせていただいたことも良い勉強になりました。

いずれにせよ、剣道の先生方の温かい指導、職場の上司、教職員、家庭の協力なしには私の稽古プランの実現はあり得ませんでした。

書物の教えを自分なりに実践。稽古日誌が課題を明確にした

私は数年前から稽古日誌を書き留めています。稽古量の少ない私にとって、1回の稽古を充実させるためには自分の剣道の課題を明確にし、その解決をどうしていくのか、いつも考えておくことが、効果的な稽古につながると考えています。ありがたいことに、私の課題を解決するのにはもったいないほど、多くの先生方に稽古をつけていただくことが可能でした。母校には作道先生、日曜会には西先生、心技館には故川口先生・古谷先生、月曜会には奥園先生、修道館には月～金まで担当の講師の先生方がおられて、技術面もさることながら精神的な面の問題まで丁寧にご指導いただきました。

もう一つ心がけたことは、書物から得た知識や先生方から受けたアドバイスを自分なりに解釈し実践してみることを心がけました。

なかでも野間恒著『剣道読本』は初心者～高段者までわかりやすく書かれた本で愛読しています。もう一冊、森田文十郎著『腰と丹田で行う剣道』を読んで学んだことが、自分の剣道の「構え・攻め・打突・気・呼吸」など原点になっています。この本の心法篇の第1章に上・下丹田の記述があります。その一節に「下丹田に力が入っていても寸田に輝きがない剣はその威力を現わさないというような関係にあるものである」。この文章が気に入って、歩行のとき、立稽古、竹刀を持った立稽古、実践での稽古

に採り入れたことは、自分の剣道修行のなかでたいへんな自信となって現れてきました。そのことの是非を確認したいと思い、作道先生に質問したところ、呼吸法についても教えをいただき、より一層稽古内容に自信を深めることができてきました。

審査までの１か月は、先の掛かりを中心の稽古に切り替えおこないました。なかでも心技館で古谷先生にお願いしたときは、先の気を中心に、打ち込み稽古に終始しました。おかげで心（気）と体のバランスの良い状態で審査に臨むことができました。審査前、太田欣之教士八段（香川）から「八段を欲しがらず、普段どおりにやれば相手がどうぞと言ってくるから、頑張れ」と、ありがたい言葉をいただきました。

自然に肩の力が抜け、審査では精一杯自分の力が発揮でき、好結果につながったと感謝しています。

打つべきところを正確に打つ攻める技を身体に覚えこませた

39

吉山文男　東京都・立会証人

よしやま・ふみお／昭和12年秋田県生まれ。山形市の村木沢小学校で竹刀を握る。県立山形南高校から東洋大学に進み、卒業後、警視庁に奉職。現在、東京地方裁判所立会証人。平成18年11月、八段合格。

忍耐は苦くともその実は甘し。無欲、自然体で臨めば結果はついてくる

私は「忍耐」という言葉を学生の頃から心に秘めてきました。福島の会津若松を訪れたとき、野口英世先生の記念碑「忍耐は苦くともその実は甘し」の言葉に教えられ、励まされ、心の支えにしてきました。野口英世先生は医学者で、剣道家ではありませんが、忍耐強く努力するということにおいて先生の偉大な業績から教えられました。

「八段合格の道は、一所懸命に忍耐強く稽古を続けることで必ずチャンスが訪れる。そのチャンスを逃さない」「幸運も力なり・味方になってくれるもの」と思っています。

また、「八段合格は与えられるもので、もらうものではない」と考えると、受かりたいという欲がなくなっていくような気がしました。これまでは合格したい気持ちが前面に出ていて「短い時間によいところを見せたい。打たなければ、打たれてしまえばだめだ」といったことで頭の中がいっぱいで身体が硬くなり、いい技が出せなかったのです。着装、姿勢態度も大切なことですが、何事にもとらわれない自然体で臨むのがよいと思いました。

年代別に目標を設定。率先してうわてに懸かる

八段合格の秘訣は、これまで積み重ねてきた稽古、試合経験などから自分の実力をこの審査に100パーセント出せるかということです。それには、審査において立ち上がったら、気合はもちろんですが、周りのすべての雑念を取り払って、自分が審査会場にいるのを忘れるくらい対戦相手に集中することができるかどうかだと思いました。

次に、打つべきところを正確に打つことです。打ち切ることができること、打ちたくて打つ技ではなく、すべて攻める技から出すこと、攻めて「ここだ」と思った瞬間に身体が自然に動いて打ち込むことができること、さがらないこと、「相手が出てくるところに合わせて打ってやろう」では間に合わないこと、相手が打とうとした瞬間に身体が自然に反応して打ち込んでいることなどを意識し、無心で出る技でなければ八段審査には通用しないと思いました。

自分の経験から、10代、20代では基礎となる切り返し、掛かり稽古を中心にして心身ともに強固な身体づくりをすること、厳しい稽古のなかから我慢強さを身につけ、優しさと思いやりのある剣士になってもらいたいと思います。30代に入ったら、先輩や先生の教えをよく理解して、剣道理論を身につけるようにすること、40代以後は先生方の教えから、自分に合った稽古の方法や技を研究していかなければなりません。私は「守・破・離」という言葉を若いときからの目標として稽古に励んできました。奥の深さははかり知れない、長い間、多くの先生方の教え、稽古をいただいて合格し、ようやくその域に近づいたように思います。

私が稽古するときに心がけていたことは、だれと稽古するときも馴れ合いの稽古はしないこと、率先して強い人（上位の人）と稽古をすること、下手の人とやるときも真剣に対戦し、「はじめの一本と最後の一本は必ず取る」という気持ちを持つことなどを意識して稽古に臨んできました。稽古に稽古を重ねて自然と技が身につくものだと思います。

幸いにして私は八段に合格させていただきましたが、これで修行が終わったわけではありません。これからが大切だと思います。八段として恥ずかしくない技能を身につけるため、人間形成のため、日夜努力していかなければならないと思います。これからの日本を担う青少年の育成にも剣道を通じて忍耐（我慢強さ）について教え、実践していかなければならないと思っています。

六つの面打ち、こわした自分の稽古

40

小山秀弘　青森県・道場主

おやま・ひでひろ／昭和9年青森県生まれ。県立弘前高校から弘前大学に進み、卒業後、高校教員となる。国体、全国教職員大会などに出場。現在、北辰堂堂長、剣術ト伝流宗家。平成12年5月、八段合格。

八段審査ではいやというほど自分の力不足を思い知らされた。二次審査に残るほどの人たちはさすがに皆素晴らしい立合だった。厳しい攻め合いから、ここぞというときに、切れの良い打突がくり出されていた。とりわけ面技が素晴しかった。先ず、相手に攻め勝つことと、力強く冴えた面打ちができなければ、話にならないと深く反省させられた。

一、構えと打突の基本を見直すことから始めたこと

一本の面が決まるのに、呼吸・間合・攻め・読みなどいろんな要素が関係しているが、先ず、リラックスしていながらいつでも打てる身の構えが必要で、竹刀の握り方、足の踏み方、剣先のつけ方などを含む基本的な構え方ができていなければならないと思った。

次に打突の仕方が問題となる。相手の中心を割って腰の入った打ちができるようにするにはどうすればよいか考えた。構えはやや身体の向きが斜になっている右自然体の構えとなっている関係で、ともすれば右手で振りかぶり右手で打つ打突の仕方になりがちである。刃筋が立つことにも問題がある。左手が効いた打突になるためには、左手・左腰で攻め、相手に正対するような感じで打つ、つまり神仏を拝むようなイメージで打つのがよいと思われた。その際、軽く曲がっている右膝を相手にぶつけるような感じで足を踏み出すと腰が入り身体の上下運動が少なく平行移動して力強い打突ができる感じがした。

二、六つの面打ちを集中的に稽古したこと

まず、剣先が触れる程度の遠間からの面。2番目は一足一刀の間に攻め入っての面。3番目は相手が打ち間に入って来る瞬間に乗って面。4番目は相手が打ち間に攻め入って面を打ってくる出頭を打つ面。5番目は相手が面を打ってくるのをすり上げて面。6番目は相手が面を打ってくるのを切り落とし面に決める。

三、相手を捉えるということ

いかに力強く、スピードのある面を打てるようになっても相手を打てるとは限らない。打突は相手との相対的な関係で決まるものだからである。相手の状態に関係なく自分が打ちたいところを打とうとすれば、かえって相手に自分のすきを与えることになってしまう。従ってまず攻め勝つということが絶対に必要になってくるし、相手の状態をよく読みとること（相手を把えること）が、第一に肝要だと思った。そのためには、自分から打ち間に入りながら、瞬時に相手の状況を頭のコンピューターで判断して対応する直感力を養うことが大事である。

四、できるだけ実戦的な状況で基本稽古をしたこと

打つ方と打たせる方とに分かれて稽古するのではなく、例えばお互いに攻め合って、お互いに面打ちのみの稽古をするとか、一方がもっぱら先をかけてどの部位でも打ち込んでいくのを他方はそれに適確に応じて、後の先で勝つ稽古をするとか。

面技に対して面技で応ずる稽古、及び切り落とし面の稽古は、とりわけ旺盛な気力と捨て身の鍛錬になった気がする。それまでは相手の先の気を感じたときに、気持ちが引いてしまう傾向にあったのだが。

五、自分の剣道をこわすということ

稽古の仕方が間違っていると、稽古すればするほど悪い癖が固まって下手になるという皮肉な結果になってしまう。常に自分の剣道をこわすくらいの気持ちで、自分の稽古を厳しく反省することが大事である。自分の稽古は自分では見られないから、時にはビデオに撮ってもらって見るのがよい。

身近に指導を受けるような人がいない場合には高段者の試合や立合のビデオを利用して見取り稽古をしてイメージを深めるのがよい。毎日、朝稽古に出掛ける前に10分でも5分でも高段者の立合のビデオを見て、テーマを持って稽古に向かった。ビデオは一度見ただけでは効果は少ない。同じビデオでもくり返し見ると見方が変わってくる。

六、その他心がけたことなど

少しずつでも毎日継続して稽古すること。幸い私の通っている道場は年中無休の朝稽古（約1時間）の道場である。

稽古前に鏡に向かって日本刀で素振りをしたこと。それによって刃筋が立っているかどうかがすぐ実感できる。

日本剣道形や古流の形を稽古することでも得るものが多い。

剣道ばかりでなく、普段からいわゆる真・善・美・聖の素晴らしい世界に心を開き、心境を深めることは、剣道を深めることにつながっていくような気がしている。

呼吸法イメージトレーニングと腰始動型正面打突をくり返した

41

長谷川弘一　福島県・大学准教授

はせがわ・こういち／昭和30年福島県生まれ。県立会津高校から東京教育大学に進み、卒業後、福島県高校教諭となる。全国教職員大会個人2位、全日本選手権大会、東西対抗、国体などに出場。現在、会津大学文化研究センター上級准教授。平成14年11月、八段合格。

迷いと葛藤のなかで農業と出合う

私は、ここ数年来、腰始動型正面打突の基本練習をしながら、デジタルカメラ撮影による視覚的確認と動作の解析を試みてきました。当然のことながら、運動動作としての形の「きめ」については大凡理解できるようになったものの、精神的なより深い部分の研鑽については限界を感じていました。剣道において一番大切だといわれている相手との相対関係での「呼吸」や「間」、そして「心」の修養を深めていくには、より実戦的な練り合いの場が不可欠であることは、多くの高段者の先生方にご教訓いただきました。しかし、元来「思い込み」の激しい私は、その問題を無謀にも気功や合気柔術などの他の分野から学ぼうとしていました。あまりに思慮の浅い思いつき的な発想であったことは、今もって汗顔の至りです。

8年ほど前、岩手大学の浅見裕先生からのお誘いもあり、全国高体連の部長を歴任された岡村忠典先生とイタリアへ剣道の指導のため同行させていただいた折、稽古後、岡村先生から「長谷川は剣道を学ぶための方向性を間違えている」と、ズバッと指摘されました。

地元の会津高田「秀心館」館長水口秀文先生（会津高校の先輩でもあり、何かと相談にのっていただき、また心の支えになっていただいている）からも以前同じような意見をいわれたことがあります。「弘一は、とにかくいろんなことを何でもかんでも剣道に取り入れようとしすぎる。何かに飛びつく度に色を変えるカメレオンのような剣道ばかりしている。これからは稽古を通して肚の勉強に徹してみたらどうか」と。打たれることへの恐怖心が姿勢と構え、心までも崩してしまう。そしてそんな自分に対する自己嫌悪がつのるばかりで、いつしか相手と竹刀をもって対峙することにさえ恐怖心を持つようになっていったのです。今もそうなのですが、それ以降「恐怖心の克服」が、私の最大の弱点であり、課題となっています。

しかし、「バカは死んでも直らない」ようです。我ながらどういうわけかわかりませんが、平成12年には農業に興味を抱きました。会津の山形県寄りの山沿いに熱塩加納という農村があり、ここで完全無農薬稲作にトライしておられる上野徳之氏の温厚なお人柄に惹かれたこともあり、なかば押しかけ状態でその手伝いをすることをお願いしました。

上野氏は、この突然で奇妙な来訪者を快く受け入れてくれたのです。一歩間違えれば、農家の方にとっては死活問題となるこの困難な完全無農薬農法の作業に参加させてくれたわけですが、私のほうはといえば、稲作以外でも、上野氏が毎日毎日まるで子どもに接するように愛情を持って育てた、大切なトマトの新芽を何本も枯らしてしまうなど、失敗と迷惑の連続でした。ある晩、農作業が終わって、自家製の濁酒に杯を傾けながら上野氏が呟くようにいわれたことがあります。

「今やっている完全無農薬が完全な自然農法かというとそうじゃない。私の理想の農業は、たとえば稲の生育を邪魔する雑草や虫たちと共存できる稲作だ。私たち農家は水田の草や虫を害のあるものと決めつけているけれど、水田そのものが地球の表面に傷をつけてできているわけだから、グローバルな視点からすれば、これもまた人間の欲から出た害なんだよな。それと比べれば雑草は死んだあとでも地球の表面を癒すために働くんだからよっぽど雑草のほうが害がない」と。農業の奥深さと難しさに対面しながら、常に自分の理想に向かって努力しておられる上野氏に、嫉妬にも似た敬服感を感じるとともに、迷いと不安のさなかにいた私には、とても心安らぐ言葉でした。そして、何となくではありますが、自分の最大の弱点でもある心の問題を解く鍵がここにあるかもしれないと直感しました。

原点にかえり構えに戻る

次の日から、上野氏の目を盗んで草むしりの作業をさぼっては水田の中で剣道の構えの練習に没頭し、気がつくと2、3時間の経過はあっという間の毎日が続きました。7月初旬の日差しによって下から湧き上がるように感じる水田の暖かさは、この上なく幸せな気持ちであり、1時間も炎天下の田圃の中に裸足で立っていると、不思議に自分も雑草と同じ仲間であるように感じてくるのです。足の裏から根っこが生え、その根っこから養分を吸い上げていく。少し離れたところでは、稲たちの根っこがしっかりと活着していて同じ水田から養分を吸っているのを感じる。しかし、決して争うことはない。互いの目には見えない泥中のテリトリーの中で、雑草である私の存在を認めてくれているかのようでした。まるで根っこ同士が一本の管で結ばれていて、それを通じて茶飲み話でもできるかのように、とても優しく、一体感というのか、同化したような感覚が自然にわいてくるのです。

そのとき、ふと気づいたことがあります。自分を意識しすぎるから相手を意識せざるを得なくなる。相手を意識しすぎれば敵となり、ますますその敵の存在が大きくなる。自分と敵との二つの存在、自分と敵との二つの刀の存在といった敵対関係ばかりが過度に気になって、それが「恐怖心」を生み出す。結局この悪循環の中で膨れあがってくる「恐怖心」は、自分自身の心の弱さが作り上げたものだったのだと。

稲と雑草の関係を自分流にイメージ化してみると、仏道の世界でいわれる「自他無二」、柳生流の極意書でいう「水月の位」「神妙剣」といわれるものに少なからず関連してくるものではないか。私の妄想と思い込みの強さは、浅学な私自身に、勝手にそんなことを連想させるのでした。無論、私が水田の中で感じたことなど及びもつかないほどの厳しさと奥深さが、先人のつくりあげた極意の中身にはあるのだと思います。水口先生のいわれた「肚」の問題も、それまで（自己流なりにでも）自分を追いつめながら鍛え上げることによってのみできると思い込んでいたそれとは、まったく次元の違うものだったのかもしれません。

まずは、水田の雑草と稲の関係で体感したあの感覚を、そのまま相手の身体のなかに自分の身体を竹刀とともに同化させ一体化させるようなイメージ（たとえば、相手の竹刀が自分の竹刀の一部であるかのように心の間を詰めていく感じ）として、基本稽古の正面打突練習のなかに取り入れてみることにしたのです。もはや、これまでさまざまな批判や誤解をもたれながらも続けてきた「腰始動型打突」における腰の前方移動は、単なる打突のための腰の運動動作ではなくなってきたのです。技前における「身の寄せ」であり、同時に「心の寄せ」でもあるわけですから、「目付」や「間」、「呼吸」、さらに「気」の問題が大切になってきます。柔軟に相手に対応できるだけの動的姿勢としての機能性、相手の起こり頭を考えていくと、「気」の問題は、「機」の問題であり、合気でなくてはなりませんので、基本練習には、「元立ち」の大切さが要求されるようになります。

こうしたイメージを大切にした腰始動型正面打突をくり返しているうちに、それ自体に攻めを伴った「生きた構え」と、「懸かる気」が大切だと思い知らされ、しばらくはまた、時間のある限り、鏡と「にらめっこ」の一人稽古が続きました。そして、その構えから「いつ」「どこで」先々の先の技で自分を捨て切っていくべきなのかを考えていくと、最初の立礼、あるいはそれ以前から懸けた「先」、立礼後の三歩の前進動作、蹲踞、立ち上がって構えるまでの一連の動作における「先」の気持ちが大切になってきます。これらがすべて「初太刀」に集約されるのです。ここの勉強だけは、しっかり時間をかけてやるように心がけました。やり直しも後戻りもできない緊張と集中の一瞬一瞬の連続が、そこにはあるのだと思います。一生涯かけての私の大きな課題です。そして、自分が見つけだしたことなど何一つ無いことを知らされます。すべて先人、先輩諸先生方が築き上げ、伝え継がれてきた教えのなかにあるものです。それにあらためて気づかされるとき、剣道を続けてきて本当に良かったと、心から思います。

とにもかくにも、上野氏にかけた多大の迷惑をよそに、このような心境の変化や剣道観の変化を契機として、自分の最大の弱点である「恐怖心」というトラウマを、少しずつでも軽減することができるかもしれない。そう思えるようになっていったのです。

いつでも背中に不動明王の目を刻む

八段審査初挑戦の年、すなわち平成14年5月におこなわれた京都大会の折、自分自身が確かな課題と覚悟をもって、岡村忠典先生と岩立三郎先生に千葉県松戸の松風館道場の月例稽古会に参加させてもらえるようにお願いし、快く了承していただきました。

そして岩立先生からもアドバイスをいただけるようになりました。

そのなかでも左拳の位置について注意されたことは、それまでしっくりいかなかった竹刀の納め所、心の置き場所、気の発し所を工夫する上で大きな課題となっています。熱塩加納の水田でのあの不思議な感覚とイメージもその反省の度に甦ってきて、「まだ私と根っこからは繋がっていないね」と稲や雑草たちにいわれているような気がします。

松風館には、岡村、岩立両先生のほかに、岡憲次郎先生をはじめとして、髙﨑慶男先生、倉沢正先生、丹羽館長先生（先生は道場の名札を私に示しながら、館長ではないと少々照れたお顔でいわれましたが、私にとってはいつまでも館長先生です）、そして岩手の浅見先生などがおみえになります。面を着けられているときはもちろん、私たちの稽古を見られているときの先生方の目は厳しく、鋭い刃物のようにさえ感じるときがあります。しかし、同時にその厳しさのなかに、後進を何とかして育てたいという先生方の熱意と愛情とを背中で感じることができます。大きな安堵感と意欲が湧いてくるのです。

だから、私は会津に帰郷してからも、地元の道場にその厳しい不動明王様のような目をしっかりと心に刻んで持って帰ることを心がけました。

剣道の厳しさと自分から求めていける剣道の楽しさとの両方を体験できていることは、長い間ひとりよがりのなかでしか錯誤をくり返せなかった田舎剣士の私にとって、この上ない喜びであり、砂漠のなかの一滴の水のように何物にも代え難い財産であると思えます。

若輩が大変生意気をいうようですが、松風館の先生方には、道場内でもさることながら、道場以外での普段からの修錬の深さを感ぜずにはおれません。私の場合、八段合格といっても、まだ七段の卒業証書をもらったばかりで、本当の八段位の力は今後の精進にかかっているものと心を引き締めざるを得ません。本心からそう思います。

このように、私自身はことさら八段受験というものに意識はしてこなかったし、特別な秘密や秘訣といったものもなければ、人に誇れるような道のりといえるほどの修行も積んでこなかったような気がします。たくさんの方々、剣道以外のものも含めて多くの出会いを重ねていくうちに、明らかな心境の変化があったことは確かです。ひとと巡り会い、ものと巡り会い、そのめぐり合わせの幸運さにただただ感謝するばかりです。

松風館の先生方はもちろんのこと、思い込みが激しく不器用な私に、今まで胸を貸し稽古いただいたすべての先生方に対して心からの深謝の意を込めながら、まとまりのない雑文を長々と書き連ねてしまったことをお詫び申し上げて筆をおきたいと存じます。

退かない、はずさない、崩れない。第一に心がけた合気になる稽古

42

高村克人　兵庫県・教員

たかむら・かつと／昭和33年兵庫県生まれ。市立尼崎高校から筑波大学に進み、卒業後、兵庫県教員となる。東西対抗、全国教職員大会などに出場。現在、県立高砂南高校に勤務。平成17年11月、八段合格。

今回の合格は、私にとりましてはまさに信じられない出来事で、「秘密」といえるような特別な練習や努力をしたわけではありません。

ひとえに、これまでご指導を賜った多くの先生方、先輩方、剣友の皆さまのおかげと思い、心より感謝申し上げています。何気なく中学で剣道を始め、全国のレベルも知らず井の中の蛙であった私が、大学での剣道にカルチャーショックのようなものを受けました。現在は、高校生の指導にあたっていますが、教員として剣道を続けるうえで「師弟同行」を前提に、大学時代に漠然と感じた理想を具体化、本

質化できればと思いながら稽古をおこなっています。

すり足・送り足のみで技の稽古。重心移動・太刀筋などを確認した

道場での稽古で心がけたこと、道場外で心がけたこと、稽古時間の捻出に心がけたことなどについてとのことですが、とくに工夫を凝らしたり、変わったりしたことはしておりません。夏休みなどは、日に3回稽古できるときや、かなり連続して稽古できる期間もありますが、通常は、高校生相手に週2回程度、大人の方とは週1回程度の稽古時間を確保できればよいほうで、まったく稽古できない週もあります。

先生方に稽古をお願いするときには、「合気」になる稽古を第一に心がけました。「合気」になろうとすればするほど先生方のペースに巻き込まれ、なにもできなくなっていきますが、その渦のなかに身を置くことで剣道の力がつくことを信じて打たれることを恐れない、打たれることを厭がらない稽古を心がけたつもりです。

「退かない」「気をはずさない」「崩れない」「攻める」「攻め返す」「打ち切る」など、多くの先生方がご指導されていることを毎回の稽古でどう体感し、体得していくかが課題であると思います。

また、教員という職務上、生徒とともに稽古する機会がもっとも多いわけですが、15年くらい前より基本打突練習と称して、踏み込み足ではなく、一足のすり足、送り足のみで技の稽古をさせていました。時々は生徒に混じってこの基本打突練習をおこなうことで、日頃の稽古だけでは疎かになってしまう構えや間合、打突時の姿勢、重心移動や太刀筋などの確認をおこないました。

また、打ち込みや切り返しも、回数は生徒の半分程度ですが一緒におこなうよう努めました。生徒とともにおこなう基本練習や打ち込み稽古では、生徒の目が厳しい師の目となりました。生徒にしばしば注意を与えている足さばきや姿勢、気勢など、自分がいい加減な打ち込みや技の稽古をしていたのでは、生徒の目にどう映っているのか、生徒にどのような影響を与えるのかが非常に気になるところです。常に生徒の見本になるような稽古ぶり、技の稽古、打ち込み稽古、切り返し、と心がけました。しかし、生徒諸君は、日頃自分自身が気になっている悪い部分を確実に見習ってくれます。反省すべきことを突きつけてくれている思いです。

講習会・研修会で学ぶ。方向性と課題が具体化した

なにより幸いであったのは、数多くの講習会、研修会に参加させていただく機会に恵まれたことではないかと思います。講習会や研修会で学んだこと、得たことを日頃の稽古でいかに実践していくかが大切なことなのでしょうが、講師の先生方がまさに全身全霊でご指導くださることは、講習会・研修会という非日常の剣道三昧の期間のなかで、知らずしらずのうちに身についていくものがあるのではないかと思います。

毎年、勝浦でおこなわれる中学校・高等学校部活動（剣道）指導者研修会には10回近く参加させていただきました。また、中央講習会（西日本）や中堅剣士講習会など全国規模の講習会研修会にも参加させていただきました。県内の各種講習会、研修会にも参加させていただく機会を多く持つことができました。指導法の講習会であれ、審判講習会、形講習会であれ、剣道を自分のなかでどのように位置づけ、

どのような姿勢で取り組むべきかを、講師の先生方はいちょうに言葉と稽古のお姿を通して教えてくださっていると思います。

六段取得のときも七段取得のときも、昇段してから果たして段位にふさわしい剣道ができるのかどうかのプレッシャーを感じながら取得後の稽古を重ねました。

今回は、それまでと比較にならない大きな重責と重圧を感じています。これからの稽古の大切さをあらためて感じています。

剣道は打たれて強くなる 正しい姿勢で崩さない稽古を徹底した

43

下諸純孝　島根県・教員

しももろ・すみたか／昭和31年鹿児島県生まれ。鹿児島実業高校から国士舘大学に進み、卒業後、島根県中学校教員となる。全国教職員大会団体・個人優勝、全日本選手権大会、全剣連創立30周年記念大会、東西対抗などに出場。現在、安来市立第二中学校校長。平成15年5月、八段合格。

大きな目標であった八段合格に際し、これまでの剣道を振り返ってみると、いわゆる審査に向けての1、2年あるいは5、6年の短期の取り組みだけによるものではないことだと感じています。師の教えを基本にしながら、30代半ばまで大会や試合において、勝つことを目指してきました。ただ一方では、中学校の指導者として、正しい剣道と生活という視点で取り組んできました。このことは私自身の剣道に大きな影響を与えるものでした。それは、学び方を学ぶ家庭教育、躾という基盤が基本だと考えるからです。そして、この「学び方」は終生自分の生き方を支えるものであります。師の教えに対し、関心をもって一心に徹底していくことが本物に出会うことになると思います。

私は鹿児島県大崎町の出身で、本格的に剣道を学んだのは鹿児島実業高校の大口昭三先生からでした。その後、国士舘入学で大野操一郎範士、阿部三郎範士、伊保清次範士、矢野博志先生、諸先輩など師に恵まれ、いよいよ本物の剣道修行を体感いたしました。また、島根県に就職すると同時に、田中実範士、大西友次範士にご指導をいただきました。

自分の背後に壁を背負う。一歩も退かない剣道をめざした

鹿児島には、物事に対して気概をもって取り組むという気風があります。勝負に対する厳しさはもちろんですが、それ以上に正面、真ん中を避ける、さがることを嫌います。ですからさまざまな稽古方法・試合において、相手の太刀筋を確かめるべく、正しい姿勢でおこなうことを大事にしてまいりました。たとえ打たれようとも、体勢を崩さぬよう踏ん張り、太刀筋を見極めることを努めてまいりました。はじめは切り返し・打ち込みで訓練し、できるようになると稽古や試合でも心がけ、「見えた」ということを味わうようになりました。さらに、自分の背後に壁を背負うがごとく、一歩も退かない剣道をめざしました。これが後々の大学、社会人でも基礎となっています。剣道は打たれて強くなるとの所以《ゆえん》は、ただ数をこなすことだけでなく、気概をもって相手に対し、打たれ方・打たせ方にこそ大事な要素があると思います。この姿勢・心構えができていくことで、いい反省が生まれ剣道の充実が図れると思います。

「剣道部だより」を発行。自分の剣道を再確認した

他の職種でも同様、中学校の教員で40歳前後になると、学校運営上中心的な役割を担うため、部活動さえままならぬ立場になります。週2～3回の部活動が平均的です。また、初心者から経験者の幅広い層の指導となると、自分の稽古ということにはなりません。ただ、言葉による指導、直接打たせる指導、観察指導といろいろな場面で、自らの剣道観を確認することができました。

このことで書物・ビデオでの研究も深まり、生徒・保護者用の「剣道部だより」の発行が、自分自身の学びの場になりました。また、部活動指導を一生懸命取り組むことで、生徒たちの力量も向上し、県外などへの遠征ができるようになり、全国の中学校指導者と交流・稽古をお願いするなかで楽しみをもち、自分自身の剣道修錬・追究の場としても大いに役立ちました。

越年稽古でいただいた1年の課題。立礼→蹲踞→立ち上がり→剣先の充実

小学5年から続けている田舎での正月の越年稽古を楽しみにしています。40歳頃から大阪府警の師範をしておられた同郷の横山鐵矢範士に年1回の貴重なご指導をいただいております。とくに「立礼から蹲踞し立ち上がり、剣先の充実」について徹底してご指導をいただきました。この越年稽古での課題を元に、1年間島根で努力するのですが、なかなか体得できず、また1年、また1年と毎年取り組みました。現在も最も大事にしていることの一つです。この教えは、平素厳しい稽古の少ない私にとって、何のために剣道をおこなっているのか、何のための稽古か、十分気を充実させるものです。そして、相手

に感謝し無駄をなくし、求める一本のための稽古をおこなうようになりました。

ただ、平成14年現任校の大社中への転勤で、これまで続けてきた朝稽古ができなくなり、夜の稽古も思うようにできなくなりました。それで、素振りと週2・3回の中学生との稽古、六段以上で構成する毎週土曜日の清風会の稽古に思いを馳せて取り組みました。田中信義範士を中心とする諸先生のご指導はとてもありがたいものでした。

また、中央伝達講習での講師先生や、中国五県の先生方に年1・2回稽古をお願いすることがあります。範士あるいは八段の剣道はかくあるべしと厳しい剣道を目の当たりにします。貴重な機会だけに、先生方の示範や一言が心に刻まれました。それにしても、稽古が少ないことの苦しさが、これまでの恩師の姿や言葉・教えを確かによみがえらせてくれ、恩師への感謝の念でいっぱいであります。

全身全霊をもって、下手をつかう気位で審査に臨んだ

審査当日、今までにない不思議な状態にありました。久しぶりの友人や先輩方に出会い、気持ちよく挨拶を交わしたりしていましたが、自分の目の力を感じていました。会場を観る目、人を観る目が全く動じていないことを自覚していました。審査前の3月、4月は十分な稽古ができず悶々としながらも、毎朝学校に到着後、出雲大社の荘厳な松並木の参道を歩いていました。なんともいえない澄んだ気持ちになりました。また、審査にあたって「八段は与えられるもの」と思って臨みました。このようなことが競争心をなくし、全身全霊をもって事に臨む、無心の状態をもたらしたものではないかと思います。それから受験者は同じ七段ですが、下手をつかう気位が大切だと思います。その気迫と気位で臨み、気

攻めによって相手を引き込む「つくり」ができれば、2分間のなかに必ずや技を捨てる時が来るものだと思います。

最後に、これまでご指導をいただいた恩師をはじめ、先輩・剣友・教え子・保護者など、私を支えてくださった方々との出会いを縁に、貴重な経験をさせていただきながら剣の道を歩ませていただいています。とくに、故大野操一郎先生には自宅から10分、松江市の常教寺にお帰りいただき、亡き後もご指導をいただいています。家族でお参りすることしかできませんが、いつも「何しに島根に来たか」と問いただされています。このご恩に報いるべく、ひたすら精進していく覚悟です。

六、3年計画で合格プランを立てる。次があるからの気持ちを捨て去った

私がすすめる八段合格のための十か条

44

末野栄二　鹿児島県

すえの・えいじ／昭和23年鹿児島県生まれ。父栄より剣道の手ほどきを受ける。鹿児島商業高校から鹿児島県警察へ奉職。全日本選手権大会優勝、全国警察官大会個人優勝、全剣連設立50周年記念八段選抜大会優勝など。鹿児島県警察本部教養課主席術科師範にて退職。現在、全日本剣道連盟理事、鹿児島剣道連盟理事長・審議員、㈱ガードシステム鹿児島顧問。平成11年11月、八段合格。同20年5月、剣道範士。

八段審査を控えた平成7年、警察学校から種子島署に異動しました。離島ですから剣道を続けるにはたいへん厳しい環境です。中学生と2人で稽古したこともありました。このような状況ですから、稽古量は質量ともに激減し、剣道の力はみるみるうちに落ちていったことは言うまでもありません。走り込みや筋力トレーニングをおこない、基礎体力の維持をはかりましたが、剣道は稽古をやってナンボの世界です。市内にいた頃の貯金を切り崩すばかりでした。

平成9年に鹿児島市に戻りました。稽古環境は申し分ありません。ところが剣道勘がなかなか戻りませんでした。先生方に稽古をお願いすると、すぐに息が上がってしまい、打突の機会にも身体が反応しないのです。

審査は種子島時代から受けていましたが、受かるはずもないと思いながらの受審でした。結局、剣道勘が戻るまで2年近くかかりました。その間、感じたことを左記にまとめさせていただきます。

一、八段受審は

七段を超える実力が必要であるのは当然であるが、八段を超えて範士のような剣道をしても合格は難しい。受験時に八段相当と認められることが必要である。

悪いところが一つでもあると合格できない。

二、稽古では八段の先生等に指導を受ける

懸かり稽古の気持ちで稽古することも大事であるが、八段を遣う気持ちで稽古をお願いすることも大切である。

三、稽古では2分間内（試験の時間）で自分の剣道観を表現できるようにすること

2分以後はその付録と思ったほうが良い。

四、気勢

素晴らしい受験生が多い中で、目立つためには旺盛なる気勢が必要である。

自分が主役で、歌舞伎でいうところの「見栄を切る」ような気位が大事である。

五、打突

冴えた打ちも必要だが、力強い打ちのほうがまだ必要である。

当てた打ちは認められない。打ち切る打突が必要である（刀法の原理）。

六、間合と位取り

遠間から自分の間合にいくまで、じっくりと楽しむ気持ち。

一足一刀の間合に入ってすぐ打突すると、「ため」がないため、打ち急ぎになってしまう。「ため」が多過ぎると「近間」になってしまう。

当たらない間合より、やや近くても良いから当たる間合のほうが良いのかもしれないが、「近間」で我慢するのはいけない。

七、足の捌き

足を軽々しく動かすのはよくない。

自分が正中線を取っていれば、動かす必要はない。相手から取られているから足を動かさなければならないことになる。

動かさないようにできるだけ我慢すること。打突して来た場合の体（足）捌きは良い。

八、技

①しかけ技

とび込み面、とび込み小手、双手突きの3技の組み合わせ。

小手・面の連続はいけない。小手を打ち切って当たらなければ面にとべば良い。

とび込み小手が当たっても、相手が動じていない時は面までいく。

②応じ技

ここと思ったら、思い切り（捨て身で）打って出る。打ったら瞬間的に突き抜ける勢いが大切である。

何でも良い。応じ技とは若干違うが、一番良いのは出ばな技である。

出ばなは狙って成功することはない。

押さえ小手は良い。開き面はいけない。開き面は逃げて打っているように見える。

九、構え

堂々とした構え、審査時に構えを変えても審査員にわかってしまうし、技が出ない。

平素から十分構えに注意して稽古することが大切である。

頭持ちを大切。前後左右に動くのはよくない。特に後ろへの動きと左右への動きは逃げに見られる。

十、着装等

平常から注意しておこなえば、特に問題はない。

人に見られるわけであるから、失礼のないように。

新郎が古い洋服で皆の前に出るわけがない。

面縁の塗りが取れていれば、塗っていく事前準備も大切。

面を着けたら、小手まで着けて立つ。立つ時に背中に膨らみが出る場合もあるが、立った後、審査員に見えないところで直したら良い。

何のために剣道をするのか自分に対する問いかけからはじめた

45

池田和夫　青森県・会社役員

いけだ・かずお／昭和23年青森県生まれ。県立青森高校から東京教育大学に進み、卒業後、青森県高校教諭を務める。全日本選手権大会、都道府県対抗、東西対抗、国体、全国教職員大会などに出場。現在、不動産管理業のセリーンコーポレーション代表取締役社長。平成12年11月、八段合格。

私は、平成9年11月48歳で八段審査を初受審し、翌年11月2回目の受審をいたしました。1回目のときは、それまで多少なりとも全日本剣道選手権大会など全国大会で経験させていただいたことの延長線で一本勝負のつもりで臨みましたが、無駄打ちが多く不合格。2回目は、形にとらわれすぎて打突の機会を見逃してしまい不合格。あらためて八段審査の厳しさと自分の未熟さを思い知らされることになりました。

このままただ漫然と、また、やみくもにやっていても合格は覚束ないだろう。どうしたらよいかと考えた末、まず、何のために剣道の修錬をするのか、何をどのようにすればよいのか、自分に対する問いかけからはじめました。結論は、急がばまわれ、結果を急いで求めることをしないで、自分の剣道を見直し、向こう十年、あせらず、我慢強く基本を一歩一歩積み上げていくしかないと思いました。そのように考えたら何か肩から余分な力が抜けるような思いと同時に意欲が湧いてくるのを感じました。

基本的な心構え。自らの土壌を耕すことが先決

1　計画性をもつ

作成にあたっては、画竜点睛を欠くような実現不可能なものにならないよう、とくに実効性に注意をし、また、自分で決めた以上は自己責任において葛藤にうち克つことが修錬の第一歩と考えました。

2　稽古時間の確保

およそ社会人でそれなりの年齢になれば、立場上なかなか思うように稽古時間をとることが難しくなりますが、道場での稽古だけが稽古ではないし、独り稽古や剣道について考察することも含めてできる限りの時間の確保に努めました。

3　正師を求める

「正師を得ざれば学ばざるにしかず」「吾以外皆我師」といわれるように、良い師に教えを請うことが大切であることはいうまでもないことです。しかし、その場合においても、砂に水がしみこむように、まず自らの土壌を耕すことが先決であり、そのためには先達の著した書物を熟読玩味する必要がありま す。まさに「本もまた師」であり、私は、井上正孝範士の『正眼の文化』を何度も読み返し理解に努め

ました。

具体的実践方法。独り稽古で予習・復習をくり返す

1　剣道理念の正しい理解

先人が命がけで到達した剣道精神は、自己の悪心・慢心を斬り、己に克ち、自己修養することであり、その精神を具現化したものが剣道理念であります。剣理とは、無理なく・無駄なく・無法なく打突の合理性を追求することであり、剣法とは、刃筋を立て・物打で引き切る、あるいは押し切る法則を意味する。要は基本を正修し、剣徳を涵養し、日常に実践することにより立派な人間になることであります。

2　自分の剣道の見直し

もとより未熟者でありますので、欠点だらけであります。しかし、欠点の矯正だけに固執すると意欲がそがれることになりかねないので、致命的なものだけ（ひかがみのゆるみ、右手に力が入りすぎる）を素振り・切り返し・打ち込みで直すことにしました。技においては、身体的特徴（形・機能）において、それぞれ個性的であってしかるべきであると思います。私の場合は、不器用でありますので、面技ひとつにしぼり、自信として体感でき、かつ自然に発現できるようになるまでくり返し体に覚えこませるようにしました。

3　独り稽古

自宅の庭において、季節・天候にかかわらず、たとえ5分でも10分でも毎日欠かさず実行しました。木刀・刃引き・竹刀（小手をつけて）を使い、はじめに素振り、次に打ち込み台を相手に、構え・手の

内・呼吸法・一拍子の打ち・刃筋・間合・打突の機会（イメージ）・残心などについて一本一本ていねいに確認しながらおこないました。

4　道場での稽古

県警機動隊、青森刑務所、尚道館（館長・山野辺辰美範士）等において稽古させていただきましたが、毎日はできないだけに貴重な時間を有効に活用するため、独り稽古で予習したことを真剣に一本一本の打突に表現できるように、また、反省点を独り稽古で復習するようにしました。打ち込み・かかり稽古を積極的におこない、不動の構えに通ずる気迫・捨て身の精神を養い、間合（自分の打ち間）を理解し、手の内・打突の強さ・正確さを養うとともに精神的・肉体的持久力の養成に努めました。これからも打ち込み・かかり稽古の大切さを肝に銘じていこうと思っております。

先生方の教え「行き詰まったら基本に戻れ」

参考までに、先生方からいただいた教えをご紹介します。

・林　正雄範士
「切り返しは剣道の基本。行き詰まったらしっかりやりなさい」

・新岡精弥範士
「剣道に二本目はない。打たれることを恐れず捨て切れ」

・高木清一範士
「本を読め。教養を身につけよ」

・岡憲次郎範士
「卒爾に打つべからず」
・工藤晴弘範士
「ひかがみを伸ばせ。右手の力を抜け」
・山野辺辰美範士
「間合を知らぬ者は八段にはなれない」

私は、平成12年11月3回目の受審ではからずも昇段させていただきましたが、いま振り返ってみたとき、審査会においては、単に打った打たれたということだけでなく、その時までの剣道を学ぶ心構えをいかに醸成してきたかを客観的・総合的に評価をしていただくという謙虚な気持ちで臨むことの大切さを教えていただいたという気がしております。

今後とも連続性（不断の稽古）のなかに非連続性（新たなる自己発見・新たなる発想）を求めて努力していきたいと思っております。

追いかけるから遠ざかる無我に徹し、ただ精進あるのみ

46

太田欣之　香川県

おおた・よしゆき／昭和22年香川県生まれ。県立小豆島高校から大阪歯科大学に進み、卒業後、地元で歯科医院を開業。平成19年7月閉院。現在、香川県剣道連盟理事、小豆郡剣道連盟名誉会長。平成13年5月、八段合格。

「仏作って魂入れずの稽古になっているぞ」と、作道正夫師（大阪体育大学教授）から思いがけないアドバイスを頂戴した。

師の教えに従い、信念をもって懸命に出稽古に励んでいると思い込んでいたときである。八段を受験しだして、4年の歳月が過ぎようとしていた。なぜ、そのように映ったのか、情けなかった。しかし、歯科医師としての本分を忘れ、背伸びして八段を欲しがる卑しい稽古になっていたことへの忠告だったと思えるまでにそう時間はかからなかった。ひんぱんに師の元に通い、稽古不足を補って

いるという思い込みが、いつの間にか甘えとなり、心を凍らせていた。

段位や職業などには関係なく、生活の一部としての剣道を日々淡々と行ずるように学んでいたし、自分でも実行していたはずなのに、八段という一つ所にとらわれ、頑張らなくてはと思い詰めている自分がいた。

ここ数年は稽古を休む勇気さえなかった。

稽古好きで通っていて、どこにでも防具持参で出向いていたころである。

心身共に凍りついた、ゆとりのない状態を打破するために、私は何をどうすれば良いのか考えた。

その結果、八段への「利己的こだわり」が、私の剣道修行に大きな障《さまた》げとなっていたことに気づかされた。合格したいがためだけの剣道になっていた。心の修行を疎かにし、私欲・我執で打突を競い、相手のことなどかまわず、自分勝手な剣道になっていた。信念のつもりが心まで乱して頑迷になっていた。

そのことが理解できてからは、毎日の生活を力まず送るよう努めた。

不動智の真理である「こだわりの心が全く無い境地」を何となく実感できるようになったとき、防具を着けてする稽古だけが稽古ではなく、実生活のなかに多種多様な稽古が含まれていることが自覚できた。

無我に徹し、ただただ精進するのみ……。追いかけるから遠ざかり、無視すれば向こうから近寄ってきたと思える合格でした。

八段合格への扉は、八段にとらわれないことから開き始めたような気がする。

八段合格への12ヶ条
心を開くと効果が上がった

47

三宅　一　神奈川県

みやけ・はじめ／昭和25年福岡県生まれ。県立嘉穂高校から亜細亜大学に進み、卒業後、神奈川県警察に奉職。全日本選手権大会3位、東西対抗出場、都道府県対抗3位、国体優勝3回、全国警察官大会団体優勝2回など。現在、神奈川県警察名誉師範、神奈川県警察学校術科参与。平成18年11月、八段合格。

当時、神奈川県警察剣道副首席師範として勤務していました。その中で、手本となる歴代師範の先生方をはじめ、特別訓練員との稽古ができる恵まれた環境であることが合格につながった最大の要因であると思います。私がこの11年間で心がけたことをご紹介します。

一、基本を中心とした稽古

（素振り、切り返し、遠間からの打ち込みを反復稽古に努めた）

一、**先を取る稽古**
（気力の充実をはかり、一歩も引かないという気持ちで立ち合い、初太刀を許さず、初太刀を取る稽古に努めた）
一、**一本一本の打突に全力集中した稽古**
（とくに、どのようなときでも全力で打ち切ることを念願に技を出すことの一念で稽古に励んだ）
一、**気力の集中をはかり、稽古をおこなうこと**
（礼法から心の緩みがないよう心がけ、事の始めは礼法からと心に戒め、稽古に励んだ）
一、**「技は気を起こさず、気こそが技を起こす」と心に戒めた**
（自分の剣道は技術的にも、素質的にも、体躯にも恵まれているわけではないため、気力の充実が一番と思い、稽古に励んだ）
一、**目標を設定して稽古をおこなった**
（年齢、自分が置かれている立場を考え、残りの稽古日数を１０００日１０００回と心に刻み、稽古した）
一、**「相手の攻めに対して手元が浮くは、心の乱れ」と反省し、稽古した**
（人の心は防衛本能が強く、構えを崩す状況や場面が多々あり、中心線から剣先を外さないようにした）
一、**呼吸と蹲踞、呼吸と構えを意識し、反復稽古をおこなった**
（通勤時のバス、電車、徒歩のときに常にイメージして自然にできるよう心がけた）
一、**足・腰の鍛錬に努めた**
（年齢を重ねるごとに瞬発力、体力などが低下するため、機会あるごとに、歩くように努めた）

一、ベストな体調で稽古に臨めるよう心がけた

（病気しない、ケガしない、気にしないということを頭に刻み込んだ）

一、心のバランスと身体のバランスの調和を心がけた

（行き詰まり、精神的に不安定な中で稽古をおこなう状況があるために、自分の調子のよいときをイメージして稽古に励んだ）

一、稽古量では負けてはいけないと念頭に置いた

（現在の自分の年齢、および技術、体躯などを考え、人よりも一本でも多く稽古をおこなうことで結果が出ると信じて稽古した）

以上のことを頭に置いて稽古に努めました。人の心は失敗をくり返すことにより「迷い、苦しみ、あきらめ」といったいろいろな雑念が交差し、これを剣道修業で払い、無の境地に達することが理想であり、最高の修業ではないかと考えています。しかし、私にはほど遠い道だと考え、心のよりどころを持つことが一番の近道ではないかと思いました。「心の師・先輩・家族・趣味」など、なんでもよいと思います。心を開くことにおいて、安らぎを感じることができました。以上のことで、精神的充実が生まれ、新たに挑戦していく気持ちが出て、全力で稽古に打ち込むことができたと思います。

また、自分が実践したことを心から信じて、事に挑むには「勇気」を持って、一歩前の精神で受審をしたことが、よい結果を生み出したのではないかと思います。合格し、日々が増すごとに、よく合格したと思うことが正直な実感です。これからは、この段位の重さと責任感を胸に刻み、精進努力をしていく覚悟ですので、ご指導のほど、よろしくお願いいたします。

身体づくり、動きづくり、心づくり 生涯剣道への三本柱をつくり直す

48

谷　勝彦　群馬県・教員

たに・かつひこ／昭和32年群馬県生まれ。新島学園高校から筑波大学に進み、卒業後、群馬県高校教諭となる。全日本選手権大会、都道府県対抗、東西対抗、国体、全日本選抜七段戦などに出場。全国教職員大会団体優勝3位各1回。現在、群馬県立前橋工業高校教頭。平成16年11月、八段合格。

私より熱心に立派な剣道を実践され、さまざまな観点から剣道を追求し研究されているたくさんの方々がいるなかで、先般の八段審査会（東京）において、はからずも合格させていただきました。今回の結果に対しては、うれしさや驚きとともに戸惑いも感じています。

私は過去2回、八段審査で不合格となりました。とくに2回目の審査後は「いったい自分は何をしようとしていたのか?」と強く感じました。簡単にいえば、何のために剣道をしているのか、してきたのかという自分の剣道の原点に対する自問自答です。八段位は確かに目標としてきたものです。しかし、

それが目的であったのか、という問いでした。そこで私はもう一度、原点を確認し、生涯剣道を見すえての身体づくり、動きづくり、心づくりという3つの柱を自分のなかにしっかり立て直す必要があると思いました。

早朝ランニングで下肢を鍛える。機会を打つ稽古と間合取りに注意した

現在の年齢、技量、環境で自分ができること、しなければならないことを考え、身体づくり、動きづくり、心づくりという3つの柱を立て直す具体的な取り組みを試みました。

●身体づくりへの取り組み

はじめに、動ける身体をつくる、（さらに高いレベルで考えるならば）反応できる身体に近づけるということから始めました。

地方で教員をしていると、たとえ高校生相手でも稽古不足になりがちです。切り返しや打ち込み稽古などでもつい自分に甘えてしまいます。そのせいか、いつしか体重も人生で最大値を記録していました。そこで今までおこなっていた朝のランニングの回数や距離を増やしました。併せて朝食の改善を図り、約8キロ減量することができました。

もちろん若い頃と比較すれば、筋力的に劣っていることは否めません。しかし、絶対的なスピードやパワーは、現段階で自分にとって必ずしも必要とは考えませんでした。この他にも、ランニング後には必ず柔軟運動をおこなうようにもしました。また、学校の授業では、生徒といっしょにできるだけ積極的に動くことを意識しました（同じ動きは無理ですが）。このように無理のない継続できる身体づくり

を考え、反応できる下肢づくりをおこなえたことは、大きな成果であったと思います。

●動きづくりへの取り組み

私は1、2回目の審査のときは、どんな技をどのように使うかということにこだわりすぎていたように思います。自分本来の剣道を忘れ、審査のための剣道になっていたということかもしれません。そこで今回は今までの剣道実践のなかで自分の一番得意な技は何か、好きな打突の機会はどこかを考えました。

打突の前後には構えがあります。「自分にとって、充実した構えはどのような構えであったのか」を考え、基礎・基本を大切にした一連の動きづくりを普段の稽古で心がけました。たとえば、自分が理想としている充実体（構え）からの攻め、詰め、溜め、出頭や相打ちを狙った捨て身の面打ちです。さらには左足、左腰、左拳の保持の仕方や使い方、間合の取り方にポイントを置いて取り組んでいきました。こういったことが思わぬ結果に結びついた要因のひとつであると感じています。

●心づくりへの取り組み

大きく分けて2つの場面での心づくりがあったと思います。ひとつは、どのような心構えで毎日の生活や普段の稽古に取り組むかということです。私は2回の審査失敗後、「剣道修行における一過程の評価が審査である」と八段審査を自分なりに意味づけし直しました。そのときに、今までの力みが抜け、スッと腹におさまった気がしています。

もうひとつは、審査当日のメンタルコンディショニング（心の整理）です。最初のころは受審できること自体がうれしくて、審査そのものに集中できていませんでした。しかし今回は、自分のおこなうべきこと、よい立合ができたときのイメージを頭のなかでかなり維持することができました。動きづくり同様、具体的かつ理想的なイメージを頭のなかに持ち続けて集中することは、幸いにもその場面に遭遇したとき、とても大きな成果をもたらすと再認識しました。

※

剣道では「一刀は万刀に化し、万刀は一刀に帰す」といわれています。すべては基礎・基本から始まり、そして終わるのであろうと思います。余分なものを削ぎ落としたシンプルな姿に、本質があるのかもしれません。できることをできる範囲で、これからも取り組んでいきたいと考えています。何か参考になるようなことがありましたら幸いです。

49 段は与えられるもの謙虚になって稽古を重ねた

山本重美　富山県

やまもと・しげみ／昭和18年富山県生まれ。県立福野高校から富山県警察に奉職。師範の板橋友吉、岡田茂正、庵外晶各先生に指導を受ける。全日本選手権大会、東西対抗、都道府県対抗、全国警察官大会などに出場したほか、富山国体にて優勝。現在、全日本剣道連盟評議員、富山県剣道連盟副会長兼理事長。平成14年5月、八段合格。

剣道八段は「離れ小島にたどり着くようなもの」と聞かされていました。ですから私にとっては、「夢のまた夢」であると考えておりました。これまで何度か受審してまいりましたが、これは自分の勉強のためで、剣道を志している以上、少しでも皆さんに近づきたいという気持ちがあったからです。今回、まさか自分が八段に合格させていただくとは思ってもいませんでした。

私は、昭和38年に富山県警察に奉職し、高岡署に引上特練生として3年間の在職ののち機動隊で15年間の剣道特練生活を致しました。この間、昭和45年から、故板橋友吉範士のすすめで、少年剣道の指導にたずさわることとなり、昭和58年には、本県警察学校の剣道教官として後進の育成にあたり、昭和61年八尾警察署時代には、御門保育所の園児や、婦中町少年剣道の指導、そして一般剣道の愛好家等との一貫した稽古環境にめぐまれました。ですが、警察という特殊な仕事の中で稽古を続けることは非常に困難な面が多く、よき剣道に対する理解者を得たおかげであると深く感謝しております。

私は、試合や稽古の中で、人がいい技を遣ったり、良いご指導をいただいた場合は、必ず試してみることにしています。そして研究と工夫をして納得がいけば、徹底して実践し体得することに心がけました。

特に、二〇〇〇年富山国体に向けて各地を遠征しました際には、諸先生方から貴重なご指導をいただいたことは大きな財産になりました。

また、私が七段に挑戦中の折、鳥取の山根幸恵先生が受審者を前にして

「段は、審査員から与えられるものだ。
自分で取りに来るものではない。だから
謙虚な気持ちで稽古をしなさい」

といわれたのが心に焼きつき、早速手帳にメモをし、「謙虚」という言葉を、職場の机の上に置いて毎日心に言い聞かせました。

昨年（平成14年）5月に八段審査を受審する際も合否はまったく頭になく、自分の今まで稽古に取り組んできた姿を審査員の先生方に判定してもらうという気持ちで臨みました。欲もなく、何のわだかまりもなく受審できたのがよかったと思います。

八段は、「ロマンであり悲劇である」とある先生からお伺い致しました。他の模範としてこの存在と

責任の重大性ははかり知れないものがあります。合格後は、机の前に座る時間も日増しに多くなり、また寸暇を惜しんで稽古に明け暮れています。

昨年の暮れに小さな家を建てました。そこからは、霊峰立山が一望できます。ですが、立山が本当にきれいだとみえるのは、年に一度か二度です。剣道でも、相手の心をとらえた会心の技が出るのは、年に何回あるでしょうか？　そうした技が、日々の稽古の中で一本でも二本でも多く出せるよう稽古に取り組まなければと、八段になってさらにその思いが強くなりました。それと共に、今後、指導力の向上や剣道の普及発展等に貢献するという重大な責任がありますが、謙虚さを忘れず精一杯の精進をしたいと考えています。

3年計画で合格プランを立てる
次があるからの気持ちを捨て去った

50

伊藤要三　東京都

いとう・ようぞう／昭和23年秋田県生まれ。秋田経済法科大学附属高校（現・明桜高）から日本大学に進み、卒業後、警視庁に奉職。阿部三郎、谷崎安司、須藤孝男各先生に師事。平成17年11月、八段合格。


これまでの八段審査においては、不合格であっても、「また次回があるから」と自分を慰め、八段に向けての真剣味が足りなかったように思えました。

同僚や後輩が合格していくなか、自分だけ足踏み状態が続き、気持ちを据え、その間に合格に向けて3年計画で稽古に取り組みました。

そこでこの間に心がけてきた事項について述べさせていただきます。

八段位の稽古から学びとる。自分の剣道との違いを具体化した

ただ単に稽古するだけでなく、「百聞は一見に如かず」であることから、初心にかえり、八段取得者の稽古を目で見て、身体で感じ、それを試すことにしました。

過去の八段審査合格者の実技、剣道祭の八段の立合、武道館の月例稽古会、西東京合同稽古会、そして職場の先生にお願いして共通していることを体感しました。

①構え

左手が中心におさまり、背筋が伸び、ゆとりと風格、そして威圧感があること。

②攻め

一足一刀の間合から中心の攻防と気の溜め、相手に悟られない左足の引きつけ、機会を逃さない腰の備えがあること。

③打突

いつでも打突できる足腰、気の備え、機会をすばやく察知し、身を捨てて一拍子で打ち切っている。

④残心

打突後もさらに打ち抜く身体の伸びと左足腰が備わり、次の動作に対応できる体が備わっていること。

その他に目に見えない呼吸法、発声法、そして中心を外さない竹刀操作、品格、気位なども感じました。

準備体操から全力で発声。稽古は打突のプロセスを大切にした

この良き手本に少しでも近づくため、次の方法で稽古をしました。幸い職場には、整った道場と大勢の剣道仲間がいることから、自分の心がけひとつで稽古できる環境にあります。しかし、好条件であるがゆえに惰性に流され、稽古がマンネリに陥りやすいことから、次の事項を心がけました。

①積極的に若い者に混じり準備体操や素振りから、大きな声を張り上げ自分を奮い立たせ、気持ちの集中をはかりました。

②早朝には、筋力トレーニング（かけ足、腹筋、背筋、腕立てなど）、また鏡に向かい（構えの姿勢、左足の位置、足腰の平行移動、木刀での素振り、すり足など）の矯正をはかり、これを稽古で実践するように心がけました。

このように自ら課題を設け、目標を見失うことなく取り組むことにより短時間の稽古でも意欲が湧き、集中できました。

稽古の内容は、諸先輩方となんら変わりないと思いますが、1回1回の稽古を大切に集中しておこなうようにしました。

①どんな相手（低段者）に対しても審査を想定した正しい礼法と所作を心がけました。

②「当たった」「打たれた」ことだけに一喜一憂することなく、気で攻め勝ち基本に沿った打ちを心がけました。

③稽古の終わりに体・全身を使った切り返し、打ち込みを取り入れ、伸びのある打突を心がけました。

・一息の切り返し

・遠（近）間、裏表からの打ち込み
・相手の技に対しての対応技
・連続打ち込みなど

なにかが変わってきたような感じがします（自己満足かもしれませんが）。

前回、体調を崩し八段審査を断念した苦い経験から、体調にも考慮し見取り稽古や休養も稽古の一環と考え、メリハリのある稽古を心がけました。

審査では、全国の有名な先生ばかりで構えただけで圧倒されそうですが、「必ず合格する」という信念のもと「俺には○○がある」と得意技を自分に諭し、気持ちを腹に溜め、全力で立ち向かいました。

過去3回、二次審査で失敗した原因を反省してみると「途中時間が長く感じられたり、次はなにを打とうか」などの雑念が浮かび、集中心や闘争心に欠けるところがあったことから、今回は最後の最後まで神経を集中させ、無心に掛かる気持ちで臨みました。

今回、幸運にも合格させていただき、上司、諸先生、諸先輩そして剣友の皆さまにこの場をお借りしてお礼申し上げます。浅学非才ではありますが八段に恥じない心構えで初心を忘れることなく精進したいと思います。

八段合格につながった五つの取り組み

51

久保木　優
東京都・大学教授

くぼき・まさる／昭和23年神奈川県生まれ。日本大学高校から日本大学に進み、卒業後、日本大学助手となる。全日本学生選手権大会優勝、全国教職員大会団体優勝、国体、都道府県対抗、東西対抗などに出場。現在、日本大学教授、日本大学剣道部監督。平成13年11月、八段合格。

私が八段を初めて受審したのは、平成7年の八段審査受審資格が満46歳以上に改定された年でした。受審のための特別な準備はせず、従来どおりの学生相手の稽古をしていただけでした。結果は不合格でした。

その後、同期や後輩たちが次々に合格していくのをみて、いまの稽古の仕方ではどんどん追い越されてしまうことに気づき、今までの反省を踏まえ本格的に取り組んだのが合格する3年前でした。

そこで私が八段合格するまでの3年間に心がけて取り組んだことを述べさせていただきます。

一、自己反省と自己分析

八段に合格するために必要とされるものとしては、風格、気位、姿勢、気攻め、打突の機会、技の冴え、残心などが挙げられると思う。いまの自分に何が不足しているか、また稽古のあり方などについてよく反省し分析してみた。

二、学生相手の稽古

職業柄、学生との稽古が多いため、稽古の内容の充実をはかった。学生たりとて、はじめの2分間は試合のつもりで気を抜くことなく、初太刀と攻めを大切にするよう心がけた。

三、出稽古

機会を見つけて出稽古をすることを心がけた。先生方に稽古をお願いすると同時に、八段受審をめざしている方々と極力稽古をすることにし、ここでも初太刀と攻めを大切にした。

四、八段受審者講習会

年2回本審査の2ヶ月前におこなわれる受審者講習会は必ず受講することにした。この講習会は、本審査で実際に審査に当たる先生方から直接ご指導が受けられる。グループごとに本番に即した立合をおこない、各人が先生方から講評をいただき、その後、指導稽古をしていただいて、総評と重点事項のご指導とともに、各人の立合の評価表を受け取ることができるという講習内容でたいへん勉強になった。

とくにこの講習会を受講して、心に残り、その後の稽古に常に心がけた先生方のお話を書き記したいと思う。

・森島健男先生の「初太刀一本を大切にしなさい。初太刀一本に千本の価値がある」というお言葉。

・長島末吉先生の「攻めて、攻めて、攻め勝ったところから身を捨てて打ち切ること」というお言葉。

五、稽古で心がけた面打ち

稽古では次のような面打ちを心がけた。

・遠間から気で一足一刀の間合に攻め、なおかつ一足一刀の間合から気で攻め、攻め勝ったところでの面打ち

・遠間から気で一足一刀の間合に攻め、なおかつ一足一刀の間合から気で攻め、相手が打とうとした瞬間をとらえて、相手の出ばなを打つ面打ち

・遠間から気で一足一刀の間合に攻め、なおかつ一足一刀の間合から気で攻め、（相手を引き出す）相手が面を打ってくるところをすり上げての面打ち

以上のことを心がけたわけですが、何といっても前述のお二人の先生をはじめとする諸先生方のお言葉を理解し、稽古に励んだことが、八段合格に結びついたと思っております。

七、詰めた稽古、気を抜かない稽古、苦しい稽古が合格をもたらした

詰めた稽古、気を抜かない稽古、苦しい稽古が合格をもたらした

52

笠村浩二　神奈川県・警察職員

かさむら・こうじ／昭和26年熊本県生まれ。鎮西高校から神奈川県警察に奉職。全日本選手権大会5回出場、全国警察官大会団体・個人優勝、国体3位3回、全剣連創立30周年記念選抜大会、東西対抗、全日本選抜八段優勝大会などに出場。現在、神奈川県警察武道館長兼剣道首席師範。平成14年11月、八段合格。

私は、平成14年11月、八段に合格しました。病気のため、まったく異なった状況にあり、再び道場に立って竹刀を握ることができる喜びを噛みしめていたところでした。

以前に、森島健男先生から

一、人間は死ぬほどの病気をやると、なにくそという気持ちになるはずだ。

二、剣道ができなくても修行がたくさんある。

三、ほんとうの修行は稽古だけではない。

と話されたことを記憶しています。そのことが根底にありました。なにくそ必ず復活して剣道をやるんだ、ただその一念だけでした。

打ち込み・掛かり稽古を必ず励行した

私は、審査にあわせて特別こうやったということはありませんが、ただ稽古だけでなく、打ち込み・掛かり稽古をおこなうようにしました。

打ち込みの場合は面なら面に簡単に届く間合ではなく、さらに相手と触れ合う剣先をなるだけ遠くして打ち込められるように、何度もくり返し、足や体に負荷をかけて、そこから竹刀の「物打ち」部分で確実に捉えられるように大技で打ち込みをしました。

掛かり稽古は短時間で息が上がるよう、とにかく前に出ることに重点を置く稽古を心がけました。それから、審査であれ試合であれ、勝負に使用する防具一式は己の身を守る「武具」であり、甲冑《かっちゅう》と同じではないかと思います。

先人たちが戦場において命をかけて戦《いくさ》した時代のことに思いを馳せ、いざ戦場に赴くことを考えると、防具の取り扱い方や竹刀（刀の観念）で審査や試合に臨む取り組み方・考え方が必然的にかわっていくのではないでしょうか。

我が師である故古荘義廣先生から剣道の基礎を教わりました。

先生がよく話されたことは、「武道は命をかけてやらねば神髄はわからない」。また「誠・努力・思いやり」精神訓話をよく稽古後に正座しながら聞いたことを覚えています。

さらに、長い人生を生きていくうえでの人生の指針をわかりやすく説明し、剣道即人生について教えていただきました。

また、鎮西高校では川上貴史先生の教えをいただき、高校3年時には一川一先生が赴任し、指導を受けました。

漠然と馴れ合いで稽古をしない

人それぞれにあった稽古方法があると思います。しかし、それは稽古の内容・中身だと思います。私は自分なりに心がけたいと思っていたことは、一つ一つの稽古を疎かにしない稽古をしていきたいと思っていたのですが、果たしてできたかどうかわかりません。そうありたいと願って稽古することを心がけてきました。

ただ漠然と馴れ合いで稽古を続けるよりは、詰めた苦しい稽古を集中しておこなえるように、どんな稽古でも集中できればと思っていました。少しでも相手と対峙したときに、己の気迫・集中力・気力が抜けて途切れたりしないように、もしその部分が欠けたならば、そこが隙となって相手から付け込まれて打ち込まれるのではないでしょうか。

詰めた稽古・気を抜かない稽古・苦しい稽古をすることにより、集中が夢中になり、無我夢中となり、一心不乱になりきり、「無心」の境地に少しでも近づけられるように修行していきたいと思います。

審査に限らず、試合中に素晴らしい技が決まって勝利したことを記憶しています。

そのなかでも、日頃稽古で出してもなかなか自分の気持ちのなかで納得するような打ちでないのに、無意識のうちに会心の技が出たことがあります。そのときのことは今でも忘れることができません。もう一度やろうと思ってみてもなかなかできるものではありません。誰にでも剣道を続けていると、そういう経験があるはずだと思います。

体が仕事をしてくれるまで稽古を積む

私は、同郷で高校の大先輩であり、英国グラスゴーで開催された第12回世界剣道選手権大会の日本代表監督でもある小林英雄先生からたびたび指導稽古やいろいろお話を聞ける機会があり、たいへん恵まれた環境にあります。

以前に、そのことについて「体が仕事をしてくれるんだよ」とおっしゃり、次の4つの要点を示してくださいました。

一、頭の天辺から足の爪先まで神経がピリピリと行き渡っていないといけない。
二、相手と構えたら微動だにしない。
三、相手から浮き出されているようではだめだ。
四、剣先に気が乗って伝わってこなくては。

と話されたことがあります。

一つ一つの稽古を疎かにしないで気を抜かない。無我夢中で一所懸命になって「苦しい稽古」を求めていくならば、それが大事な場面で無意識のうちに出るのではないでしょうか。

たくさん稽古をし、身体で会得し体得して「体が仕事をしてくれる」にほかならないのではないでしょうか。

森島先生は、
一、頭で考えているようでは本物にならない。
二、どういう稽古をしたらよいかを考える。
三、どういう修行をしたらよいかを考える。
四、求めていかなければ本物にならない。
と話されたことがあります。

また私は、故西山泰弘先生の道場に稽古をお願いしにいくことがありました。先生からは、稽古についてのお話や剣道修行・剣道の稽古のあり方など、剣道の心構えを指導していただき、たいへん勉強になりました。

そして西山先生が常に話されたことは「階段が百段あると思って登っていると呼吸が苦しくなってくる。階段が百二十段あると思えば、まだまだ登れる」。これは「残心」のたとえですが、気持ちが百段と思えば、それでフーッと抜けてしまう。その上がまだあると思えば気が抜けない。その気持ちが残心だ。そういう心がけが大事であることをお聞きしました。

これからは、階段の第一歩を踏み出し、初心にかえり、さらに精進していきたいと思っています。

いつでも・どこでも・誰とでも「先」の気で自分を出し切る

53

渡邉　香　愛知県・大学教授

わたなべ・かおる／昭和26年島根県生まれ。県立浜田高校から中京大学の学部・大学院を修了後、中部大学に勤務。恩師三橋秀三先生を師範に迎えて剣道部指導を始め、以後29年連続全日本学生優勝大会出場。都道府県対抗、全国教職員大会、東西対抗などに出場。現在、中部大学教授・剣道部師範。平成12年11月、八段合格。

大切なのは心の持ちよう

私は、7回目の受審で合格しました。全剣連発行の『剣窓』に「もう一歩」の受審者として番号が載ったのが3度目の受審のときでした。そして初めての一次審査合格が6度目のときです。このとき、二次審査に不合格になって初めて1度目から5度目の審査に不合格だった原因がわかったような気がしました。それは、二次審査が終わった瞬間はこれまでの不合格だったときと同じように自分自身の中に何か釈然としない思いが残りましたが、一次審査に合格したときの立合は終わった瞬間に自分を出し切ったという充実した気分を感じることができたからです。

もっと具体的にいうと、不合格だったときは終わった瞬間に自分自身で不十分な感じを持ちつつも何とか自分を正当化し、「審査員がいいところだけを見ていてくれれば良いが」と勝手なことを考えていましたが、合格したときは「思い切ってできた、日頃の通りにできて良かった」との満足感で、審査員のことはまるで気になりませんでした。

一日の中で、「充実した気分」と「釈然としない思い」の両方を感じたことによって、相手の問題や技術の問題ではなく、自分自身の心の持ちようがいかに大切であるかを改めて気付くことができました。

しかし、心の持ちようというのは抽象的な表現なので、ここでは自分自身の剣道に自信をもって、いつでも・どこでも・誰とでもおこなえるように心がけた「考え方」として紹介します。

試合と審査の相違点

試合と審査で剣道の内容が異なることは望ましいことではありません。しかし、ここでは敢えて稽古の課題を明らかにするために相違点として考えたことを述べます。

剣道を構成する要素には大きく分けて、①間合の攻防、②自らくり出す打突、③相手の打突に対する応じ技、④相手の打突に対する捌き、と四つの要素が考えられます。

試合において最も重要な要素は「有効打突を取得すること」、そして「打たれないこと」です。したがって試合規則第12条、有効打突の条件に見合った②自らくり出す打突、③相手の打突に対する応じ技ができれば、①間合の攻防、④相手の打突に対する捌きは打たれないための、極端にいえば受けるだけの動作で身を守ればよいことになります。

一方、昇段審査では着装・礼法・立居振舞いを含めて①〜④の要素総てに意を注ぐ必要があります。しかし、昇段審査の立合は2分弱と時間が短いので、②自らくり出す打突で確実に有効打突を取ること、さらに③相手の打突に対して応じ技で有効打を取ることに意を注ぎすぎて、①間合の攻防、④相手の打突に対する捌きがおろそかになり、かえって自分自身を苦しくしているのではないか。換言すれば、試合と同じように打つことだけでその前後の対応が不十分ではないかと考えたのです。

立合全体を「先の気」で一本につなぐ

そこで、私は②③の要素と①④の要素を別々に考えるのではなくて、「先の気」で一本につないで考えました。

①間合の攻防は、初太刀を②自らくり出す打突で有効打突を取るために、「相手に十分な構えをさせない」「相手に技を出す機会を与えない」ように剣先と足捌きを駆使し、相手の構えを崩すことを心がけました。間合の攻防からの打突の機会は、相手の隙を待つのではなく、自ら崩して技を出す気構えで攻めます。

②自らくり出す打突は、相手にできた隙を反射的に捉えるのではなく、あくまでも間合の攻防で相手を崩してから自信を持って打突します。結果としてこのことが最後まで打ち切ることにつながるものと考えます。

③相手の打突に対する応じ技は、相手の打ってきたのを応じるのではなく、相手に打たせてそれを対処します。すなわち、間合の攻防とこちらからの攻撃で優位に立っていれば、短い審査時間なので相手も必ず仕掛け技を打ちたくなる。この心境を利用し、剣先を緩めて間をつめて打突の機会を見せて応じ技をおこないます。

④相手の打突に対する捌きは、間合の攻防も含みますが、相手の攻める動作に対して決して受けない。そして足を止めない。腕を突っ張らない決意の表現です。相手の打ちを待っていたり、あるいは気が遅れていると予期せぬ相手の攻撃に手元が浮いて居着いてしまい、十分な対応ができなくなります。

以上の四つの観点から立合全体を「先の気」で一本につないで実行した結果、合格できた審査会では一次審査・二次審査ともに、「思い切ってできた、日頃の通りにできて良かった」との満足感を得ることができました。

ただし、誤解のないように申し添えますが、「思い切ってできた」というのは相手を一方的に打てた、ということではありません。良いところが打てたとは思いますが、返し技で見事に打たれもしました。そして、一次審査・二次審査ともに相手の方（一人ずつ）も合格されました。

以上私見ではありますが、皆様方に何らかのご参考になれば幸いです。

自分のめざす剣道をイメージし、試す稽古から正す稽古を実践した

54

茨木　貴　山口県

いばらき・たかし／昭和17年山口県生まれ。県立奈古高校から昭和37年山口県警察に奉職、紙本榮一範士に師事する。昭和50年交通警察に配属されるまで機動隊で選手として活躍。平成7年警察学校教官となったのを機に八段受審、7回目で合格。現在、全日本剣道連盟理事、山口県剣道連盟理事・審議員および山口市剣道連盟副会長、山口県警察名誉師範。平成14年11月、八段合格。

八段審査は、お互いが「心気力一致」の攻防から、「気剣体一致」の有効打突を競い合うものです。短時間の内に自己の能力を最大限に表現しなければなりません。

したがって、審査の場でどうこうしようと考えてできるものではありません。その備えは、日々目的意識をもって稽古して培われたものでなければ夢を掴むことはできないと思います。

自分のめざす剣道観をしっかり持って、それを実現するための稽古をしなければならないでしょう。

私が稽古をするにあたっての基本的な考え、心がけ、実践していることなどについて簡略に記します。

一、**基本に忠実な剣道を実践する**

・基本の打突に優る打突なし

・基本の技に優る技なし

を信条として、基本に忠実な剣道を実践する。

二、**イメージし、試し、正す稽古を実践する**

・無理・無駄のない理にかなった剣道をめざし、自分に合った一番良いと思った剣道をイメージ（頭上訓練）する。

・イメージした剣道ができるようになるために稽古で試す。試すためには、打たれることを恐れず自得するために稽古をする。

・イメージし、試す稽古から良い面を伸ばし、見習うことは取り入れ、さらに自己の剣道を高めるために正す稽古をする。

私が実践した六つの具体的稽古法

一、**気力・体力づくりをする**

・気力の源は、健全な体力である。同年代者には優るとも劣ることのない体力づくりをする。

・起床時、湯上がり時のストレッチ、日々のトレーニングなどにより、精神的にも体力的にも老いることのないように心がける。

二、スピードと打突力をつける

年齢的な脚力・腕力などの衰えを防ぎ、瞬発力、伸びのある打突ができるようにするため、とくに連続技、送り足の稽古をする。

三、打ち切る、振り切るようにする

素振りが基本となるが、手打ちになったり中途半端な打ちにならないようにする。

足・腰に支えられた冴えのある打突ができるように打ち切る、振り切るようにする。

四、得意技の稽古をする

得意技は、自己の能力を発揮するときに一番頼りにし、また頼りになる技である。精神的、技術的な支えとなる得意技を身に付け、磨きをかけるようにする。

五、気と機の稽古をする

気力、気迫負けしない構え、攻めにより相手を動かし

・打突の機会をつくり出す
・打突の機会をとらえる
・打突するタイミングの勘を養う

稽古をする。

六、一人稽古をする

相対稽古は、稽古時間・場所などに制約されますが、一人稽古は自分のできる時間・場所に応じた方法で稽古をすることができる。

一人稽古でも相対稽古を想像して自宅や道場などにおいて

・姿勢、構え、握り、振り、打ち、足運び

など鏡があれば利用し、自分で自分の状態を見、確認しチェックする。そして相対稽古に生かすようにする。

稽古は自己の剣道を高めるためのものでなければならない。目標をもって、具体的にどういうことを稽古するかを意識し、自得するために稽古することだと思っております。

「言うは易く行なうは難し」ですが、八段合格を励みとし、さらに一歩一歩向上することをめざして精進しなければと思っております。

朝稽古の精神力
夜稽古で学んだ三無のおしえ

55

滝川貞司

静岡県

たきがわ・ていじ／昭和18年静岡県生まれ。県立大仁高校卒業後、静岡県警察に奉職。全日本選手権大会、東西対抗、全国警察官大会、国体、都道府県対抗などに出場。現在、静岡県剣道連盟会長、静岡県警察剣道名誉師範。平成15年11月、八段合格。

昭和57年6月から当時の県警師範井上義彦範士の肝入りで、県警特練選手の強化策のひとつとして始められた朝稽古は、私の修行に多大な影響を与えてくれました。

当初の朝稽古は、故羽賀忠利範士、井上範士の指導のもと静岡中央署道場でおこなっていました。現在は規模も大きくなり、県剣道連盟主催で、連盟道場「養浩館」において開催している。この朝稽古には、県内はもちろん、県外剣士も参加する等、常時30人を超える剣士が、6時～7時までの1時間汗を流しています。

この朝稽古で私が得たものは、「克己」の二文字です。早朝の起床は若かった自分には厳しく、また厳寒時期、この寒さに打ち克つことが稽古でした。つまり朝稽古は竹刀を交えての稽古以前の闘いに勝つことが必要であり、これらのことが、自分の心を鍛える格好の場であったわけでした。

この朝稽古で培われた精神力は、技術を超越した八段審査合格に多大な影響を与えてくれたものと確信しているところです。

故羽賀忠利範士、井上範士が指導された重点は、「初太刀を大切にした稽古」でした。ある年の京都での審査のとき、二次実技まで残ることはできたものの「ことごとく初太刀をしくじった。これでは通るはずがない」（羽賀範士・談）。私は初太刀の大切さ、研究、努力の不足を痛感させられた審査会で、尊い指導をいただいた京都審査でした。

さらに羽賀範士は、「一本の打ち」とは攻めて、崩して、乗って打ち、十分な残心を示すにあり、と指導しています。もとより私にできるレベルの教えではありませんが、攻めて、崩して、までは心がけて稽古を続けました。

しかし稽古を続けても、「乗って打つ」ところまではいけないし会得できるものではありませんでした。遠い先かも知れませんが、稽古の延長線上に置き、見据えて励んでいきたいと思います。

最近は一人でも多くの剣士と剣を交えて指導を受けたい。そんな思いから、夜間の稽古会にと出掛けています。月1回の参加を心がけたのは東レ三島道場（毎週月・木曜19時から20時30分）でした。道場には飯塚才司範士がおられ、「三無のおしえ」を指導の基本とされています

飯塚範士いわく、「無理・無駄・無法の稽古は上達を妨げる」と厳しく指導されています。また剣道七段以上の剣士20名が参加する東レ三島道場の稽古は、修行者として十分満足できる質と量の稽古内容

です。

理にかなった剣道こそ私に足りないものだったと思うと「三無のおしえ」が今回合格のキーポイントではなかったかと思います。

おわりに12年もの間ご指導いただいた先生方はじめ剣友にお礼を申し上げる次第です。

恩師の教えを守り、初めての無心の境地を実践

56

渡邉達郎　群馬県・公務員

わたなべ・たつろう／昭和27年群馬県生まれ。県立前橋商業高校から国士舘大学に進み、卒業後、前橋刑務所に奉職。国体、都道府県対抗などに出場。現在、群馬県剣道連盟強化副委員長。平成15年5月、八段合格。

八段合格の秘訣は？　とよく聞かれますが、私には秘訣も秘密もありません。これまで心技共にご指導をいただいた多くの先生方に感謝しつつ、私なりにやってきた経緯をこれから受審される方々への応援メッセージになればと思い、一筆執らせていただきました。

平成10年、46歳より剣道八段審査に挑戦し、当然のことながらそんなに甘いものでなく、品位・風格・技術と心がすべてにおいて一致しなくては認められず、私自身「夢のまた夢」と考えておりました。ですから今回まさか自分が八段に合格させていただくとは思っていませんでした。

昭和63年、七段に合格し、当時の群馬県剣道連盟会長・故沖昌憲先生（範士八段）より「さあ、これからは八段をめざして稽古をしなさい」といわれた時、予想もしていなかった先生のお言葉に思わず「先生、やっと七段に合格したのに八段は雲の上です」と驚きのあまりこんな返答をしてしまった記憶があります。先生は七段に満足せず、より精進し新たに大きな目標を私に掲げてくれたのだと感じました。

私は刑務官であり、職務として稽古ができる傍ら、他にも群馬県武道館、母校でもある前橋商業高校、そして愛武館竹澤道場で稽古しております。しかし中学生、高校生相手が主でなかなか高段者の先生方との錬った稽古が足らず悩んでいた時に群馬県剣連会長・中島義孝先生（範士八段）より「大きく正しく、広い素直な心で」と指導を受けました。それからは初心にかえり、基本を忠実に守り、自分が「ここだ」と感じた時に技を出すことが素直な剣道につながると考え、それを実践してきました。

全剣連発行の『剣窓』に「もう一歩」の受審者として番号が載ったのが5度目の受審の時でした。しかし、その一歩が果てしなく遠いことを自覚せずに、「合格したい」という欲が身体と心に表われ、理合もなく溜めもなく、打つべく機会をとらえての打突ができず、姿勢・構えばかりにとらわれてしまい、打ち気に走ってしまいました。その結果、無理な打突になり、力みが出て思うようにいかなくなってしまいました。

そんな時、職場（元・東京矯正管区教官）栃木県の菅波一元先生（範士八段）より「百錬自得」「捨てて打つべき機会を日頃の稽古によって自得せよ」とのお言葉をいただきました。そして、打つ前（間合・気攻め）、打った時（手の内の冴え・姿勢）、打った後（抜けきる・残心）についてご指導をいただいた後、審査に臨みました。

今回の受審では今までと違い、不思議と絶対に「合格したい」などの気負いがまったくなく、力が抜けて落ち着いて受審することができました。ただ気持ちだけは相手の方と合気で挑みたいと決心して臨んだところ、一次審査に初めて合格しました。二次審査を待つ間、気を張り詰めすぎないように心の平静を保つようにし、二次でも無欲・無心で溜めて溜めて捨てて打ち切るように心がけた結果、自分の技を思い切り出すことができたように思われます。そして、立合が終わった瞬間は自分のすべてを出し切ったという充実した気分を感じることができ、審査員の先生方のこと、結果発表のことなどはまるで気になりませんでした。

私の剣道人生の中で、このような無心の境地になれたのは今回の受審が初めてであり、自分自身の心の持ちようが如何に大切であるかを改めて気づくことができました。

八段合格の秘訣は、八段にとらわれない無心の境地だったような気がします。

いまは八段の重みを肌で感じ、これからがほんとうの修行と考え、謙虚さと向上心を失わず、より以上の修錬に心がけ、日々精進していきたいと思います。

3つの間合を常に意識 縁を切らない稽古をくり返した

57

仮屋達彦　滋賀県・教員

かりや・たつひこ／昭和26年鹿児島県生まれ。鹿児島商工高校（現・樟南高）から日本体育大学に進み、卒業後、滋賀県教員となる。全日本選手権大会、東西対抗、全国教職員大会、国体などに出場。現在、県立安曇川高校教諭。平成17年5月、八段合格。

八段受審資格を得たのが平成10年11月からでした。今回、合格するまでに一次審査に2回合格したものの、二次審査で不合格となり、受審するたびに、自分の力不足を思い知らされました。

2回目の不合格の後、県剣道連盟主催の六・七・八段受審者を対象とした講習会があり、そのとき八段受審者を担当された講師の先生に改めて審査に臨む心構えをご指導いただき、それによって自分の取り組む姿勢の甘さを痛感させられました。この講習会が契機となり、審査に対する意識が大きく変わったように思います。自分の剣道をいろいろな角度から研究して工夫するようになりました。

私が八段審査に向けて稽古のなかで心がけたこと、また、審査当日私なりに心がけた点について挙げてみたいと思います。

打ち込み稽古を必ず励行。腕立て・腹筋・背筋を毎日おこなう

通常の稽古では基本稽古を重視しました。切り返し・面打ち・小手から面打ちを中心に、そして稽古のなかで必ず打ち込みをおこなうようにしました。そのとき心がけたのは、間合に注意する「触刀の間・交刃の間・一足一刀の間」の使い分け、触刀の間での気攻め、交刃の間での剣攻め・足攻め、一足一刀の間からの一拍子で打ち切る打突をするということです。八段審査では「気・剣・体一致」の理合にかなった打突が第一だと思います。

また、積極的に出稽古することを心がけました。県剣連、学剣連、京都府剣連、西日本稽古会と行ける限り出向くようにしました。そしてそのときの稽古はなるべく上位の先生に懸かるようにしました。高校生の錬成大会で遠征するときも必ず防具を持参し、いろいろな先生方と稽古するようにしました。

稽古のときは、正しい姿勢・構えを常に基本において「懸かる稽古」を心がけ「気位」「気攻め」で負けないように対峙し、打突は初太刀を大事に打ち切り、突き抜けるようにし、打突後は、相手と縁を切らないようにしました。

稽古以外では筋力トレーニング（腕立て・腹筋・背筋）を主に取り入れ、毎日欠かさずにおこないました。剣道具を着けて稽古ができないときは、ランニング・ダッシュなどで下半身の強化に努めました。

気の集中と気の持続。審査当日心がけた5項目

審査当日は最初から最後まで「気を集中」し、「気を持続」させることが大切だと思いました。私が審査当日心がけたことは以下の5項目でした。

①充実した気勢「気位」「気攻め」で負けない。
②間合に十分注意する（触刀の間での気攻め、交刃の間での剣攻め、足攻め、一足一刀の間合からの打突）。
③初太刀を大切にする（初太刀一本、千本の価値あり）。
④技は一拍子で打ち切り、突き抜ける。
⑤打突後は、相手と縁が切れないようにする。

審査直前は緊張するものですが、とにかく自分自身に「やるだけのことはやった」と言い聞かせて審査に挑みました。私自身は一次審査より二次審査のほうが落ち着いて平常心でできたと思います。ある本のなかに「為せばなる、為さねばならぬ何事も、成らぬは人の為さぬなりけり」ということばが書かれているのを読み、今までの自分を反省することができました。

今でも講師の先生の「死ぬ気でやらなければ八段は合格できないよ」という言葉が脳裏に焼きついています。

一からの再出発
私が心がけた中身の稽古

58

森　文男　大阪府・警察官

もり・ふみお／昭和29年大阪府生まれ。国士舘大学卒業後、大阪府警察官となる。現在、大阪府警察東署剣道上席教師。平成15年5月、八段合格。

私は、昭和52年、国士舘大学を卒業後、大阪府警察に奉職いたしました。6ヶ月の教養期間終了後、第一機動隊（剣道特練生）に配属されました。もともと無器用な人間でしたし、実績などもなく、ただ体力には自信があり、あの激しい稽古に耐えられたと思います。

時の師範の先生方より、徹底的にご指導いただいたことが、今の自分の剣道人生があると、確信いたしております。

約8年間の特練期間の後、警察署の剣道教師として配属され、現在に至っております。

私は、大阪出身でしたので、現役終了後の稽古場所には恵まれていました。警察署の稽古を中心に、時間外は、岸和田心技館・大阪城修道館などでご指導いただきました。とくに岸和田心技館では、故川口湊範士、故古谷福之助範士両先生には、朝稽古・夜稽古などでご指導を賜りました。

中身の稽古を求める。一からの出発だった

実は、4回目で八段に合格させていただいたことが、不思議なくらいの出来事が自分を襲いました。

41歳の時、事故のため左眼を失明して、43歳で、胃癌のため胃の摘出手術を受けました。

「人生山あり谷あり」と申しますが、生きる不安と、剣道に対する不安を、実感させられました。

幸いに、ケガも病気も完治とはいきませんが、一生付き合いを余儀なくされました。

その後の稽古においては、「暗中模索」「試行錯誤」の連続で、一からの再出発であったと思います。

しかし「人生捨てる神あれば拾う神あり」で、その後たくさんの先生方・剣兄・剣友に激励、ご指導をいただきました。

とくに、近隣県での稽古会・合宿・講習会にも招待いただき、年に約30回以上、剣道づけの出稽古に参加させていただきました。

上の先生方に懸かるのはもちろんですが、初めての方との立合いが、もっとも勉強になったと思います。

八段受審少し前に、古谷先生より、

「気勢」「剣勢」「体勢」をもって、「正しく打ち切る」

そして、立合に入れば「気攻めで相手の気と機を掴む。それを自然と身体が覚える」ぐらい稽古しなさい。

と、ご指導いただきました。

今までの稽古以上に、中身の稽古をしなさい、ということでした。

また、一からの出発であると思い、その訓えを自分なりに単純に考えさせていただきました。

●気勢

立合は、必死に大きな声を出し、懸かる気持ちをみせる。

●剣勢

左手、右手の作用で剣先がおちる打ち。

●体勢

右足の攻めと左足の引きつけ、打突後のさばき。

●正しく打ち切る

色を掛けないで、打ち間から捨て切る打ち。

●気攻め

溜めて溜めて丹田から前に押し出す攻め。

●気と機を掴む

その攻めにより、相手の気剣体の動きと心の動きを観、初太刀の攻防。

以上のことを課題として、稽古の在り方を考え、実践させていただきました。

そして、自分でプラスして実践したことは、

●基礎体力の充実

走り込み・腹筋・背筋・腕立て。

●切り返し・打ち込み稽古

朝稽古での、切り返し・打ち込み稽古の継続。

地稽古の後、面の相打ち稽古。

●基本技の継続

機を熟しての、打ち切る技の反復。

を、今も実践しています。

以上、取りとめのないことを述べさせていただき、ご参考になるかどうかわかりませんが、八段を受審される皆様の一助になれば幸いです。

崩しても打たない 再度崩しを加えて打つ

59

成田勝利 山口県・会社員

なりた・かつとし／昭和18年福岡県生まれ。県立嘉穂高校入学と同時に剣道を始める。卒業後、八幡製鐵㈱（現・新日鐵）に就職。全日本選手権大会、都道府県対抗などに出場、国体3位、全日本実業団大会2位3位各1回など。現在、山口綜合警備保障㈱に勤務。平成18年11月、八段合格。

元立ち稽古を極力避ける。掛かる稽古で気の溜めをつくる

私はこれまで八段審査の一次審査に7回受かりましたが、二次審査の難関を突破することができませんでした。これはどうしてなのか思案し、「事理一致」「懸待一致」の剣道にほど遠いものであったことが原因ではなかったかと猛省しているところです。

私のような一般人は稽古量、稽古相手も少なく、それをカバーするためには、なにを、どのようにするか苦慮しました。そのため、各種研修会や講習会、月例稽古会には積極的に参加し、稽古不足を補いました。

各種研修会などに参加して全国の高名な先生方から、とくに以下の点を教わりました。

①打ち切る稽古・技

②稽古における初太刀の大切さ

③技量に応じた基本稽古のくり返し

これを実際の稽古の中で修得できるよう取り組んできました。

これらとともに「気の溜め」ができるように心がけました。そのためには日頃の稽古において、元に立つことは極力遠慮し、上手に掛かる稽古を重点的におこない、一瞬の気の抜けで打ち込まれないように「気の溜め・張り」ができるように努めました。

そのような張りつめた稽古の中で、攻め、崩し、技を出す機会をどのようにしてつくり、とらえていくか工夫してきました。心が動けば手元が動くとよくいわれます。相手の一挙手一投足に心惑わされることなく、丹田に気を鎮め「気の溜め」をつくり、ここぞという機会に打ち切る技を出していくことに専念し、稽古を積み重ねてきました。

ある著名な先生は、高段者になると相手を崩してもすぐに打突をするのではなく、再度崩しを加えて打突をおこなうことが肝心である、といわれました。未熟な私には到底できる術ではありませんが、その気持ちだけは忘れぬよう稽古の中に取り入れていきました。

左足を内側に絞るように踏み切る。両手の掌を打突方向に向ける

基本的なこととして、まずは構え（姿勢）を重点的につくっていきました。自然体の無理のない構えから理合に適った打突ができなければなりません。そのために稽古のときに先生・先輩にお願いして、自分の姿勢・構えを見てもらい、悪いところを徹底的に指導していただきました。とくに左拳の構えについて苦心したところです。

これは相手がいなくても一人でできることですから道場の鏡、家庭の姿見に向かって構えの自己点検をおこない、よりよい構えを模索しました。

先生方から剣道は左手、左足で切ると教わりました。稽古の打突で左足のさばき、送りが伴わなければ自然体からの理合に適った打突は望めません。私は打ち気にはやり、右半身とくに右肘・右肩に力が入り、出ばなを打たれたり、基本とはほど遠い右傾斜の打突となっていたりすることがあります。

これを是正するために日頃の稽古において、まず構えたとき左腰を前に出す気持ちで絞り込んで立ち、打突時は思いきり左足で踏み切るようにしました。このとき、開き足にならないよう左足を内側に絞るように踏み切るとともに踏み込んだら左足をすばやく引きつけることに心がけました。さらには左手の小指・薬指の締まりを念頭に置き、打ち込んだとき、両手の掌が打突方向に向くよう心がけ、打ち切る技を出すようにしました。その甲斐あって、最近では充分とはいかないまでも自分のイメージに近い打突になってきているように思われます。

私が剣道をはじめたのは高校1年生のときです。最初の数ヵ月間はすり足の練習ばかりで、竹刀も握らせてもらえなかったと記憶しています。いま考えてみると、このとき徹底して教えてもらったすり足

が現在の体さばきに大いに役立っていると考えています。

今も稽古の前に準備運動のひとつとして、直線・斜めの前後左右のすり足をおこないます。その場合、左足の引きつけと上体がブレないように留意し、千鳥が砂浜を駈ける姿を想定しておこなっています。その中には左足前のすり足も取り入れています。

爪先立ちで踵の上げ下ろし。風呂場では湯船で握力を養った

どのような競技においても基礎体力の強化は大切なことであることはいうまでもありません。そのため、日常生活の中で、基礎体力の強化のためにいかにすべきか考えました。

そこで、剣道につながる体力の強化は足腰、腕力、握力が主だと考え、これらをどのように強化するか工夫しました。基礎的な練習としては、毎朝１㎞の坂道を急ぎ足で複数回往復し、足腰とともに背筋の強化と姿勢の修正をおこないました。腕力の強化については１㎏の黒檀の木刀で素振りをおこない、同時に足の屈伸をしながらの素振り（股割り）も取り入れるなどして膝の強化も図りました。

手首と握力については、風呂に入ったときに水の抵抗を利用して、手の掌を広げての左右、上下振り、手の掌の開閉をおこなって強化を図りました。とくに左手に重点を置いておこなっています。さらに時間の余裕のあるときは爪先立ちで踵の上げ下ろしをおこなっています。とくに両足の親指に重心をかけておこなっています。

剣道に通じる基礎訓練は道場だけではなく、普段から姿勢、呼吸法、目付、足運び、仮想の相手とのイメージトレーニングなど、平素の生活の中でも暇を見つけては取り組みました。これらの毎日の積み

重ねが今回の昇段審査に効果を発揮したのではないかと考えています。

打つと当てるを精査
ごまかした技を出さないことを心がけた

60

関川忠誠　千葉県・教員

せきかわ・ただあき／昭和34年千葉県生まれ。国士舘高校から国士舘大学に進み、卒業後、母校の国士舘高校に赴任し、後進の指導にあたる。現在、拓殖大学紅陵高校教諭ならびに同剣道部監督。平成18年11月、八段合格。

当たるとわかっても打たない。我慢してこそ実の一本が生まれる

剣道を修行していく中で大切な稽古方法はいくつかあると思いますが、私なりに感じていることは「掛かる稽古をいかに多く取り組むか」ということです。掛かる稽古をすることによって地力が身につき、「攻め」が厳しくなり、そのくり返しによって同等の人たちと稽古したときに活かされてくるのではないでしょうか。

しかし、いくら掛かる稽古をしていても、その人の剣道観の違いによって、将来の剣道も変わってくると思います。

今回、幸運にも八段審査に合格することができましたが、一番恵まれていたことは国士舘高校、国士舘大学で7年間、母校の国士舘高校の教員として9年間、計16年間も大野操一郎、矢野博志両先生をはじめ、多くの先生方に稽古をお願いすることができたということです。また、大学以外でも外部から伊保清次先生、阿部三郎先生が来校され、大学の近くの道場で、小川忠太郎先生に稽古をお願いしたこともあり、今となっては私の剣道人生の宝物となっています。

先生方に稽古をお願いして学んだことは「攻められる厳しさ、苦しさ、その厳しさ、苦しさを我慢した中から、すべての技を打ち切ること」と、矢野先生から指導していただいた「いま打ったら当たるとわかっていても、打ってはいけない技がある」ということでした。

冒頭で「剣道観の違いで将来の剣道も変わる」と述べましたが、先生方に攻められると、どこを打っていいのかわからなくなり、5分もしないうちに手足がつるような感じを受け、とても苦しくなります。ここで大切なことは、その攻めの厳しさ、苦しさを我慢して、耐えて、そこからまっすぐな技を打ち切ることです。当然、すべて返され、打てることはありませんが、そのくり返しをおこなうことによって、徐々に地力がついてくるのではないかと思います。

反対に攻められる厳しさ、苦しさから逃れるために、ごまかした技をつかっていると、同じ掛かる稽古をおこなっていても、将来の剣道は大きく変わってくるのではないでしょうか。矢野先生が指導してくださった「いま打ったら当たるとわかっていても、打ってはいけない技がある」の「当たる」というのは、ごまかした技だから「当たる」という表現であって、要は「打つ」と「当てる」の違いだと思います。剣道の上達方法のひとつとしての「掛かる稽古」、攻められ苦しくても我慢して耐えて、そこから「真っ直ぐな技を打ち切ること」のくり返しをおこなうことが大切だと思います。

時間を無駄にしない。忍耐力の強化に終始した

現在、私は高校の教員をしています。遠距離通勤のため、どこかの稽古場所にいって、高段者の先生方に稽古をお願いする機会はあまりなく、「稽古相手はほとんど高校生」といった環境にいます。そのため、常に自分に課題を課して、高校生相手でも気を抜くことなく、真剣に取り組むよう心がけています。しかし、自分のことばかり考えていると高校生の稽古になりませんので、私が指導していただいたことを基礎に、時には「攻め」を厳しくしたり、打たせたりするなど、いろいろと工夫しながら指導をおこなっています。

日常生活や仕事で心がけたポイントは、私の場合、同じような内容になります。日常生活で心がけていることは、剣道を修行していく中で、だれもが「強くなりたい、試合に勝ちたい」という気持ちで修錬されていると思いますが、同じ稽古をしていても、集中力が高いか低いかで、上達は変わってくると思います。

しかし、集中力を高めながら稽古に取り組むためには忍耐力が必要です。夏の暑い日や冬の寒い日など、剣道着に着替えるだけでもおっくうになり、面倒くさい気持ちになりがちです。そのおっくうな気持ち、面倒くさい気持ちをどれだけ克服し、稽古に取り組むかが大切ではないでしょうか。

私はその忍耐力をつけるために、日常生活で、おっくうなことや面倒くさいこと、また人の嫌がるよ

うなことを率先して取り組むように心がけています。1日24時間のうち、睡眠時間が約7時間、残り17時間の中で、剣道具をつけて稽古をするのはたったの1時間程度です。稽古以外の残りの時間を、ただのんびりと生活していては苦しい稽古に集中して取り組むことが困難ではないでしょうか。何事にも忍耐力だと思います。

仕事で心がけていることも忍耐力です。「指導者はスポンジのように、周りのものすべてを吸収し、決して外へ吐きだしてはだめだ」とある先生の本で読んだことがあります。吸収するためには、自分自身に素直な気持ちが大切だと思います。素直な気持ちを持つためには、忍耐力が必要なのではないでしょうか。

私は担任を受け持っており、クラス内にはいろいろな性格の生徒がいます。その生徒に対し、一定の方向からだけ見るのではなく、いろいろな方向から見て、生徒の長所を見つけるようにしているのですが、これもなかなかの忍耐力が必要です。

こうした日常生活、仕事の中で忍耐力をつけることによって、暑い日、寒い日でもおっくうがらず、面倒くさがらず、少しでも集中力を高めて稽古に臨めると思っています。今後、さらに忙しくなると思いますが、これまでどおり自身の修錬と生徒の指導の両立をめざし、日々努力・精進しなくてはと考えています。

八、朝稽古で基本を確認。切り返しに半分以上の時間を費やす

受けにまわらず対応力を養う 学生との稽古で質向上に努めた

61

井島　章　千葉県・大学教授

いじま・あきら／昭和32年秋田県生まれ。県立本荘高校から日本体育大学に進み、卒業後、同大学研究員になる。昭和59年の国際武道大学開学とともに同大学に奉職。都道府県対抗3位、全国教職員大会2位、東西対抗出場など。現在、国際武道大学武道学科教授。平成16年11月、八段合格。

剣道を継続していく過程において、「昇段審査」は非常に重要な意味を持つものと考えています。審査にはそれぞれ目標とすべき内容が存在し、自分自身が達成できているかどうかが評価される機会だからです。

私は、過去の昇段審査では、自分なりに計画し、また、たくさんの先生方にご指導をいただきながら準備をしてきました。しかし、「八段への昇段」「八段への挑戦」ということになると、今までの審査とは全く異なった雰囲気や厳しさを痛感することになりました。合格率が約1％の結果からも判断できるように、生半可な気持ちや取り組み方では絶対に合格はできないと、改めて自分自身の剣道を見つめ直した次第です。

過去2回の八段審査は、全くといっていいほど手応えがありませんでした。その原因を自分なりに分析し考えた結果、次のようなことに留意して今回の審査に臨んでみました。

「打った、打たれた」との決別。自分の打突につねに厳しさを求めた

八段の審査においては、それぞれの人がしっかりとその修錬を積み、準備万端の状態で取り組んでいるわけですから、そこにはレベルの差はほとんどありません。したがって、そのなかでいかにして秀でるかが大きなポイントになると思います。

そのためには、まず「初太刀一本」に全力投球をするということです。初太刀の大切さは、常日頃の稽古や試合でも必ずといっていいほど重要なこととして指摘されます。審査においても同様で、初太刀を極める（自分の考えていた技を極める、攻めて相手を崩すことができる）ことによって、いわゆる安心感が生まれます。心に余裕があれば、当然のことながら慌てることがなくなり「無駄な打ちや動き」がなくなります。同時に、相手が攻めようとする機会や技を出そうとする機会においても充分な対応ができるようになると思います。さらには、無駄な打ちや動きがなくなると集中力が増し、溜めた気からより鋭い打突や攻めが出るようになってきます。私自身も過去の審査において、このことがうまくいかず、心のまとまりに欠けたことを反省させられました。初太刀で失敗すれば、すべてはそれで終わりといっても過言ではないと思います。

また、私は普段の稽古に対する気構えについて再度考えてみることにしました。私の勤務先である国際武道大学では、将来の剣道指導者やそれに関係する方向をめざした学生たちが集まってきています。「武道学科」という特性を生かした環境のなかで稽古をする状況にあります。しかし、果たして自分自身がしっかりとした目的意識を持って取り組んでいただろうかと振り返ってみました。学生たちとの稽古では、やはり「打ったか、打たれたか」というような稽古が中心になってしまいます。さらには、学生たちのほうがスピードもあり、打突の機会も数段多くあります。そのような勢いのある剣道に対して、対応できる技術を身につけることが大きな課題でもありました。決して受け身にまわらないこと、技で攻めるのではなく気で攻めること、学生たちと「合気」になり、絶対に気を抜かないこと、自分の打突に対しては常に厳しくあることなど、課題はまだまだたくさんあります。そのような稽古のやりとりで、自分自身の「稽古の質」を上げることに努力をしました。審査のための稽古ではなく、普段の稽古こそが大切であって、最終的にはそのことが大きな力となって自分に返ってくるのではないかと思います。改めて考えてみると、学生たちと一体になった成果が今回の昇段につながったといえるのではないでしょうか。

指導者同士で長所短所を指摘する。出稽古の少なさをカバーした

審査を受けるにあたって、ある先生に「剣道具を担いで外へ稽古に出かけたほうがいい」とか、「たくさんの高段者の先生に稽古をお願いしなさい」など、さまざまな貴重なご意見やアドバイスをいただきました。しかし、仕事の関係や地理的な問題もあってほとんど外への稽古に出かける機会はありませ

んでした。私も出稽古の必要性や上手に掛かることとの重要性は重々承知していますが、現実的な問題として実現することができませんでした。しかし、幸いなことに本学には蒔田実学長（剣道部主席師範・教士八段）をはじめとする同僚の先生方がおられます。同じ職場で約20数年のお付き合いですから、お互いの長所短所は充分に承知している間柄でもあります。そのような関係の中からいただく稽古やアドバイスは、私にとって大変貴重なものでありました。とくにご自身の経験をもとに話をしていただいたことに関しては真摯に受け止めることができ、今回の結果にも大きく影響していると思います。私の場合は、こうして身近に良き先生方がいたことに大変感謝をしております。

審査に対して大切な要素は？　と問われても、正直なところ適切な答えに困ってしまいます。私自身の考えとしては、審査のための剣道ではその場しのぎになってしまい、本質をわきまえた姿にはつながっていきません。はっきりとした目的を持って、一日一日あるいは一回一回の稽古を大切にすることが最終的に大きな「力」になっていきます。審査を受けるにあたっては、自分の求める剣道は何なのかを明確にして日々取り組んだことが、合格への手がかりになったと考えます。

格好をつけない基本中心の回り稽古が成果をあげた

62

栗原憲一　埼玉県・自営業

くりはら・けんいち／昭和24年埼玉県生まれ。市立川越商業高校から亜細亜大学に進み、卒業後、家業の「栗原園」に就職。茶葉の製造・販売業に従事する傍ら、愛武館道場で稽古を続ける。平成14年11月、八段合格。

良いものは積極的に真似をする

私は、埼玉県狭山市にある愛武館道場で一般の剣道愛好者として稽古を続けてまいりました。

10年前に縁あって故楢崎正彦先生の剣道を目標とする東松山にある「武蔵会」に入会させていただき、毎月2回の稽古日には、先生の前にどれほど大勢の人が並んでいても、必ず自分の最初の稽古をお願いいたしました。

先生は常に合気で、静かな中にも猛烈な気迫での攻めで、待っているときから武者震いするほどで、いつも浮かされまいと必死でありました。そして諸手突きと「楢崎の面」で鍛えていただきました。先生は自ら足腰を鍛錬し、足腰から始動する大切さを説き、下腹を鍛え丹田に気を集中し、中心からの真面を本分としていました。

私は先生の姿勢、構え、攻め、技の出し方、打突、残心、剣道に対する取り組み方など、とにかく先生のすべてを知ることを心がけ、同じようにできるようになりたいと稽古をしました。それが自分の剣風に大きく影響していると思います。そして八段に挑戦してみようという気持ちにもなりました。

平成7年に第1回社会体育指導員養成講習会に参加し、剣道の歴史、伝統、特性、実技、形など、剣道をするうえで必要な基本的なことの講習を受け、目からウロコで剣道の素晴らしさ、奥深さ、そしてそれを探究する楽しさを知り、改めて剣道をもっと学びたいと思いました。

また、平成9年には北本での東日本中堅剣士講習会に指名をしていただき、全国の有名剣士と寝食を共にして講習を受け、稽古ができたことが大きな自信となり励みになりました。

八段審査は、平成8年より受審を始めましたが、とにかく量と質を高めようと思い、愛武館、武蔵会、尚美学園、西部地区合同稽古会、四地区講習会などには積極的に参加し、全剣連の合同稽古会にも行き、自分の足りないところや欠点を知り、それをなくすように努めました。

現在は高名な先生、目標とする先生の稽古や試合はビデオなどによって拝見できるし、剣道誌にも高段者の修行経験や合格者の修行方法が載っているので、審査員の見るところ、剣道観を知り得ます。それらを自分に直接語りかけてくれる大事なものと思い、自分に合ったもの、良いものは積極的に真似をしてきました。

正しいと思うことを実践する

今回4度目の二次審査で合格することができましたが、二次もまたたいへん厳しく、多くの素晴らしい剣士がなかなか通れない道であります。この厳しい道を通ってきた先生たちは、皆一貫して「二次は技ではない。気力である、気迫である」と教えております。私もその言葉を何度も聞いてきましたが、その言葉をいかに自分のものにするかが合格の決め手でありました。

私は一人になれる場所を探して気を集中することに努めました。

私が心がけてきた成功の条件は

一、目標を明確にして合格した自分の姿を思い描く
二、「継続は力なり」を実践する（蒔いた通りに花は咲く）
三、格好をつけない（正しいと思うことを実践する）
四、厳しい指摘があるから積極的に挑戦できる
五、実現する、実現すると自分を励まし続ける

日常生活で足腰を強くすることも大事です。それには、自分の目的地まで時間を決めて、前をしっかり見て大股で歩くと短い時間でも足腰に力がつくので、早朝ウォーキングを励行しました。

そして何よりも基本稽古を続けてきたことが大きかったと思います。

持田盛二先生の遺訓に、「剣道は50歳まで基礎を一所懸命勉強して自分のものにしなくてはならない」とある。また常々先生方は、基本にのっとった正しく剣道をすることと、基本の重要性を説いている。私たちもその大切さは感じているが、先輩や後輩に対して毎回基本打ちをお願いしますとは言いに

くいし、格好が悪いと思ってやらない人が多い。
そこで、週1回基本を中心とした回り稽古を始めました。

どんな相手にも打ち切ることを心がけた

最初の頃は4～5名でしたが、徐々に基本稽古の楽しさが伝わり、現在は10代から50代まで、常時12～13名が出席して、今ではこの稽古をしないと一週間、気分が充実しないという者まで出てきました。この稽古を続けて5年目になりますが、最近2年間でこの中から四段、五段、六段、七段、八段と合格者が出たことで成果が確実に上がっています。

具体的には出席者が全員相手をつくり、1セットずつの回り稽古です。内容は最初に1分30秒の互格稽古、そして基本打ち、面、小手・面、胴を交互に6回ずつ、最後に切り返しで1セットです。人数が少ないときには、これに基本の打ち込み稽古を入れておこなうようにしています。

この稽古は相手との稽古というより、自分との稽古であることを認識して、どんな相手にも正しい姿勢から思いきり跳び込む、のびるをモットーに「打ち切る」ことを心がけてやることです。

1時間くらいですが、けっこうきつい稽古になるため、必ず最後に全員で、社会体育指導員養成講習会で習ったストレッチ、整理体操をしています。

また、毎月1回、埼玉県西部地区合同稽古会研修会で日本剣道形の指導を受けております。ここで姿勢態度、間合、打突の機会、刃筋、残心などを学び、足腰でする剣道をめざしています。

上位の先生に見ていただくことによって自分の足りないところ、気が付かないところが修正され、また新しい発見もあります。そして県の大会にも剣道形をする機会を与えられ、そのことが大きな力になり、自信にもなりました。

　そのほか、毎日の素振り・打ち込みなどの一人稽古。他人の話を素直に聞き実行する。鏡を見て自分に言い聞かせるなどもおこなってきました。

四つの課題と師の教えを実践した

63

菅崎吉雄　岩手県

かんざき・よしお／昭和12年岩手県生まれ。県立高田高校から国士舘大学に進み、卒業後、岩手県中学校教員を勤める。小・中学校の校長を歴任し、平成10年に退職。現在、岩手県教育委員会指導主事、岩手県剣道連盟会長。平成13年11月、八段合格。

私が八段に挑戦したのは、平成元年の5月からです。最初に受審したときの一次審査は、第1会場の3組のAでしたが、平成13年11月に合格したときは、第6会場（最後の会場）、13年間の月日を思い出します。

当時は、受審者もいまのように多くなく、そのうち何とかなるだろうと考えたのが、いま思えば甘かったと思っています。年々経つにつれ情勢が厳しくなり、近年は、私の力では八段は無理なのではないかと思うようになっておりました。

そんな状態で、心がけも悪かったのですが、現職中（中学校教員）は生徒に教えることが中心の稽古で、どうしても自分の修行が疎かになっていたように思います。

したがって、私の八段に向けてのささやかな取り組みは退職してからです。あまり参考にならないかと思いますが、心がけたこと、実践したことなどをご紹介したいと思います。

60歳から四つの課題に取り組んだ

一、体力の低下を防ぐ努力

特別なメニューをつくって取り組んだわけではありませんが、剣道だけでなく、いろいろなスポーツに親しみ、夏はゴルフ、冬はスキーに至るまで、余暇には身体を動かすように心がけました。どんなスポーツにも剣道に役立つ要素があるものです。

二、稽古の数を増やす努力

現職中はあまりできなかった稽古を、週2回（火、木曜）の花巻市の稽古会、月1回（第2月曜）の県剣連の合同稽古会や、そのほか機会を見つけて稽古するように努めました。

三、休まないで続ける努力

「継続は力なり」――年齢相応のあまり無理をしない稽古、心身の健康に役立つ剣道を心がけ、休まないで続ける努力をしました。

四、上位の先生に懸かる努力

機会あるごとに上位の先生に懸かる稽古を心がけました。

平成13年だけでも県内はもとより、かなり多くの県外の先生方に稽古、指導をいただきました。4月12日～14日の東日本中央講習会、5月4日～6日京都大会の朝稽古、17日県中高指導者講習会、26日～27日東北地区剣道講習会、7月26日～27日全日本少年武道（剣道）錬成大会、10月6日東北地区合同稽古会などに参加し、講師の先生ほとんどから稽古をいただきました。先生方の教えは十人十色でしたが、視点、角度の違いはあってもすべて真理でした。

師の教えを「千鍛万練」「百錬自得」

元岩手県剣道連盟会長の並岡武男範士には、よく「気迫がない、冴えがない」というご指導をいただきました。前岩手県剣道連盟会長の原田源次範士からは稽古のたびに「先を取って捨てて打て」という教えをいただきましたが、どうしても私の剣道の待つ癖がなかなか直りませんでした。そんな試行錯誤の毎日でした。

退職して1年、2年と求めて稽古しているなかで、幾人かの先生方との有り難い出会いがありました。

一つめは、東日本中央講習会（12年4月）に参加したとき講師で指導法をご指導いただいた岩立三郎範士です。先生にはこのときお願いして花巻市の指導者講習会で身近にご指導いただきましたし、それから機会あるごとに稽古をいただきました。

二つめは、東北地区の講習会（13年5月）のときの岡憲次郎範士、大久保和政範士をはじめ講師の先生方から稽古をいただいたことです。とくに岡先生から「手で打つな足で打て、足で打つな腰で打て」といわれ、「打った後の勢いがない」という指摘をいただきました。

三つめは、全日本少年剣道錬成会（13年7月）のとき、講師の古田坦範士から稽古をいただいた後「菅崎先生、八段を受けてくださいよ、受かりますよ」といわれました。一瞬、言葉に詰まって、実はずっと受けて落ちていますといえなくて、言葉をにごしてしまいました。しかし、お世辞だったかも知れませんが、そのときは自分の剣道を認めていただいた嬉しさ、なんか元気がわいてきたような気がしました。

10月の半ばに岩立先生から一通の手紙が来ました。あと1ヶ月だ、最後のまとめをしっかりやれ、そして「集中し気を溜め、得意技を機をみて打つ、決して無理な打ちはせず、むしろ相手を気で押し引き出す、待ちは絶対駄目」と書いてありました。私のような者に激励の手紙をくださるなんて、涙が出るほど嬉しく、頑張らなければと思いました。

この言葉を確かめたいという思いもあり11月、浅見裕教士の道案内で松風館を訪ねました。あいにく岩立先生は名古屋のほうに出かけて留守でしたが、岡範士、岡村忠典教士をはじめ、八段の先生方に立合を見て、一言ずつご指導いただき、その後稽古をいただきました。岡先生への打ち込み稽古は厳しいものでした。

そして、28日の東京審査、「気で攻め、機会と思ったら捨てて打つ」ことばかり考えて立合に臨みました。一次も二次も無我夢中だったので中身はよく覚えていませんが、結果は長いこと夢見た八段合格でした。

八段への長い道程を思い起こすとき、良き師につくことはもちろん一番大切なことであるが、師の教えを「千鍛万練」の稽古を重ね、まさに「百錬自得」することが何より大事であるように思います。八段は「取る」のでなく「与えられるもの」という言葉の意味がようやくわかってきたような気がします。

「行き詰まったら基本に戻れ」を自分に言い聞かせた

64

中西安広　千葉県・自営業

なかにし・やすひろ／昭和21年千葉県生まれ。県立安房高校から中央大学に進み、卒業後は家業を継ぐ。昭和51年館山に中西養心館道場を設立し、同時にスポーツ店を開業する。池田孝男、和田金次各先生に師事。現在、中西スポーツ店経営、館山剣道連盟会長、中西養心館道場館長。平成12年11月、八段合格。

気合を気迫に変え、気迫を気魄に高めた

八段を取得してから「秘訣は?」とか「秘策は?」と問われるが、正直なところ今でも返答に窮する。

私の職業はスポーツ店兼武道具販売。夕方から道場（養心館）で小学生を中心に高学年低学年を曜日で分け、週2回ずつ指導をしている。

自分の稽古といえば、週1回の館山剣道連盟の稽古会と安房高校で月に数回を数える程度であり、量

的には非常に少ない。中央には遠く、上位の先生にお願いすることもままならず、さらに大学2年から学んだ上段を中段に変えての八段受審だった。

このような状況を不合格の度に言い訳にしていたのかも知れないが……。

「八段は遠い世界のもの」また「自分はアマチュアだから」という不利を盾に甘え、自分を納得させていた。

「最初から諦めているのなら受審しなければいい」と思いつつ、「宝くじだって当たるわけがないと思っても、買わなければ夢も無い」などとこれまた変な理屈もおまけにつけて。

そのような考えでいたが、ある八段審査のとき、となりの会場で同じ千葉県から受審に来ていた某先生（この先生は酒豪というか、時には酒に負ける愛すべき人物）の今までと打って変わった真剣な、そして真摯に取り組む様に心打たれた。必要なときに自分を変えなければという、自分に足りない部分を見た思いであった。

自分のだらしなさを恥じ、考えの甘さを変えさせられたこのときが契機となり、加えて「挑戦のないところに成果はない」の言葉があるように、5年間の挑戦は空費ではなかったはずだと思い直してみた。

以下、心懸けてきた点を挙げてみる。

☆稽古量の不足といえば実際に剣を交える回数の多さだけが稽古だろうか。週4、5回は道場に身を置いているではないか。そう気付くと、生徒とともに基本打ちをくり返し、自分の構え、姿勢、打突などを見直した。生徒に注意した後も自分の姿の透写ではなかったかと反省も怠らなかった。

☆打ちを出したら終わりではなく、そこからが始まりである。有効だったら勢いを緩めず相手の脇を突き抜ける。または体当たり。無効だったらすかさず次の技に変化する（当たり前のことだが、元に立っているとなかなかできない)。

☆初太刀一本を大切に、攻め勝って待って打つ(相手を出させる)。そして当てるを、打ちに変える(平成14年、第26回明治村剣道大会での兵庫県の川本三千弘先生の大波が相手を呑み込む面のように)。などがある。

秘密というものではないが、「行き詰まったら基本に戻れ」を自分に言い聞かせ、生徒を通して厳しく自分自身と対峙できたことは、実戦稽古よりはるかに多くの学びを得たといっても過言ではない(その点、師匠は生徒だったかもしれない)。そして何よりも大切な気合を気迫に変え、気迫を気魄に高め、新たな気持ちで受審に臨んだ。

小さな気づきではあったが、合格の一助となったことを確信している。

朝稽古で基本を確認
切り返しに半分以上の時間を費やす

65

東　日出男　愛知県

ひがし・ひでお／昭和22年鹿児島県生まれ。鹿児島商工高校（現・樟南高）から名城大学に進み、卒業後、愛知県警察に奉職。全国警察官大会一部2位・二部優勝、都道府県選抜大会優勝、国体出場など。愛知県警察学校術科管理官で退職。現在、愛知県警察剣道名誉師範、名古屋経済大学剣道部監督。平成17年11月、八段合格。

審査に臨むにあたり、普段から着装には気を配っていました。寸分の隙もない着装を心がけ、相手と対峙します。構えは、腰を入れます。腓骨《ひこつ》を伸ばして腰がおさまると、肩の力が抜けて自然体になり、腰から下が安定します。かかとを少し高めにして、「すそ」を広く見せて、頭から腰、左足、かかとまでの線を美しく見せるように気をつけました。

蹲踞から立ち上がったときの気勢は、「さあ、いくぞ」という気持ちで発声に気をつけました。ここで先を取ることができれば、のちの立合を優位に進めることができます。

立合では常に先（攻め）をかけて、相手の動こうとするところ、動いたところを打突することを意識し、さらに相手を攻めて、相手を引き出して打突することも心がけていました。スムーズなすり足で相手が動いたところを打ち、打ってからの残心にも注意していました。

稽古で心がけたことは次の4点です。

①動じない心（攻め）「気の攻め」「剣先の攻め」「体の攻め」

②打ち切る打突「気剣体一致」

③発声と呼吸の仕方

④すり足と残心のとり方「足運びの運用」

これらを確認しながら稽古に臨むようにしました。稽古内容についてはありきたりですが、基本技のくり返しに終始しました。

切り返しは、剣道のすべての要素が入っているので、とくに多くの時間を費やしておこないました。半分以上の時間をとっていたと思います。さらに面・小手・突きの打ち込み、面に対する応じ技、互格稽古、指導稽古といった内容を実践していました。

私がおこなった具体的な稽古法は次のようなものです。

武道場での連続切り返し、面の連続打ち、突きの連続。さらに基本の面・小手（大きく振りかぶって打つ）、突き技です。

また、週2回、審査方式の2分間の稽古を、尾野博之・東良美両八段とおこないました。3年前から朝稽古（7時30分頃から8時過ぎまで基本技、切り返しなどをおこなった）を実施し、火曜、土曜日は、少年剣道を指導しているので、子どもたちといっしょに面をつけて、則竹浩子五段と朝稽古でおこなった技の復習と再確認をしました。

土曜日の午前中は県警の特別稽古にも参加し、月1回おこなわれている東海4県の稽古会にも行きました。中京大学教授、範士八段林邦夫先生の指導も受けました。

稽古以外では、ウォーキングやランニングなどを毎日40分から50分おこないました。足腰を弱らせないためですが、補強効果はあったと思います。また、トレーニング室に素振り用の木刀と竹刀を置いていて、鏡を見ながら姿勢・中段の構えを確認しました。その後に打ち込み台に対して、面・小手・突き・小手面の打ち込みをおこないました。その際、開始線1・4mからの攻め方、相手が攻めてきたときの、攻め返し方と発声、すり足、残心など、すべて立合をイメージしておこなうようにしました。

不況で6年の稽古中断
愛知県警で基本と地稽古をやりなおす

66

神成一男　愛知県

かんなり・かずお／昭和19年秋田県生まれ。県立米内沢高校卒業後、名古屋市の呉服問屋㈱糸和に入社する。全国剣連対抗大会個人戦優勝。平成15年5月、八段合格。同20年没。

稽古中はいつも集中と燃焼、審査は完全燃焼を心がけた

友人の勧めで中学1年の3学期より剣道を始め（それまで野球部）、2年生の夏の大会よりレギュラーになり、3年生のとき、故木村泰二郎先生に師事。年2～3回高校生との合同稽古があり、そのときの高校教諭だった故和田勝太郎先生（武専卒）に出会い、先生の剣道、指導法に感動し、先生の元へ秋田県立米内沢高等学校に入学。中学の先輩で先生のご長男和田満春、田崎正両先輩に追いつけ追い越せ

の気持ちで剣道に集中した3年間であった。

3年生卒業折、和田先生より「君は一生剣道に精進しなさい」とのお言葉をいただいた。自分も大学か警察官と思っていた。学校の先輩で警視庁に石崎実、秋田県警に川口紘司、田崎正氏等多数の先輩たちが頑張っていたので、その気持ちで3年生終わりまで稽古に励んでいたが、家が呉服屋だったので、その夢も見事崩れ、名古屋の老舗呉服問屋・㈱糸和に丁稚修業。2年間は店のしきたり、商売のコツ、東海4県の地理、そして言葉早口の名古屋弁、それらを覚えるのに必死で剣道ができる状態でなかったことが何よりもつらかった。

3年目に入り自分の時間が少し取れるようになり、先生の言葉を思い出し和田先生の紹介状をもって故加藤万寿一先生（範士八段）の元へ、水を得た魚のように本格的に稽古ができるようになった。

稽古を始めて1年後には名古屋市の代表選手にも選ばれ、前名古屋市剣道連盟理事長だった加藤文雄、加藤信雄両先生、そして妻征枝とも出会い、自分の人生、剣道も変わってきた。実家の呉服屋も弟にゆずり、一生愛知でと決心をし、稽古に集中できるようになった。

当時愛知県警剣道師範であった深田正夫先生にも特練生との稽古をと声を掛けていただき、特練生との稽古もお願いできるようになった。商売のほうも順調、剣道のほうも六段、七段まで1回で合格し、昭和55年に名古屋で開催していた全国剣道連盟対抗大会七段個人戦の部で優勝し、呉服屋剣士として知られたこともあった。これから八段に挑戦と思っていたが、バブル崩壊から不況になり、稽古ができない時代に入り、八段審査も申し込みながら4回欠席したこともあった。

不況が長く続き、自分の稽古が6年間くらいできなかった。少しずつ時間が取れるようになり、名古屋拘置所にお願いして稽古時間が遅くなってでも稽古量を増した。今回合格するまで4回一次は通っていたが、すべて「不合格」。

以前、加藤万寿一範士より「君は試合中心で七段までできたので八段は苦労するかもしれない」といわれたこともある。

試合では打突が少々弱くても審判の旗があがることもあるが、審査の折、試合をして「ダメ」とわかる。打突を強くと思い臨んだときは肩に力が入りすぎて失敗、相手の気力に負けないようにと攻めていくが無心になれず自分の剣道ができなかったときもあった。

京都の井上晋一範士に、剣道も魚釣りと同じ気持ちで剣先で相手を誘い出す、1回誘い出して出てこなかったら2～3回誘い込んで、出てきたら手早く乗って打つか、応じるようにと。2～3回誘い込んで相手が出てこなかったら、自分から打って出るようにと教わった（なかなかうまくできなかったが……）。

この1年間は稽古時間が少ないので、稽古中はいつも集中と燃焼をと思い、愛知県警にお願いし、師範、監督、特練生と基本、地稽古をしっかりやりなおした。「気攻め」「初太刀」を念頭に、相手に遅れをとることなく、無心で自分の間をとり相手の出方を正しく見きわめることができ、自分の剣道が完全燃焼できて嬉しい合格発表となったと思う。

生徒全員と2分の立合 2分間を体内にしみこませた

67

上原勲雄 山梨県・教員

うえはら・くんゆう／昭和32年岡山県生まれ。岡山関西高校から国士舘大学に進学し、卒業後は山梨県の教員となる。国体優勝、全国教職員大会団体優勝のほか、全日本選手権大会、都道府県対抗、東西対抗などに出場。現在、山梨県立甲府城西高校教諭。平成18年5月、八段合格。

少年時代、岡山弘西スポーツ少年団で森尚高先生（範士八段）・岡山連昌寺道場で山根昇先生（範士八段）、中学・高校時代に岡山武道館で杉本八郎先生（範士八段）からご指導いただきました。

また、大学時代に大野操一郎先生（範士九段）・矢野博志先生（範士八段）・太田昌孝先生（教士八段）・氏家道男先生（教士八段）からご指導をいただいた「100本切り返し」を30年間継続しておこないました。

模擬審査会では、山梨県剣道連盟会長の栗原雅智先生（教士八段）からご指導いただき、緊張感のある立ち会いの中で、集中力を高めることができ審査練習をすることができました。精神面では、岡政吉先生（教士八段）に励まされ力があると認めていただき自信を持たせていただきました。中野尚先生（教士八段）からは、技の奥義についてきめ細かく指導していただきました。各先生のおかげを持ちまして、八段に合格することができたと深く感謝申し上げます。

倒れる寸前で胸を張って構える。膝は跳ねることができる感覚

次に、私が八段に合格するために気を配ったことをご紹介します。

1、構え

手の内を意識して構えに変化をもたせるようにしました。左手の小指・薬指・中指で竹刀を握るなかで、3本の指は平等に力を入れるようにしました。また、親指で中指の爪の内側を押さえたり、人差し指に竹刀を乗せたりするようなイメージを持ちました。これを右手、左手ともに同じように握ります。胴を左脇で押さえて左手を固定すると、ほどよく構えることができました。構えと同時に下筋に力が入る握りをするようにしています。

次に足と発声です。両足を床につけた状態で体重を前に倒れる寸前のところで胸を張るようにしました。膝は上下跳ねることができる程度に曲げています。声を全部出し切り、自然に吸い込むときに下腹に少し力を入れるようにすると、構えが安定しました。

2、練習方法

前述したように切り返しは100本おこないました。100本することによって必ず毎回得るものが

あります。１００本やりきったという達成感が自信につながりました。１００本10回を20年間、１００本５回を５年間、１００本３回を２年間おこないました。現在も継続中です。

基本打ちでは10本を続けて打つ練習をしました。面打ち（10本×５回）、面・小手面打ち（10本×５回）といったぐあいです。打ち込みは、生徒に元に立ってもらい、10本×全員を実施しました。また、毎日全員生徒と２分間の立合をおこないました。その際、時間を15秒、30秒、45秒、60秒、15秒、30秒、45秒と発声してもらいました。

地稽古では合気になるように心がけました。剣先で左右の中心の取り合いができる間合から半歩詰め、そのときにいつでも打てる姿勢で気持ちは腹を割って勝負するようにしました。自分が出るか（このときの気持ちは、面のみで他の技は考えないで自分を信じて打ち込む）、相手が出るか（来た場合は、①面に対して②小手に対して返して面、切り落として面または胴で応じる）を見極めました。両者が動かない場合は、左足だけ寄せて剣先を少し入れて、厳しい間合で前記のことを実行しました。

先の気位で初太刀一本
一足一刀から打ち切る

68

米倉　滋　徳島県・会社役員

よねくら・しげる／昭和30年徳島県生まれ。県立阿南工業高校から徳島県警察に奉職。全日本選手権大会、国体などに出場。平成7年、徳島県警を退職。同9年に剣道場「養武館」を開設。現在、㈲米倉電気管理事務所代表取締役社長。平成17年11月、八段合格。

気を抜かない、先の気持ち、打ち切る、姿勢を崩さない

剣道最高段位に合格できたことは、たいへん名誉なことであると同時に心身とも引き締まる思いをしております。私なりの稽古などを紹介させていただきます。

まず日々の稽古で心がけていることを4点紹介します。

第1点目は、どのような相手に対しても気を抜かず、常に真摯な態度で稽古をすることです。剣道場

では少年の指導を中心に稽古しているため、少年との稽古が多いのですが、どのような相手に対しても初太刀一本を大切にしながら、常に真剣に取り組んでいます。

第2点目は、「先」の気持ちで稽古をすることです。交刃の攻防から打ち間に攻め入り、相手を崩して打つという一連の動作を「先」でおこなえるよう心がけています。

第3点目は、打ち切ることです。打突を出すときは、一足一刀の間合から姿勢を崩さず、気・剣・体の一致の打突ができるよう心がけました。そのなかでとくに注意したのは、小手・面、面・面といった二段打ちを極力出さないようにし、一足一刀で打ち切る練習に励みました。

第4点目は、姿勢を崩さないことです。攻められても姿勢が崩れないよう、また打突時、打突後の姿勢が崩れないよう送り足に重点をおいて稽古しました。

自分の力を百パーセント出し切るには

次に稽古時間の捻出ですが、会社経営しながら剣道場「養武館」を主宰し、稽古に励んでいます。道場での稽古は週3回、主に少年の指導を中心におこなっています。稽古日以外の日は午後8時過ぎまで仕事をし、日曜日は各種剣道大会の審判に出向いているため、出稽古はほとんどできませんが、合間をぬって国際社会人剣道クラブの月例会、徳島県剣道連盟主催の練習会などに参加しています。

徳島県警察の剣道特練生として稽古をしていたときと比べると稽古時間は10分の1以下となりましたが、稽古量が少なくなった分、1分1秒を大切に真剣に取り組んでいます。

茶会の心得に「一期一会」という言葉がありますが、それは生涯にただ一度まみえることという意味があるそうです。私自身これからも仕事と剣道「一期一会」の精神でがんばりたいと思っています。

最後に八段審査に対する大切な要素ですが、それは自分自身の持っている力を百パーセント出し切ることです。八段審査へのこだわりや迷いを捨てて、ただ稽古したことを百パーセント出し切ることが、大切な要素だと思います。

業前に心の扉をノックして機をみて捨て切った大技を心がけた

69

田代潤一　佐賀県・自営業

たしろ・じゅんいち／昭和28年佐賀県生まれ。佐賀中央工業高校（現・北陵高）卒業後、日本運送（現・フットワークエクスプレス）に就職。昭和60年、郷里の厳木町に戻り、武道具専門店「天風堂」を開業する。平成14年11月、八段合格。

平成4年の七段取得後、10ヶ年が過ぎ、受審資格が生じたため、初挑戦を試みた。無名の田舎剣士である自己レベルはどの程度の位置であるかを知るうえで、平成14年11月25日の審査会場（日本武道館）に足を運んだ。

会場での受付時に顔ぶれをみれば、剣道界の有名人（スター的な方）の方々で、全国的に各種大会などで活躍されている人たちが大半であった（とくに警察官・教員）。正直いってここは、自分の来るような場所ではないなと思う気持ちの反面、開き直りの心境となり、技倆・戦歴では劣るが、気持ち

（心）だけは相手の方々と合気で挑みたいと決心をした。

不思議と絶対に〝合格するぞ〟とかの気負いがまったくなく、力が抜けて落ち着いて受審することができた。適度の緊張感はあったが力みは皆無であったように思える。

過去に稽古の折、詫摩貞文先生にお願いをしようと急いで着装を済ませ、慌ただしく道場へ向かう途中、目に焼きついた光景がそこにあった。範士の衣類は整然と置かれ、その上に「詫摩」と書かれた木製のハンガーが置かれ、とくに美を感じた場面があった。それをみて自分はここへ何をしに、また求めに来たのだろうかと問答したこともあった。

詫摩先生の旧友楢崎正彦先生からは郷里である唐津の道場（康心館）で稽古後に、死んだ気になり「溜めて・溜めて・堪えて打て」と教えをいただいたことなどの残像が強い。

プラスαの残心が剣道観を変える

現在、角正武先生より毎月1回の稽古をお願いしているが、あるとき稽古の最中、「参った」といわれたことがある。自分としては有効打を出していないし、なぜか理解できなかったため、終了後に質問をすると「上位者が間を詰められ、気攻めにより手元が浮けば負け」と答えられた。面打ち（自身では好機とみて）の際、私の心の扉を開かないと有効打にはならない。まず技を出す業前に心の扉をノックして、触刃から交刃の理合を考え、その後、機をみて捨て切った大技を出すようにと指導を受け、以後、技の前に仕事は何をしたのかを心がけた。

とくに印象深く感じたのは、地元の厳木中学校での講演「武道の心」で残心についての説明があり、私なりに解釈はできていたが、先生いわく、両者が合気となり白熱した戦いの最中に、ここぞと出した突き技が有効打となり勝者となった。勝者になったがあなたのおかげでお互い一生懸命戦うことができたので勝たせていただいた。相手方に対し失礼の突き技ではなかったか（悪意と感じ取られる）、あるいは喉元の部位を外れ傷を負わせていないかと、相手の方を気遣う心が大切ではなかろうか。

このプラスαが正真正銘の残心である、と教えられた。今までの自身の剣道観が非常に恥ずかしく思え、剣の道の奥義・素晴らしさを改めて痛感した次第である。※（プラスαの残心は人を活かすために必要なもの）

稽古の不足を商談で補い、昇段をめざす

各先生方の勇姿を見て感ずるところは、共通して優雅な美が自然と存在し、観る者に感銘を与える。もちろん剣の強さや厳しさも持っておられるが、周囲の人に対しての優しさ・気配りなどの最大限の人間愛を兼ね備えられている。やはり、その境地の根底には心より醸し出される修行の集大成であると確信する。

武道具店（自営）の傍ら、稽古量は多くないため中味に重点を定め、まず気を合わせ、機が熟したときに第一声を発し、気当たりで攻め起こし、出ばなで捨てた初太刀の面一本を大事に心がけた。※（以前、兵庫の鈴木康功先生から、人は生きるために飯を食う、剣道も人が生きるために剣道をしなければいけないとの助言をいただいた）

稽古ができないときは『道の薫り―剣道年代別稽古法』（角正武著）、「気を識る」「乗る」（剣道時代

特集）、『剣道 八段の修行』（剣道日本）などの本を読破し、心の糧（精神面）とした。

自己流ではあるが、不足分を補うために営業先で挨拶（礼）から始まり、商談（合気となり間を保っての気剣体での攻防）、そしてプラスαをもっての残心、終わりの挨拶（礼）を意識し士魂商才に結びつけ、努力・精進・精武に励む所存である。

剣道のおかげで人との出逢いがあり、そして感動がある。今回の審査は風の如く素直に感じて動けたことが合格させていただいた因と考える。

九、剣道具を車に常備。出張先も道具持参で稽古を願う

敵は心の内にあり
迷いを克服して自信がわいた

70

重松　隆　**滋賀県・会社員**

しげまつ・たかし／昭和27年大分県生まれ。県立中津工業高校（現・中津東高）から東レ滋賀に入社する。全日本選手権大会、東西対抗などに出場、全日本実業団大会優勝3回。現在、東レグループ滋賀殖産㈱に勤務、東レ滋賀剣道部副部長。平成12年5月、八段合格。

後輩のお手本になる稽古を自覚した

私の勤務する東レは創業（大正14年）以来、柔・剣道を会社の社技として奨励しています。その歴史と伝統ある剣道部は、会社の支援により練習環境は申すまでもなく指導者にも恵まれ、歴代師範は小川金之助先生をはじめ、小川政之先生、長田為吉先生、そして現在の奥島快男先生へと引き継がれ、ご指導をいただいております。

また、先輩が築いた伝統を絶やすことなく、全日本実業団大会の優勝を目標に掲げ、部員一丸となって、稽古に励んでいます。

私も36歳で現役を引退するまでは、試合に勝つことを第一の目標に一生懸命に稽古をやりました。しかも、昇段審査でつまずくことなく順調に七段まで昇段することができました。これも、常に師範の見守るなかで稽古や試合ができて、その時々に適切なご指導をいただいたお陰と感謝しています。

身近に良き師がいてくれるということは心強いかぎりです。「師無きは外道」と申しますが、良き師にご指導いただき、自分の剣道の完成度を高めていくことが大切だと感じております。

選手として活動していた32歳のときに、七段に合格することができました。当時、師範だった長田先生に合格の報告に行くと、「重松君、これからは八段をめざして稽古しなさい」といわれました。予想もしていなかった先生のお言葉に思わず「先生！　八段審査まで、まだ16年もありますよ」と驚愕のあまりにこんな返答をしてしまった記憶があります。

やがては、現役引退を考える年齢にさしかかっていただけに、新たに大きな目標を掲げてくれたんだと感じました。

そのときは即八段をめざす稽古をなどとは思いませんでしたが、現役引退後も剣道を続ける決心がつきました。そして、しかるべき時期がくれば、八段を受けられる状態にしておこうと考えるようになりました。

それからは、剣道観が少しずつ変わっていく自分がわかりました。

正しい剣道、そして後輩のお手本になる稽古を心がけようと自覚したのもこの頃でした。

実業団の選手のなかには、非凡な才能をもった剣士がたくさんいます。現役引退と同時に剣道を止めずに継続して、一人でも多く実業団のなかから八段が誕生することを願っています。

故障改善が正しい剣道に導いてくれた

疲れがたまってくると腰痛が出て、剣道の調子もおかしくなってくることが時折ありました。試行錯誤していくうちに構えたときの足幅が広く、左膝を深く曲げて無理をして面に出ていることに気付きました。改善策として、左足を半歩引きつけ前後の足幅を狭めたことで立ち姿も良くなり、上体上下動の無駄もなく、無理のない打ちが出せるようになりました。

また数年来、右肘の痛みで悩んでいましたが、42歳のとき思い切って厄払いのつもりで手術をしました。痛みはなくなりましたが、肘がまっすぐに伸びない状態は以前のままです。肘が伸びにくいことを考慮して、打突時の姿勢が半身にならないように、柄革を多少短くして竹刀を組みました。柄を短くすることで連続打ちが出しにくくなった反面、結果的に大きな打ちを意識し、無駄な力が抜けた剣道に進歩したような気がします。

まさに怪我の功名とでも申しますか、故障のお陰でいろいろ工夫したことが、八段対策に結びついていました。

八段をめざす皆さん方のなかにも、満身創痍、痛みと闘いながら日々稽古に精進されていることと思います。苦難を乗りこえ、合格をめざして頑張ってください。

試合に出場し、緊張感と集中力を養った

普段の稽古は、東レの若手と一緒に切り返し・基本・打ち込みなど同じメニューをこなすように心がけ、現役引退後も継続してやりました。とくに気をつけた点は、姿勢が崩れない、美しく力強い流れのある打ちをイメージして基本稽古をしました。高段者であっても、段位に見合った基本打ちができることが必要であると考えています（審査員の先生は、受審者の錬度のすべて、この辺も見抜かれていると思います）。

試合にも努めて出場しました。稽古だけでは体験できない緊張感と気迫・集中力が養われます。審査のときに、実力どおりの力を出すためにも勝負勘を磨いておくことが肝要です。

県の連盟が計画した、八段受審者研修会への参加。これは、審査員を経験された先生をお招きして、講義や実技指導を受けました。またあるときは八段合格して間もない先生をお招きして、体験談や稽古をお願いできたことは良い勉強になりました。

また、西一柳会（柳生の同期会）の仲間内での模擬審査会を、5日の審査直前に実施していただいたお陰で、やるべきことはすべてやった満足感と自信がつきました。これらのことが、心技体の充実した状態で審査に臨める条件を整えてくれました。

心の迷いに打ち克って合格した

実力が互角であれば、試合時間5分でも一本の有効打突を奪うのは容易なことではない。ましてや2

分の審査時間で有効打突を決めるのは至難の業であるように感じて、時間に追われる気持ちで打ち急いでしまっていた。不合格の要因は、この気持ちのゆとりのなさ、心の迷いが原因していたことです。

よくよく考えてみると、相手も同じ条件で合格をめざして挑んでくる。試合と違う点はここにあります。つまり、お互いが打ち気で攻め合っており、両者に打つべき機会は十分にあること。頭のなかで理解したつもりでも実践できていなかった。3回の失敗を反省するなかから、2分間が決して短い時間ではないと、迷いを断ち切ることができました。先生方によくいわれていた「立ち上がってから20〜30秒は我慢して、じっくり攻めなさい」の教えが、やっと本番で実行できました。気持ちの切り替え次第で、心に余裕が生まれ、落ち着いた攻めができて、相手の起こりがよく観えた気がします。

私の体験として、八段合格の秘訣は、相手と戦う以前の、自分の心との葛藤にあったと思います。

4回目の挑戦で、やっと自分の心の迷いに打ち克ち、合格することができました。

受審者の皆さん、「敵は心の内にあり」——これを克服すれば、自信がわき、「懸待一致」の攻めで、実力を十分に発揮することができると思います。

八段受審の皆さんのご健闘をお祈りいたします。

老舗パン屋の経営と八段審査心がけた起床・就寝・食事のリズム

71

平子允秀　茨城県・自営業

ひらこ・みつひで／昭和16年茨城県生まれ。県立龍ヶ崎第一高校卒業後、茨城県警察に奉職。都道府県対抗、国体などに出場。現在、キムラヤパン店を営む。茨城県学校給食パン協同組合理事長、保護司、茨城県剣道連盟常任理事。平成15年11月、八段合格。

平成15年11月の東京審査会において、念願だった剣道八段に昇段することができました。家業に従事しながらの剣道修行で、私がこの上ない感激を味わうことができたのは、これまでご指導いただいた諸先生方、剣兄剣友皆様のお陰です。ほんとうにありがとうございました。心より感謝申し上げます。

私が八段に挑戦し始めたのは今から14年前、48歳のときでした。この間、「家業と剣道をどのように両立させてきたのか」につきまして、まだまだ未熟者の私ですが、後進の方々のためにも述べさせていただきたいと思います。

剣道特練員からパン職人に転身。5年間のブランクを経験する

私は昭和16年茨城県竜ヶ崎市に生まれ、10歳から武田治衛先生に師事し剣道を始めました。基本に徹した稽古が毎日続き、勝ち方よりも正しさをしっかりと教わりました。私が剣道の基本を考えるとき、いつも武田先生の教えが頭に浮かびます。

高校を卒業後は茨城県警に奉職しました。ここでは範士八段の中村廣修先生のご指導を賜りました。警察での剣道は、勝負を意識しながらも正しさを追求した剣道を仕込まれました。特練生としてレギュラー選手に残れるように、ライバルと切磋琢磨する毎日でした。

日立警察署の勤務になったとき、縁あって老舗パン屋の一人娘である妻と知り合い、結婚することとなりました。私が跡取りとなったのは、銀座木村屋から暖簾分けを受けた由緒ある店で、その伝統を守るためにパン職人となりました。今まで体験したことのない世界で右も左もわからないことだらけで、とまどう毎日でした。父の教えはたいへん厳しく、音をあげて逃げ出す職人も少なくありませんでした。しかし自分は辞めることはできず、懸命に指導についていきました。いま思えば、父も早く私を一人前にしようと必死だったのでしょう。情け容赦のない指導が続きました。

長男が剣道を始めるまでの5年間は、まったく稽古ができませんでした。子どもが通っていた日立電線日高道場で羽賀幸雄先生にご指導をいただけるのも、仕事の都合で週に1回だけでした。毎日稽古ができた警察時代と比べ竹刀を握る時間は激減しましたが、だからこそ稽古ができるときの喜びは、何ものにもたとえがたいものでした。その後、ひたちなか市に警察時代の恩師中村先生と㈱山忠社長の教士七段山崎金太郎先生が開かれた青藍館という道場で、時間的に余裕があるときには週に2回稽古をいた

だくこともありました。

午前4時起床、窯に火を灯す。稽古量を増やすも失敗の連続だった

私の八段挑戦が始まったのは、48歳のときでした。この14年間のうちに、父を亡くし母を亡くし、不景気の波で経営は困難さを増し、私を取り巻く環境は大きく変わりました。実質上の経営は私たちに任されていたとはいえ、精神的な支柱である両親を亡くしたことは大きなショックでした。先代から受け継いだ味を変えず、お客様からの信用を失わないようにと、妻や従業員たちと懸命に店を守ってきました。

朝は4時に起床し窯に火を灯します。小中学校の給食・高校での販売、そして一般販売用のパン作りと、朝食をゆっくりとる間もなく、慌ただしく時間が過ぎていきます。年とともに早朝からの作業につらさを感じるようになりましたが、従業員の負担を考えると楽なことばかりもいっていられません。土日は試合や講習会などで家を留守にするときには、妻が私の替わりに工場に入ります。私が八段審査を受け続けられたのも、妻や従業員たちの力に支えられたお陰です。

50歳になってからの稽古量は、ずいぶん増えました。国際社会人クラブの定例稽古会、全剣連や茨城剣連の合同稽古会などに積極的に参加し、諸先生方にご教導を仰ぎました。

また地元の愛好家たちと始めた駒王剣友会で週2回、外部コーチを務める県立日立第一高校で週1回、さらに県警機動隊本部での稽古に参加することもありました。家業で疲れているにもかかわらず、剣道を始めると不思議と心身共に元気になっていくのを感じました。

しかし明らかに稽古量が増えたにもかかわらず、合格することはできませんでした。多くの先生方からご指導を受け、自分の剣道を見つめ直し試行錯誤する日々でした。自分では、「今回はうまくいったかな」と思っても、審査のたびに結果に苦悩することが続きました。

さらに厳しくなった労働環境。メンタルトレーニングが効果的だった

昔と比べ、従業員も減り、施設も老朽化し、私の労働環境はますます厳しさを増しました。審査前日・当日を含め、いまの生活パターンを次頁の表の通り、あらわしてみました。

平日は午前4時に起床し、午後2時頃には製パン作業を終えます。夕方に支店の戸締りをおこない、それからが私の稽古時間となります。

前日は休業日だったため、ゆったりと1日を過ごせました。しかし、起床・就寝・食事の時間は変えず、いつもと同じリズムを心がけました。

昨年は風邪をひいてしまったため、今回は直前1週間の稽古は1回にしました。当日のコンディションを考えると良い選択だったように思います。1日の睡眠は、仮眠を含め約7時間です。以前は何をいつ食べるかを考えて調整しましたが、今回は好きなものを食べ、よけいな気は遣いませんでした。

稽古量を減らした分、過去の八段審査合格者の実技審査ビデオをみて、会心の面と出端の見切りを学びました。また自分に置き換え、頭の中で何度もリハーサルをおこないました。実際の審査ではとても落ち着いて臨めたので、この視覚を伴うメンタルトレーニングは、かなり効果的だったと思います。

諸先生方からいただいたご教導はもちろんのこと、私の場合は、家業を通しての精神面の充実が合格

につながったと思います。人員不足で早朝より工場に入ることが続いたこと、また人を使い活かす上で我慢を強いられたことなど、日々の労働を通して胆力を錬ることができました。

家業との両立をはかることが、私の剣道をさらに磨けるものと信じ、これからも両面で精進して参りたいと思います。

審査前日と当日の様子

時　間	平　日	前日（休日）	11月25日（水）
午　前			3：00　起床
4：00	起　床		製パン作業
5：00	製パン作業	起　床	5：30発フレッシュひたちで上京
6：00			
7：00			
8：00			
9：00			受　付 朝　食
10：00	朝　食 仮眠30分	朝　食	
11：00		墓参り	1次審査
午　後 12：00	高校で販売		
1：00			昼　食 ・昼食後はフロアで午後の審査を見たり寝たりする
2：00	昼　食	昼　食	
3：00	仮眠30分		
4：00			仮眠　1時間 ・フロアで寝る
5：00			
6：00			2次審査
7：00	支店の 戸締り		発　表
8：00	稽　古 週3回程度		翌日（形・学科審査）の説明
9：00	夕　食	夕　食	
10：00			帰　宅
11：00	就　寝	就　寝	夕　食 就　寝
午　前 12：00			

良き師を求めて稽古をいただきに行く

72

桜井鋭治　岐阜県・道場経営

さくらい・えいじ／昭和15年岐阜県生まれ。市立関商工高校から地元の東洋工業（現・マツダ）へ入社。その後、独立して自動車修理工場を始める。剣道は武専出身の中島学先生に師事する。現在、岐阜県剣道連盟強化委員長、岐阜県剣道道場連盟副会長、無心舘桜井道場館長。平成11年11月、八段合格。

拙い経験ではありますが、八段受審にあたり私なりに心がけたことを挙げさせていただきます。何かのご参考になればと思います。

一、着装について

受審にあたり着装はやはり重要な要素だと思います。当たり前のことですが、なかなかできていないことが多いのが現実です。私が留意した点について述べます。

剣道着、袴については自分に合ったもので、袖口は甲手の端から2cmぐらいあくよう胴幅の広い場合も同じく修正し、背中に膨らみがないよう心がけました。審査をされる先生方は、ここを一つの着眼点に入れておられると思います。

次に面。面布団の長さです。私は身長162cmと小柄、顔も大きくありません。一般の面を付けますと、布団が背から数cm出てしまい、また、長いため、面布団が跳ね上がる品のない着装になり、品位に欠けます。ですから、私は布団の長さを短くし、自分の体に合わせ直しました。

やはり、着装の乱れは心の乱れにつながります。自分自身、着装に留意しながら剣道着、防具を付けていく過程は、稽古に取り組む心が引き締まっていくのを感じます。私は昇段審査だからではなく、普段の稽古から気を配っております。

面だけでなく、当たり前ですが面ひもの長さについても受審者の先生方は留意が必要です。

二、竹刀について

私は、先に申し上げたように、身長が162cmと小柄な身体です。3尺9寸の竹刀は長すぎて思うように技が出せません。そこで竹刀の長さを3尺8寸5分に切ると同時に柄皮も（全長）29cmに切って使用しております。合格できた審査では3尺8寸の竹刀を使用しました。

このように自分の体型にあった防具や竹刀を使うことは大切だと思います。これらのことは、その人の構えや姿勢について大きな影響があると思います。正しい着装からくる良い姿勢は先生方の視線を引きつけることが出来、適正な竹刀の使用による正しい構えは理合に合った応じ技や抜き技が自由に使えます。工夫してみてください。

三、稽古について

稽古ですが、仕事の都合もありますが、私はほぼ毎日しました。1週間に2日~3日は県外各地、各会の稽古に出席し、高段位の先生方から指導（稽古）をお願いし、ご注意をいただいたことは、ノートに記入し次の稽古までにできるだけ直し、また先生方に稽古をお願いし反省する。このくり返しでした。遠隔地への出稽古はおもに土日を利用し月に4~5回ほどおこないました。いつも同じ先生では技の出がわかって、気ができない、臍下丹田を錬る修行はなかなか難しいですが、多くの先生に懸かり、その中で動じない心根をつくることが気位につながると考え、努めて外に出るように心がけました。

京都大会での朝稽古、立合、いろいろな先生方が出席されます。こういった場を逃さないことが大切です。元立ちの先生方はすべてが立派な先生方であり、一本でも稽古をお願いすることが大切です。私は自営業で比較的時間をつくることができました。なかなか難しいですが、できる範囲内で努力していただくといいと思います。「井の中の蛙、大海を知らず」です。

四、良き師を得る

私は岐阜在住ですが、北九州・戸畑の故松原幸好範士、また松原輝幸範士の道場へ一人で時々出かけています。車で約8時間ほどかかります。特に松原輝幸範士にはお世話になりました。京都の合同稽古では井上晋一範士にご指導を願っています。その他、多くの先生方にもご指導を受けました。修行をする上で思い、惑い、苦しむことが多くありますが、そんなとき的確なアドバイスをいただける先生を得ることは、その人の次へのステップを踏み出す大きな糧となります。良き師に巡り会うためには待っていては当然だめです。労力を惜しまず、いろいろなところへ稽古をいただきに行く。その積み重ねがあなたを良き師に巡り合わせてくれることでしょう。

技術的なことには特に触れませんでしたが、以上の点は技倆を錬る以前の大切なことだと思います。このことができるようになれば、おのずと技倆も上達すると思います。

運転中に間と起こりを鍛える対向車のナンバーを察知する

73

猪股 弘 長崎県

いのまた・ひろし／昭和32年長崎県生まれ。長崎日大高校卒業後、陸上自衛隊に入隊。都道府県対抗出場、全国自衛隊大会個人2位1回3位2回、全九州自衛隊大会個人優勝1回2位2回3位3回など。平成23年6月に定年退官（54歳）し、現在は全九州自衛隊剣道連盟常任理事、長崎県大村市剣道協会副理事長、県立大村工業高校において指導をおこなっている。平成18年11月、八段合格。

守破離の守に徹す。師の教えを忠実に守る

剣の道を志して稽古に励む剣士には、日常的に修行（稽古）ができる立場の方々から、仕事の余暇を利用してコツコツと精進を重ねる方々と稽古の日数、時間など、さまざまな違いがあるのが一般的でしょう。

私は後者のほうです。現在（合格当時）、陸上自衛官として第一線で勤務し、訓練・演習などの勤務

の関係で稽古日数や時間が少ないことに不安を感じていました。

少ない稽古時間の内容を充実させることに重点を置き、毎週火・木曜日の大人の稽古会には万難を排して参加するようにし、八段審査を受審される先生や七段の諸先生方と審査本番の立合のつもりで稽古に励みました。

自衛隊に入隊後、長崎県の剣豪会（初代会長・故坪内八郎範士）に入会して、昭和63年に六段昇段。その後、現会長の錦戸眞範士にご指導をいただいて平成5年に七段昇段、次いで今度の審査で八段に昇段をしました。

10年以上もの間、先生からいろいろなご指導を頂戴し、身についたものもあれば、忘れてしまったものもあります。しかし、八段審査に挑戦しはじめてからは「理合を大切にしなさい」「起こりを打つ」「手の内の冴え」「打ち切る」など、書き出せばきりがないほどの教えを受けて、一回一回の稽古を大切におこなってきたつもりです。

その中でも「師の教えを守り、剣の理法を学び、正しい剣道を修行する」ということを徹底してきました。「守・破・離」の「守」に徹し、師の教えとともに今まで努力してきた自分を信じ、審査に臨みました。

年齢や段位で「守・破・離」を決めている傾向がありますが、私は自分の心の中にしっかりした目標と「守」の心を持って稽古に励んだことが八段合格につながったと信じています。

子どもと剣道談義。若手の意見に耳を傾ける

審査前は、毎日でも稽古をしないと落ち着きませんが、そうはいかない日もあります。なにか稽古につながる訓練方法はないものかと思案しました。

他の人に役立つかどうかは個々の考え方次第なのですが、ここ2年ほど前から思いついて実行していることを紹介します。

車中でのイメージトレーニングは、みなさんおこなっていると思いますが、とくに「起こり」を早く察知するため、洞察力を高めようと思いました。そこで考えついたのが車の運転中に対向車との「間」を立合の「間」に置き換え、すれ違いざまの瞬時に相手のナンバープレートの4桁の数字、車種、車中の人員の特徴などを判断するのです。最初（慣れてくるまで）は遠い間合からはじめ、徐々に間合を詰めていくと効果が上がります。対向車が続けて通過するときは、若干パニック状態になりますが、これがまた状況判断の訓練にもなっています。

慣れてくると、知らず知らずのうちにやっているもので、頭の回転も速くなり、一石二鳥というところで、私には効果があったように思います。ただし、脇見運転にならないよう、安全運転には充分に注意することが重要です。

また、私には3人の子ども（2女1男）がいます。末っ子の長男・健太郎も6歳から剣道をはじめました。13年たった現在は、そこそこの腕前で、週1回は市の武道館へ一緒に出かけて稽古をしています。往復の車中や我が家では、親子剣道談義が弾みます。私の影響もあってか、19歳のわりに「気攻め」「起こり」「理合」などと語る内容が高度になり、私にも役に立つことが多く、努めて話し合うように心

がけています。

きつい仕事も剣道のため。プラス思考で剣道修行に置き換える

前項で述べたように、私は陸上自衛官として勤務しています。訓練・演習などで短期から長期にわたる勤務のなか、この間の稽古は当然できなくなります。しかし、心身の鍛錬に置き換えると最高の職場でしょう。

八段受審の前年、平成14年3月から昨年8月までの約4年半を長崎県佐世保市の相浦駐屯地で勤務しました。部隊の特性上、空中機動・山地機動・水路潜入など、普通の人は聞き慣れない言葉ですが、ヘリコプターからの降下訓練や重量物を背負って昼夜なく山中を移動したり、季節に関係なく泳いだりなど、過酷な戦闘訓練が日常でした。

つらいときには「この程度で弱音を吐くくらいじゃ八段審査には合格しないぞ」と何回も自分自身に言い聞かせ、忍耐力・胆力などの精神面を主に、併せて握力・腕力・脚力などの体力面の向上に努めました。おかげさまで自分でも以前よりは、精神面・体力面ともに強くなった気がしています。

いろいろな身の回りの出来事を常にプラス思考を持って剣道の修行に置き換えることで、稽古不足を補ってきました。やはり基礎体力、とくに下半身（足・腰）が強靱でなければ、しっかりした打突はできません。日頃から自分に合った体力錬成を継続することが重要だと思います。

昨年8月の異動により、長崎県大村市の大村駐屯地に転属となって、自宅にも道場にも近くなり、今回の八段審査までの3ヶ月半ほどは、以前と比較すると稽古に集中できたのが功を奏したのかもしれま

せん。

結言として、師は弟子に自分が持っている剣道を教えてくれます。その剣道をしっかり受け継いで、「守」の修行を怠らず努力をすれば、結果は必ずや望むものになると信じています。

審査出発前日の剣豪会で、錦戸先生への打ち込み稽古の余韻が今も心地よく手元に残っています。しっかりと先人の教えを守り、修行に励むことこそが大切でしょう。

追跡追尾で間をつかむ状況変化をとらえる力がついた

74

松原　治　神奈川県・警察官

まつばら・おさむ／昭和34年東京都生まれ。法政一高（現・法政大学中学高等学校）から法政大学に進み、卒業後、神奈川県警察に奉職。国体3位、全国警察官大会団体1部2位など。現在、神奈川県警察学校教官。平成18年5月、八段合格。

私は平成18年の5月に八段審査2回目の挑戦で幸運にも合格させていただきました。今考えても、なぜ合格できたのかはわかりません。ただ、私が八段に合格したときの感覚を一言でいえば「気剣体の一致」した立合ができたということでした。その感覚を今も忘れないように稽古しております。

交通機動隊勤務が転機。構えの重要性を再確認した

剣道は「気剣体の一致」が重要な要素です。気剣体の充実した構えから気剣体を駆使して相手を攻め、相手の気剣体を崩し、あるいは殺して隙をつくり、機を見てあるいは気を観て、気剣体の一致した打突をし、気剣体の充実した構えに戻ります。すなわち、「気構え」「身構え」「太刀の構え」の三位一体の構えが剣道の構えであり、正しい構えなくして正しい打突は生まれません。ひとつでも欠けた状態では、技を出しても一本にはならないのです。また「気構え」「身構え」「太刀の構え」のいずれかが崩れると相手に打たれることになります。

構えの重要性をとくに感じたのは、第二交通機動隊の剣道助教のときでした。ご承知のとおり、交通機動隊はその機動力を活かし、交通事故防止のための交通指導取締りおよび被疑車両・逃走車両の追跡追尾をおこなうため、高度な運転技能が必要となります。ときには高速度で被疑車両・逃走車両を追いかけていくこともあるため、操作を一歩間違えば、重大な事故につながります。いうなれば、命がけの仕事です。１ヶ月間の新隊員訓練で、自動車の運転技能をみっちりと仕込まれました。「剣」を「ハンドル」に持ち替えて、仕事を剣道という方程式にあてはめて考えてみると、おもしろいのではないかと考えました。

「正しい乗車姿勢なくして正しいハンドル操作はできない」と、乗車姿勢からきびしく指導されました。今までの運転技能をすべて否定されているようでした。「乗車姿勢が崩れると、目線がずれる」「目線がずれると、周囲の状況を的確に判断することができない」。正しい乗車姿勢のまま自動車を操作し、周囲の状況も的確に判断し追跡追尾するには、人と車の一体感が必要であると感じました。

追跡追尾する場合、対象車両がブレーキをかけたり、あるいは速度を出したりすれば、それに迅速に対応しなければなりません。対応が遅れれば、追突あるいは引き離されてしまいます。「着かず離れずの車両距離を保つ」ということに独特の「間」を感じました。

追跡追尾の際、対象車両が高速度で逃げれば、高速度で追跡しなければなりません。追いつくためにはそれ以上の速度を出す必要があります。しかし、そこには相手と自分の他に一般車両や歩行者などの第三者の存在があり、常に状況は変化しています。

そのため、対象車両に追いつくためにどうするかをイメージするのですが、一般車両が急に進路変更してきたり、後ろのパトカーに気がつかず進路をふさぐ運転手もいたりします。常に相手との車間距離を考え、一般車両の動向や歩行者の有無など周囲の状況を的確に判断し、危険を予測して冷静沈着な運転をしなければ、事故を起こし、第三者を巻き込むことにもなりかねません。「追跡する勇気と打ち切る勇気」を持てと指導されましたが、そこには正確な判断と迅速的確な行動が必要なのです。知らず知らずのうちに「遠山の目付」「観見の目付」を、仕事を通じて身につけさせてもらっていたのかもしれません。

幸いにして、交通機動隊勤務中の6年半の間、事故なく過ごすことができましたが、「ヒヤリハット」体験はたくさんあります。前方車両の急ブレーキ、急激な進路変更、歩行者の飛び出し、車の急発進などによって事故に遭いそうになった場面がありました。しかし、剣道には「打たれなくとも、心が動いたら負けと思え」という教えがあります。事故に遭わなかっただけでもよかったのかもしれませんが、そういう状況をつくらないことが重要だと思います。

呼吸は常に七分か八分。呼吸の変わり目を悟られないようにする

警察官という仕事の特性上、警察活動を通じて、さまざまな人と接する機会が数多くあります。いい人もいれば悪い人もいます。しかし、どんな人に対しても適切に対応しなければなりません。話を聞いて的確な説明をすることが大切です。同じことを説明しても、戻ってくる答えはさまざまです。それに対して、また説明をするのですが、的確な説明ができないと納得してくれません。それどころか、そこをつけ込まれます。「嘘つきは泥棒のはじまり」とはよくいったもので、悪い人はよく嘘をつきます。嘘を見抜いて真実を引き出すことが警察官の仕事です。相手とのやりとりの中に「虚実」があり、人と人との関わりの中に「理合」があると感じました。

このとき、自分の剣道も今一度否定して考えてみるのもよいのかもしれないと思いました。「構え」を研究してきたつもりでしたが、初めて挑戦した八段審査のあと、ある先生から「鍔元が少し余っていた」とのご指摘をいただきました。まだまだ「構え」ができていないなと感じ、「茶巾しぼり」を意識して、「構え」を重点的に研究しました。

「構え」をつくるためには、呼吸法も重要な要素です。呼吸が乱れれば、構えも乱れます。呼吸の安定していない構えから充実した攻め、充分な打突はできないと思います。丹田式呼吸法により、肚をつくるといいます。吸う息を短く、吐く息を長く、臍下丹田に力を入れるように呼吸するのです。これを体得するには素振り、切り返し、打ち込み、掛かり稽古などの基本稽古が有効ですが、普段、平時でも呼吸法を意識することが大切なのではないかと思います。

勤務中、呼吸法で失敗したことがありました。パトカーに乗務して交差点において対象車両を警戒し

ていました。信号機が赤に変わったため、対象車両は通過しないものと思い、フウッと呼吸を抜いてしまいました。そこを対象車両が信号を無視して通過していったため、対応が遅れ、青信号で通過中の一般車両に進路を遮られ、失尾しました。呼吸を全部抜いてしまうと、息を吸わないと行動が起こせません。以来、七分か八分で呼吸することを意識するようになりました。

息を吐いているとき、息を止めているときに人間は集中できるものです。剣道でも、呼吸の変わり目が打突の好機となります。そのため、呼吸の変わり目を相手に悟られぬようにしなくてはなりません。そこで、息を吸っているときにも「しごと」ができないか研究してみました。間を盗むとき、振りかぶるとき、相手の太刀を払う、すり上げるときなどに呼吸を盗んで打突してみたり、打ち間に入る前に息を吸い込み、打ち間に入って息を溜め、打突の瞬間、一気に吐き出したりしてみました。このとき、太刀の先端まで気持ちが伝わるようにしています。残心と同じように息も残すのです。呼吸法を意識し、呼吸と構えの一致と、呼吸と打突の一致を考えて稽古してみました。

荘子は「衆人の息は喉を以てし、真人の息は踵を以てす」といっています。しかし、その感覚はまだわかりません。私の恩師である清水保次郎先生（範士八段・故人）は、「左足に乗る」といっておられました。今後の研究課題と思っています。

非を知るから聖。自分の非を知ってこそ上達する

「剣道は打たれて修行せよ」といわれていますが、打たれてよいということではありません。打たれたら「事故」であると考えてみると、取り返しのつかない事故があるわけです。剣道では、勝負はやり直

しがききませんが、命を落とすことはありません。しかし、竹刀を真剣と思い、「初太刀を取る」ことを意識して全身全霊で相手に対峙することが必要だと思います。自信を持って対峙しているのに相手に崩されたり、打たれたり、自信を持って打った技が当たらなかったり、返されたりしたときは、それらが自分の非を教えてくれているのだと感謝し、その結果を考え、反省、工夫して鍛錬を重ね、そのくり返しによって自己の剣道を創造して、完全な剣道に少しでも近づくよう稽古することが重要です。それが「三磨の位」ということだと思います。

「正しい剣道」を導き出すには、正しい答えを自分で感じ取り、体得することが必要だと思います。とくに一流の先生方に稽古をお願いすることが必要だと思います。剣を交えただけで圧倒され、構えているだけで呼吸が乱れてしまいます。一流のものに接しなければ、一流の味はわかりません。

私は昭和58年から平成5年まで、神奈川県警察剣道特別訓練員として11年間在籍させていただきました。目立った活躍はできませんでしたが、その11年間に神奈川県警察の歴代師範の先生方のご指導をいただき、訓練員相互で切磋琢磨してきました。また、他県の一流の先生方に稽古をいただいたり、一流の選手と試合をさせていただく機会がありました。今にして思えば、厳しい稽古でしたが、ありがたい経験をさせていただいたと感謝し、自分の財産であると思っています。

非を知るからヒジリです。漢字では「聖」と書きます。自分の非を知って完全な人間に近づいていくことが「剣道の理念」のいう「人間形成の道」であると理解していますし、その過程において品位・風格というものが自然に備わってくるものであろうと思います。

今後とも剣道八段の名に恥じぬよう、「正しい剣道」を追求し、努力精進を積んでいきたいと思います。変わらぬご指導ご鞭撻のほど、よろしくお願いします。

自己流では合格できない 京都、名古屋、大阪へ出稽古に行った

75

山下和廣　石川県

やました・かずひろ／昭和20年鹿児島県生まれ。鹿児島商工高校（現・樟南高）卒業後、東レ愛知に入社。全日本実業団大会、国体、都道府県対抗、東西対抗などに出場。現在、石川県剣道連盟副会長兼審議員・強化委員長。平成15年11月、八段合格。

地元石川国体で意識改革。剣道の目標が高まった

私が剣道を始めたのは中学2年生の4月です。当時校長先生だった重岡昇先生に手ほどきを受け、剣道の魅力にとりつかれたように思います。その後、鹿児島商工高校に進み、矢崎時雄先生にご指導いただきました。やはり高校での厳しい稽古が今の私の土台になっているのではないかと思います。当時特練生でした鹿児島県警の有満先生や石田先生をはじめ多くの先輩方が週2～3回みえられ、息も抜けな

い稽古をつけていただきました。高校での通常の稽古が終わった後に、大道館にお邪魔させてもらい、中倉清先生や一般の先生方にご指導いただきました。この中学、高校の5年間の稽古は、学生という立場でひたすら剣道にだけ打ち込めた期間だったように思います。

高校卒業後は東レ㈱愛知工場に就職し、当時師範の近藤利雄先生ご指導いただきました。愛知工場は全日本実業団剣道大会では5回の優勝を数え、入社時は3連覇した頃です。当然強い先輩が大勢いて、しばらくは選手になれず悔しい思いをしたものです。当時は地元の県警をはじめ、多くの実業団、警察や中京大学、慶應大学などの学生たちが来て練習試合をおこない、また稽古をしていただきました。仕事と両立させながら、選手になり活躍することを目標に自分自身を奮い立たせた頃でなかったかと思います。

昭和59年に東レ㈱石川工場のナイロン建設の応援で石川県に来ることになり、昭和61年の春に転勤を命じられ、その年の秋に家族ともども石川県人になりました。石川では先生方に稽古をお願いする場面が限られていましたから、会社の稽古のほかに県内各地の稽古会に積極的に参加することにしました。その中でも、会社から25㎞ほど離れていますが、石川県立武道館には欠かさず稽古に行くようにしました。当時、石川国体のアドバイザーコーチをされていた椎名慶勝先生に「4年後に石川国体があるのでがんばってもらえんか」といわれたのがきっかけで強化選手として稽古をつけていただけるようになり、少しずつ自分と剣道の目標が高くなってきたように思います。

今でも続いていますが、県内の強化稽古では2往復の切り返しに始まり、地稽古、掛かり稽古に打ち込み、最後に跳躍素振り１００本をこなすようになりました。椎名先生は平成元年に病気で亡くなられましたが、その後は佐藤博信先生が引き継がれ、先生のご指導のもと全国37都府県遠征で３００余の試合や稽古をこなしました。最後の遠征後に本国体登録選手の発表があり、自分の名前を呼ばれたときは、いろいろ迷惑をかけた会社や家族への感謝の気持ちと、お陰さまで応援してくださった人に何とか面目が立った喜び、石川の代表としての誇りと責任感が一度に湧き出してきました。

国体半年前には疲労とストレスによる胃潰瘍で吐血し1週間の入院で関係者にたいへん迷惑をかけました。退院2日目には武道館に行き、4日目に防具を付け稽古しましたが、特練の若い選手に体当たりで飛ばされたりもしました。いろいろな経験をさせていただき、さらに地元国体の副将として優勝に貢献できたことが、私の剣道人生を大きく変えたと思います。

名古屋、京都、大阪に出稽古。審査当日は集中力の持続につとめた

北陸3県では平成13年秋に福井県、平成14年春に富山県に八段が誕生し、石川県としてはさみしい思いをしておりました。が、石川県剣道連盟会長、理事長をはじめとし多くの方々からの、何とか石川県にも八段をとの思いを達成でき、たいへん喜んでいただきました。

平成元年のはまなす国体に二部大将、とびうめ国体からは副将、富山国体から3年間は大将と合計7回出場しました。しかし、試合に勝つための剣道をやっていたため、先生方から注意を受けても、どこかで真剣に聞いていなかった気がします。そのせいでしょうが、八段審査を受審できるようになってからは、6回の受審中5回が一次不合格、1回が二次審査であと一歩の不合格でした。7回目の挑戦で合格させていただきましたが、最近はいろいろな先生方から注意されたことを素直な気持ちで聞けるようになったように思います。やはり自己流では駄目なことが自分自身わかったからでしょう。

石川県剣道連盟で強化部を任されてからは、掛かる稽古は県内には数人の先生しかいないため出稽古には京都、名古屋の稽古会や柳生30期の稽古会、大阪日曜会の稽古に積極的に行くようにしました。少しずつですが、八段受審者同士との稽古や八段の先生方との稽古、国体での試合、自分と同年代の八段の先生方に稽古をお願いしているうちにだんだん手応えを感じるようになりました。

最近は週4、5回の稽古で次のことに注意し自分の剣道を見つめ直しながら体得する気構えでやっております。

剣道着・袴の着装、防具の付け方、竹刀の握り方、中心をとる構え、立ち姿、相手を上回る気勢、気迫、どんな相手にも初太刀を打ち打たさない、無駄打ちせず一足一刀の間合から一拍子で打ち切る、形だけでなく攻めや応じのできる残心、精神面を鍛えるなどを心がけた稽古をする。今回の審査立合ではほぼできたのではと思います。

ほかに心がけた点は、雑念を入れないことで携帯電話は家に置いておき、無駄話もせず、集中力を高め、平常心でできたと思います。

いまは子どもたちも独立し、妻と2人暮らしですが、剣道を続けるうえで家族の協力は大きく影響すると思います。仕事は東レの子会社で働いておりますが、職場の理解を得ることと同じくらい、自分で剣道のできる環境をつくるのも大事だと考えています。

これからは指導者としての立場も自覚し、石川県から六段、七段、そして八段をめざす人が一人でも多く合格するように手助けができるような稽古と、自分自身の研鑽を両輪として、真の八段をめざし精進してゆく所存です。

剣道具を車に常備
出張先も道具持参で稽古を願う

76 野村良三　鹿児島県

のむら・よしみ／昭和24年鹿児島県生まれ。鹿児島高校卒業後、鹿児島刑務所で刑務官拝命。都道府県対抗、国体、全国矯正職員大会などに出場する。平成21年3月定年退職。平成16年5月、八段合格。

息が切れるような掛かり稽古。初太刀一本を心がけた

私が道場で心がけたことは、まずできるだけ速く面をつけて、先生に稽古をお願いすることです。また、先生に稽古をお願いできたら一本勝負のつもりで掛かりました。しかし、最初のころは、どうしても一本勝負を意識するあまり「打たれまい」が先になってしまい、有満政明先生によく叱られました。それからは「攻めて、ここというところで技を出す」ことを心がけました。しかし、どうしても先生方

に掛かると掛かり稽古になってしまいます。「掛かり稽古は懸命に息が切れるような稽古でなくては身につかない」という児嶋克先生の指導を心がけ、できるだけ正しい姿勢で打ち込むようにしました。

また、先生方がいないところでの稽古、たとえば子どもたちとの稽古では「初太刀一本」と常に相手に合わして「一所懸命」にやることを心がけました。子どもたちとの稽古では、日頃から注意を受けたり、自分で心がけていることを念頭に入れたりして、「正しい姿勢で機会をとらえて打つ」、さらに「応じ技」の稽古を勉強しました。「我以外皆師也」という気持ちで稽古をすることを心がけています。

稽古時間の捻出も心がけました。近頃、仕事が忙しくなり、毎日の稽古時間がなかなかとれなくなってきました。しかし、10分でも20分でもやるのだという気持ちですばやく剣道着に着替えて稽古しました。また、車のなかに常に剣道具を積んで、稽古をしているところを見つけては稽古させていただきました。

このように日頃の稽古不足を補うため、どこかで稽古をやっていると聞いたら、何とかして稽古をお願いしようという気持ちで稽古に出かけて行きました。出張のときも各刑務所にはどこでも道場がありますので、剣道具を担いでいって稽古させていただきました。刑務所での稽古は、各施設に強者がいて、よい勉強になったような気がします。

さらに土曜日は南警察署武道館での朝稽古、日曜日は九州電力体育館での朝稽古に行って先生方に鍛えていただきました。土曜日の夕方は地元隼人町の武道館か、末吉町の「土曜会」で稽古をさせていただきました。稽古ができるところがあれば、どこでも稽古をするというのが私の稽古時間の捻出法だと思います。

道場外の稽古で心がけたことは、まず講習会に努めて参加させていただきました。どこの講習会に行っても中央から立派な先生方がお見えになっており、その先生方にご指導や稽古をお願いしました。また、お話を聞く、とくに懇親会などがあれば酒を酌み交わしながらの「秘伝」の話がためになったのではないかと思います。そこで先生たちがこれまで体験されたこと、先生たちが先輩から教え継がれていることをお聞きしました。とくに児嶋先生には、朝食をご一緒にさせていただきながら、気の大切さを教えていただきました。

また、森島健男先生には講習会で「坐禅を組みなさい。5分でも10分でもいいから坐禅を組みなさい」と教えられました。それまでも、お寺で修業でもしなければいけないのかと思っていましたが、なかなか実行できずにいました。しかし、森島先生の言葉を聞いたことで、とにかくやってみることにしました。

社会体育指導員養成講習会のときに林邦夫先生（中京大）がおっしゃった体力の増強にも努めました。毎日少しずつですが、腹筋運動、ジョキング、素振りを心がけました。合格率1パーセントの壁は、何か違うところがなくてはだめだという発想からでした。「継続は力なり」、やはり続けてやるのが大切ではないかと思いました。

自分を知ることが合格への第一歩。ビデオで自分の立合を見続けた

八段審査で大切な要素は、まず自分を知ることではないかと思います。受審の最初の頃は「運が悪かった」と相手のせいにしたり、審査員のせいにしたりしていました。しかし、先輩たちの立合を拝見して、一次審査に合格して二次審査で不合格になったとき、「落ちて良かった」と思うようになりました。

「このような力では八段の資格はないから落ちたのだ」という自分の力不足を認め、悪かったところを補う努力をしてきました。

ビデオで何回も自分の立合を観て、反省しました。また、八段の先生方の立合をビデオに収め、よいところを学ぶよう心がけました。

合格の数日前、鹿屋体育大学で稽古をさせていただき、國分國友先生に「勢い」を学び、学生と「無心」で「必死」に稽古しました。

朝稽古で「合格の秘訣」を末野栄二先生にお尋ねしたら、「平常心」で臨むことを教えられました。

私が合格できたのは、いろんな先生方のご指導のお陰だと思っております。大切なことは「学ぶ心」、「求める気持ち」ではないかと思います。そして「努力」する「百錬自得」ではないかと思います。

「なせばなる、なさねばならぬ、なにごとも、なさぬは人の、なさぬなりけり」

4か所の道場に防具を置く　できるときに一本でも稽古した

77

栗原正治　東京都・会社役員

くりはら・まさはる／昭和23年東京都生まれ。巣鴨高校から早稲田大学に進み、関東学生選手権大会優勝。卒業後、日本鉱業（現・ジャパンエナジー）に入社する。勤務の傍ら、早稲田大学剣道部助監督、監督を歴任。世界大会出場、国体優勝、全日本実業団大会2位。現在、日鉱ドリリング取締役。平成15年11月、八段合格。

出張帰りに道場へ直行。週2回の稽古をなんとか確保する

私たちは、どうしても稽古の回数、時間が足りません。「できるときに一本でもやる」というように心がけました。そのため4か所の道場に防具を置き、さらに出稽古用を一つ用意しました。これで、できるときに一本でもやる。とくに出張帰りで会社に戻る必要のないときは、道場に直行しました。これでなんとか平均週2回を確保します。一度もできぬ週の後は4回やらねばなりません。なかなか努力が

いるものです。ここで、お世話になっている道場を紹介します。

(1)日鉱道場

まず私の会社の道場です。新日鉱ビルにある虎ノ門剣友会で、火曜、金曜の朝稽古がおこなわれます。官学産の各界の素晴らしい方々が参加されています。「師なし弟子なし。人皆師なり」という道場訓というか、雰囲気を持っていまして、専門家という人は一人もおりません。各自がそれぞれの目標で稽古を積まれております。

(2)通産道場

虎ノ門剣友会の二番目にできた道場で、経済産業省の屋上にあり、省内の方を中心に、やはり各界の方々が参加されて、水曜夕方6時半から7時半の稽古です。夕方のため、なかなか参加できませんが、一本でもと駆け込む大切な道場です。

(3)早稲田大学剣道場

火曜、金曜の7時から8時の例会は、会社から遠いこともありなかなか参加できませんが、出張帰りに週2回の確率は高く、またスピードのある学生と稽古ができるのも魅力です。さらに、土曜に行事さえなければ1時間たっぷり稽古のできる大切な道場です。

(4)泉源堂

私の中学、高校時代を過ごした巣鴨学園の剣道がたっぷり詰まったところです。板橋にあり、大先輩の新井俊一道場主の人間教育を受ける場でもあります。会社からは遠いのですが、夜8時に行っても稽古ができるため、木曜日は常に剣道着を持参して出社します。また、塚本邦英範士の教室が月末の月曜日に開催されます。稽古で鍛えていただくとともに、良いお話がうかがえます。とくに昇段審査につい

て、審査員と受審者を、歌舞伎を例に客と役者として教示いただきました。それは、
①役者は、着付け、振舞い、礼法等、客がほれぼれするようなものでなければ見る気もしません。
②客は椅子に坐っています。審判と違って動けないのですから、目の前でやってください。遠くでやっても、お尻を見せられていても客は見る気もしません。
③客がここで打って欲しいと思ったときに打ってください。これは、相手との機もありますが、2分という舞台の後半、1分半からの仕上がる時間帯での打ちは客を喜ばせるものです。
というものでした。これは、八段といわず、すべての昇段審査につながるものと思います。

(5)出稽古

日曜日に行事がなければ出稽古に参加しました。何もないときは、地元の武蔵野剣連に稽古着姿で参加します。

以上のように修行の場はたくさんあります。これら一本でもと駆け込む道場は、私の剣道五十年の歴史そのものなのです。この道場から気をもらい、私の剣道は成り立っているのです。この道場の方々の理解があるからこそ、遅れて道場に入っても、たったの一本でも愛情をもって受け入れてくださるのです。今回の昇段も、この方々の温かい応援があったからと深く感謝しております。

5年間、肘腱鞘炎と格闘。痛みと向き合いながら剣道を見直した

私は、36歳のときに禁煙しましたが、食事が美味しくなり体重が10kgほど増えました。これはいかんと量を減らしたのですが、味を選んだためか通風になりました。その後、食生活を変えられなかったた

め、今では毎日ザイロリックという薬を飲まざるをえなくなっています。最近では、糖尿病初期の数値が出始めました。ビジネスマンと酒とは切れぬ縁です。お互い充分に注意していきましょう。糖尿病については、虎ノ門剣友会の鴨志田恵一さんが、朝日新聞社時代の闘病生活を実に興味深く書かれた『糖尿列島』（角川書店）が参考になります。

体の故障にも見舞われました。「剣道の神様」はいるのでしょう。5年前、八段審査の申し込みをした途端、右肘の腱鞘炎になりました。神様が、「まだ早い。生意気である」と判断されたのでしょう。いろいろな治療を試みましたが効果があらわれず、最終的には針と温灸の良き先生に出会え、今年の夏からあの痛みから離れることができました。その先生は、私の体の流れ（筋肉、神経、血液、気）を理解しようとし、私はそれに癒《なお》ろうとする信念で応えた結果と考えます。5年間、痛みとの闘いでしたが剣道は続けました。受審の失敗、痛みとの闘いの中で、真剣に自分の剣道を見直すことができました。

美しい剣道、強い剣道をめざす。求めた三つのテーマ

「美しい剣道」、「強い剣道」とはと考え、この二つを一緒にするにはと次の三点を自分に求めることにしました。

(1)涼しい構えをとる

これは、涼しく構えるということではなく、他人が見て涼しく感ずるような構えをとるということです。操《あやつ》り人形のように頭のてっぺんから吊られた最も高い姿勢を保つ。左足の膕《ひかがみ》を伸ばし、幾分重心をかける。右膝の関節の力を抜く。そして手元を動かさない。心が動かされると手元が動く。体が曲がる。

無駄打ちが多くなり、チャンバラになってしまう。すなわち涼しくなくなる。相手と背競べをし、高い位置から見下ろすと相手がなにをしたいかが見えてきます。すると手元が動かなくなります。

⑵初太刀をとる

これは皆さんも感じておられることでしょうか。私も初太刀をとるということは、「剣道」そのものと考えます。大事なことは、いつ打つかということです。相手との理合なしでは打てません。攻めて直ぐに初太刀をとりにいくと逃げられます。しかし、「攻めて打たない」と相手の手元が動くようになります。その苦しくなって出て来たところを乗ると、逃げられて外されることが減ります。この初太刀をとるということを最も大切なこととして修行しております。

⑶相手を使いきる

立合のすべてにおいて自分が主たれということです。そのためには、常に相手を攻め、主導権を握り続けます。ただし、攻め過ぎないこと、また攻めて直ぐに打つと相手は楽になります。攻められて苦しくなって出てくるから、出ばなを打てるし、技も遣えます。初太刀は最も大切ですが、技のない剣道は味がありません。常に攻めて主をとり、最後まで相手を使いきるように心がけて修行しております。

※

長々と生意気なことを書いてきました。ビジネスマンとして剣道を極めるなどというだいそれたことは考えておりません。ただ最高のものに近づこうとする努力は惜しみません。八段といっても一つの過程に過ぎません。これからが剣道と考えております。あきれていた家族も喜んでくれました。剣道の神様に導かれながら今後も精進を続けます。皆様ご指導のほどよろしくお願いいたします。

QC活動に学ぶ
技術の改善、心の改善

78

渡並　直　愛知県

となみ・すなお／昭和20年愛知県生まれ。東山工業高校卒業後、トヨタ自動車㈱に入社。同社剣道部主将、監督、部長を歴任。ＳＭＣ㈱に出向、のち常務取締役生産技術本部長を経て同社顧問。全日本実業団大会、東西対抗などに出場。現在、全日本実業団剣道連盟副会長、中部地区実業団剣道連盟会長、愛知県剣道連盟副会長。平成10年11月、八段合格。

結果から先にいえば合格するまでの5年間で技術的な改善とともに一番大切な心の持ち方の改善に重きを置いたことだったと思います。

一、試合中心にしてきた稽古を変えること

打たれずに打つことばかり考えていた稽古を改めた。すなわち思い切った技をいかに出すかに重点を

置いた。それまでは、面を打ったら胴に返される。それでは打たれないようにするため、打った後、打たれないように防ぐ動作をしてきた。それが結果的には思い切りのない中途半端で風格や品のない技になっていたことに気が付いた。そこで気を充実させ、思い切って打ち込むことの大切さを知り、打ち抜けることに心がけた。

二、目標の設定

どんな剣道ができるようになりたいか、誰の稽古を見本とするかという点では、私はお二人の師の稽古を目標にした。それは「剣道は習い事である、習い事はいかに自分の師を選ぶかで到達する高さが決まる」という近藤利雄先生の一言だった。

⑴榊原正先生の「勝ってから打つ技」の意味

榊原正先生には、「あっ！　打たれる！」と思いながら何もできずにそのまま打たれてしまう。これは、「気で攻め、剣で攻め、相手に四戒を生じさせて、勝った後に打つこと！」と教えられた。

⑵楢崎正彦先生の「まだよ！　まだよ！」の稽古の意味

楢崎正彦先生に稽古をお願いすると「まだよ！　まだよ！」といわれた後、あの豪快な面が炸裂。「まだよ！」は気の満ちていない状態では十分な打突ができないことを意味し、気を満たすことの大切さの稽古を教わった。

三、そのために心がけたこと

(1)自分のために教えていただける**師をたくさん持つこと。**また素直にご指導の言葉を聞き入れること。

(2)**出稽古を心がけた**

会社員である限り仕事が優先であることはもちろんである。そのために自分の都合だけで道場に行けば稽古ができるわけではないため、どこの道場へ行くか、言い換えればそのときに応じてどこの道場で稽古がお願いできるかを知ることが大切で多くの剣友と交わることにも役立った。また、道場だけが稽古でない、「忙しくても剣道の稽古を一時でも考える」ことが大切と思うようにした。

(3)**ビデオをよく撮ってもらった。**岡崎のMさんが私の稽古を毎回ビデオで撮ってくれて2～3日後には送ってくれた。そのために稽古のイメージが残っているうちに反省できた。自分では素晴らしい稽古だったと思ってもビデオは客観的に表現してくれるので、事実はそれほどでもなかったり、あるいはその逆に自分の欠点の発見に役立った。

(4)**稽古を反省すること**

ア、どんなことがしたいかを稽古の前に考えるようにした。

イ、実行してみること。そして不具合の現象を把握すること。

ウ、原因を徹底的に調べること（ビデオの活用など）。

エ、その対策方法を検討すること。

これは会社の中でおこなっているQC活動でいう「管理のサークルを回す」ことと同じことであり、

常に向上のためスパイラルアップをめざし、これをくり返し回すことは、剣道においても常静子剣談（松浦静山）の訓にある「勝ちに不思議の勝ちあり、負けに不思議の負けなし」に通ずる。
（原因追求：かならず原因がある、いかにその真因に近づくかを説いたもの）

自分にとって最も勉強になったのは、受審5年目、前年に続いて2度目の挑戦となった二次審査でのこと。神奈川のK先生に面を打って出たところ、胴に応じられ、咄嗟に手を下げて胴を防いでしまった。「思い切って面を打ち込んでそのまま抜けきる」ことを目標にしながら！　と自分自身に対して打算的な稽古を痛切に感じ、猛省した。

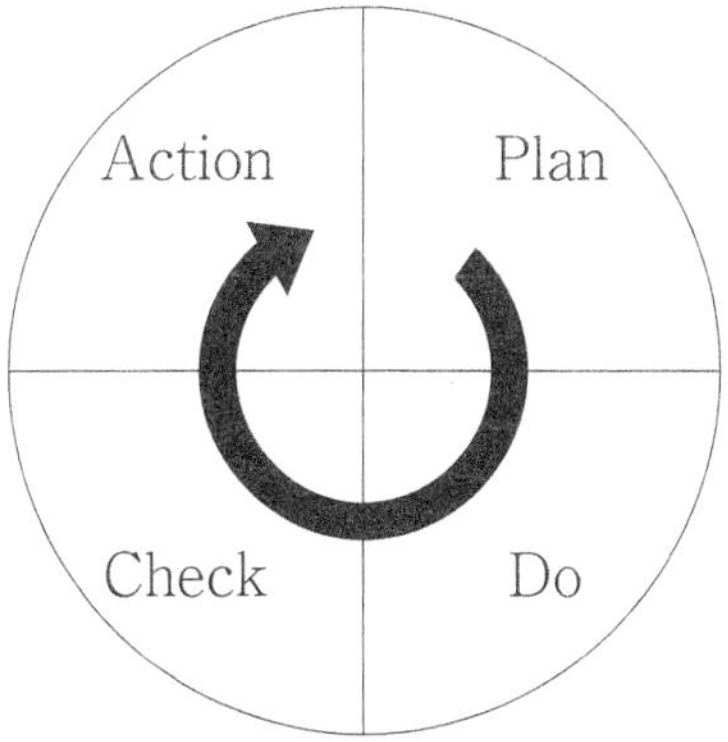

そして翌日から後輩たちに公言した。「合格できなかった原因がわかった。合格できたらそのとき理由を話す！」。そして、その秋に3度目の二次審査に進むことが出来、運よく合格させていただいた！　5年間の努力による結果は何よりうれしかった。そして後輩にいったことが嘘にならなくて済んだことも！　しかし、本当に自分の努力はいかほどのものであったか？

「良き師に恵まれたこと」「良き職場に恵まれたこと」「目標を同じくする剣友がいて、共に稽古ができたこと」が、最大の理由かもしれない。

十、審査は二分間三本勝負、二本取得をめざした

79

立合前の3つの決意 技は面、引かない、打ち切る

山中洋介　鳥取県・教員

やまなか・ようすけ／昭和35年広島県生まれ。大阪府ＰＬ学園高校から筑波大学に進み、卒業後、鳥取県高校教員となる。全日本選手権大会11回出場3位1回、東西対抗出場、国体2位、全国教職員大会団体優勝・個人優勝2回、全日本学生大会団体優勝・個人優勝など。現在、全日本剣道連盟評議員、県立鳥取西高校教諭。平成18年11月、八段合格。

七段合格から14年。身体をいたわることからはじめた

このたびの審査にあたり、私はどのような心構えで審査に臨んだのか、僭越ではありますが、その過程の一端を述べさせていただきます。八段審査を志すにあたり思ったことは、修行年限が非常に長いということです。私は32歳で七段を取得したので、14年の修行期間を要することになります。当時は単純に「八段までかなり長いなあ」と思いました。その頃は年齢も若く、ケガや故障などとはまったく無縁

で、心身ともになんの不安も持っていませんでした。

しかし、33歳以降はそれまで身体を酷使して蓄積していたものが一気に爆発するかのように、腰痛や肩痛など関節を中心とした故障が現れ、苦しむことになりました。治療に専念する一方、思うように稽古ができないストレスから情けない想いと将来に対する不安を抱くこともありました。

これまで故障とはほとんど無縁で、自分を過信していたことを反省し、この経験を通して身体をいたわることの重要性を知りました。現在も肩は良好な状態とはいえず、常に治療を心がけています。これまで、自分の身体を過信し調整を怠っていたために、大きな代償を負うことになりましたが、この経験は自分を客観的に見つめるという意味においては大変勉強になりました。

冬場に基本稽古を徹底。八段取得者と積極的に剣を交える

こうして月日は流れ、平成18年の元旦を迎え、「今年は勝負の年」と決意し、冬場の稽古は切り返し・基本打ち・掛かり稽古に徹しました。約1年の期間を計画的に過ごすための目安として、冬場の稽古の在り方に重要なポイントを置きました。

冬場は稽古不足になりがちで、年明けから年度末の慌しさの中で、春を迎えるのがこれまでの常でした。結果として、京都大会の立合では勝敗は別として、自分なりに納得できる結果で終われないことが幾度とありました。その反省から、冬場の姿勢を正し、稽古時間の確保と内容を改めることにより、京都大会に臨みました。

今年の京都大会は八段審査に向けて手応えあるものにしたいと考えていました。冬から春へと5ヶ月

間精進した成果があって、京都での立合は、近年の中では納得できる結果であったと思いました。

5月以降は剣道シーズン到来となり、試合の機会が増えます。中国大会や教職員大会などの各試合には積極的に参加し、常に審査を意識しながら勝敗にこだわらず、打ち切るイメージを大切にしました。大会シーズンの終わりとなる10月、総合的な調整に入り、国体で自分自身の状態を確認しました。幸い、この期間全般を通して体調面も良好、関節の痛みもなく、試合内容も審査のイメージで実践できていることを実感しつつ審査1ヶ月前を迎えました。

この時期の最終調整法としては、近年八段を取得された先生方との稽古を心がけ「わずか一本でも」の心境で、県外に稽古の場を求めました。

基礎・基本の定着と確立。高校時代が礎になった

審査当日、多少の緊張感はありましたが、精神状態も安定し、体調も極めて良好でした。立合に際しては、自分を信じて臨むだけという信念のもとに立ち合いました。

立合に臨む前、私は3つのことを決めていました。1つ目は「打つ技は面のみ」、2つ目は「絶対に引かない」、3つ目は「打つ技はすべて打ち切る」です。これに徹しようと決意し、それ以外の複雑なことは一切考えないようにしました。

このたびの合格に至る経緯を私なりに勝手な持論としてさまざま述べましたが、この結果に至る根底にあるものとして、唯一胸を張っていえることは基礎・基本が重要であるということです。小手先では八段合格はありえません。私にはこの基礎・基本を定着し確立する取り組みがありました。

その時期とは、高校時代であったと確信しています。高校卒業後28年経過した現在も、その礎の上に立って精進しているからこそ、さまざまな局面において結果を出せているのだと信じています。わずか3年間ですが、ＰＬ学園での剣道との関わりは何物にもかえがたい財産となっています。

審査は二分間三本勝負、二本取得をめざした

80

會田　彰　鹿児島県

かいだ・あきら／昭和11年鹿児島県生まれ。県立甲南高校から鹿児島大学に進み、卒業後、高校教諭となる。全国教職員大会個人優勝。平成9年県立鹿児島南高校校長で定年退職後、志學館大学専門職員、同剣道師範。同23年退職。現在、鹿児島大学剣道師範、鹿児島県庁剣道部師範、鹿児島県剣道連盟審査委員。平成13年5月、八段合格。同22年5月、剣道範士。

私は、他の合格者のような修行や秘訣も持ち合わせていませんが、私の剣道八段合格の要素の中に、①学校剣道の指導者としての経験　②選手生活の中で勝負をしてきた経験　③32歳で七段に合格し64歳で八段合格という年数にしてこれまでの人生の丁度半分の32年間を剣道七段として過ごした経験　④剣道以外の世界での仕事に従事しながら剣道界を見つめてきた経験、等々があったからだとの思いから、これから受審される若い方々や年配になっても挑戦し続けておられる皆さんへの応援メッセージになればと一筆執らせていただきました。

一、私と剣道との関わり

昭和29年、私が高校2年に在籍していた鹿児島県立甲南高等学校に剣道部が復活することになりました。以来、大学でも剣道を続け、卒業後、4校20年間、高校の保健体育の教師として勤務し、剣道部の指導にあたりました。43歳になって教育行政に携わり、その後、教頭・校長として管理職を経験するなど17年間過ごすなかで、竹刀を手にする数が少なくなってしまいました。そして私は現在、縁あって志學館大学の剣道の専門職員を経て、母校鹿児島大学で孫のような後輩達と日々の稽古に精進しています。

二、剣道八段への挑戦

約20年余り集中できなかった剣道でしたが、平成11年4月から日々学生と稽古を重ねるとともに、九州管内を志學館大学のスクールバスで遠征するようになって、福岡教育大学の角正武先生（剣道範士八段）をはじめ多くの旧友にお会いするたびに、剣道への思いと意欲が高まってきました。25年以上も昔、各種の全国大会や京都大会でお手合わせをしていただいた方々が、いまでは剣道八段の審査員を務めておられる時代なのに、いまさらの思いもありましたが、児嶋克先生（剣道範士八段）に合格はそこまできているのだから、との励ましをもらい受審することにしました。

〈平成12年5月　京都〉

平成11年4月に志學館大学剣道部が発足し、稽古の内容はともかくも若い学生の相手をして動きと体力に自信が出てきた1年後の平成12年5月に懐かしい京都に出かけました。受審申込みはしていたものの、世間に聞こえし八段審査ですから、何年か経験を重ねてと思っていました。

受審を前に、有満政明先生（剣道範士八段・中学時代の同級生）に、気合を入れてやれ、と激励を受けました。その結果、思いもよらず一次審査合格、続いて二次審査に挑戦しましたが落第でした。ガチガチに気負い過ぎそのもので、理合のかけらもなかったように反省しきりでしたが、一次に合格したことで少し掴みかけたような気がして鹿児島に帰ってきました。

〈平成12年11月　東京〉

5月に一次審査に合格したことで再度挑戦しようと東京まで出かけました。

今回は、少し冷静な立合を心がけてと思いつつも、第6審査場の1Bという受審番号で審査開始早々アッという間に立合は終わり、5月の反省に立って冷静にと思っていましたから、何かすべてを吐き出したような気がせず、一次合格を諦めていました。

結果は、5月に続いて一次合格、気合を入れつつも冷静を心がけて二次審査に臨みましたが、結果は不合格。二次の立合の後、受審仲間に「會田さんは何もしなかったですね」といわれていましたから覚悟はできていました。まさに勝負のない絵に描いただけの餅（剣道）だったと感じたところでした。

〈平成13年5月　京都〉

平成12年度の2回の一次合格、二次不合格という反省に立って、次のようなことに心がけて、受審までの稽古と実際に臨みました。
①学生との稽古においても、常に気迫を込め、「理に適った動き」と「技の展開」に努める。
②学生との稽古においても、礼法・着装まで受審時と同じように整然とおこなう。
③受審の際は、一次・二次の計4人と真剣勝負をしよう。試合時間は2分間の三本勝負という試合規則

を自分で立案し、生きた立合の中から二本取得をめざして、丁寧に且つ大胆にやろう。
④姿・形を整えることは当然のこととして、面打ちを中心としながらも面打ちのみにとらわれず、勝負をかけた生きた剣道を心がけよう。
⑤自分の稽古の量と動きの速い相手への対応は、同年代の受審者には絶対に負けない。

三、剣道八段に合格

無事に審査が終わったときには、精一杯やったという思いがあったことから、気負いもなく合格の発表を見ることができたように思います。その後、知り合いに撮っていただいたビデオを見て、満足する部分と不満が残る部分（特に、「打ち切る」ということについて、まだまだ不十分だと思いました）とがあり、本当に剣道の立合の難しさを痛感することでしたが、今後も学生を指導するなかで自分の剣道を確立するため、厳しさと理合に立った剣道修行を続けていこうと考えています。

四、受審準備はいつから

八段への挑戦ということは、当面の受審体制をいかに整えるかということもさることながら、剣道を始めたときからすでに始まっているのだということを考えさせられます。現在、県剣道連盟の昇段審査の審査員としてその任にあたっていますが、すでに初段を受審するときから、良き指導者に恵まれているものの剣道には将来性を感じさせてくれます。単純な表現をすると、「試合は強いが構えが悪い」とか、「構えはいいが勝負に弱い」ということがよくあります。実際にはそんなことがあってはならないのでしょうが、そうだとすると、ますます指導者の責任が大きいといえます。

良き指導者とは、剣道の理合に精通し、実際に動きのできる人のことをいうのでしょうから、ましてや、剣道八段に挑戦される方々が、そのことをしっかり身につけておかれることは当然なことだと思います。自信を持ってください。七段だって難しかったでしょう。それに合格しているのですから。

審査当日は集中しかない　待ち時間は動かず、呼吸を調えた

81

神山芳男　埼玉県

こうやま・よしお／昭和17年埼玉県生まれ。県立川越総合高校卒業後、埼玉県警察に奉職。東西対抗、国体、都道府県対抗、全国警察官大会などに出場。現在、埼玉県警察学校非常勤講師。平成15年11月、八段合格。

今回はからずも、合格者のなかで高年齢で合格することができました。

私は審査について、環境の変化から挫折しそうなときもありました。それは一次審査に初めて合格した翌年に警察署地域課勤務となり、30年ぶりの3交替制勤務で、夜稽古などに行っても気が集中せず、打ちに対して物足りなく感じましたが、それでも何回か一次を合格し、二次審査では全剣連広報『剣窓』の「もう一歩」の合格者に掲載されたこともあり、努力すれば何とかなるかと稽古に励みました。

昼夜問わずに出稽古へ行く。高段者稽古会で学んだ気力の充実

稽古場所は環境の変化などから、時間を見つけ、行けるときにどこにでも行き、稽古をお願いしました。昼間は警視庁術科センター、警視庁警察学校などへ行き、夜稽古は個人道場などへ稽古をお願いしに行きました。

なかでも松風館（松戸市）での高段者稽古会は、人数も多く、横の動きができない剣先の争いでの稽古は集中した稽古となりました。

●気力を充実させた稽古

普段の稽古では、どこでも、誰とでも気力いっぱいの稽古に努め、剣先を外さないようにし、気を下腹にもってゆくように心がけて稽古をしました。

しかし、何回やっても思うようにいかず、かえって力が抜け、肩に力が入ってしまう連続でしたが、とにかく続けて稽古を重ねました。

●退らない稽古

稽古では、とにかく退らない稽古に努めました。立ち上がって、相手と向かい合ったとき、気持ち・体を前に出すことに心がけ、とくに広い場所での稽古のときの間の詰め方に注意して稽古をしました。

●打ち抜ける稽古

私は常に先生方から、体が流れる、腰が引けている、打ち抜けていないなど、多くの注意を受けていました。

松風館の稽古では、岡憲次郎先生がよくいわれていた「打ったら通過」に努めて稽古をお願いしてい

ましたが、できませんでした。それでもいわれるようにやるだけやってみようと心がけて稽古を続けました。

つまるところ若さが大切。身体を使う稽古を心がけた

審査では概ね同年齢との立合なので、少しでも若い稽古が必要と思い、努めて身体を使う稽古に心がけました。稽古では自分の目標に向かって心がけて努力することではないかと思います。

●審査当日の対策

審査においては、ふだん心がけて稽古した気力、技倆などが発揮できなければ何もなりません。私は二次審査で何回も失敗し、その都度、反省努力しましたが、結果が出なければ何にもならないことを痛感しました。

●集中力の維持

先生方から当日は集中力しかない、「集中だ」と強くいわれました。集中するために、当日は審査場に着いても必要以外はあまり動かず、じっとして呼吸を調えるようにしていました。

●気迫の充実

審査では、相手に勝る気迫が大切だと思います。立ち合う前、前の組が終わりそうになったときから立合の気迫をつくり立礼に入り、１人目が終わり2人目との間の気力の充実に努めました。

●勢いある稽古

立会い者が「始め」の審査開始の宣言をしたときは、いつでも打ち抜ける気持ちで立ち上がり、重心

は常に動きのなかで一番よいバランスの維持に努め、立ち合いました。

今回私が合格できたのは、先生方の教えを真剣に忠実に実行することができた結果であると思います。

ご指導いただいた先生方に心から感謝している次第です。

今後はさらに基本を見直し、一歩一歩が向上するよう精進していきたいと思います。

奥歯のかみ合わせと左足のため打突の機会に反応する稽古を心がけた

82

山内正幸　福岡県・自営業

やまうち・まさゆき／昭和27年福岡県生まれ。県立福岡農業高校から国士舘大学に進む。全日本選手権大会、都道府県対抗、東西対抗、国体などに出場。現在、㈲あすなろ代表取締役、福岡県剣道連盟理事、福岡県剣道道場連盟理事長、今宿少年剣道部指導部長。平成16年11月、八段合格。

私が本格的に八段を意識し始めたのは40歳のころでした。その当時体重は120kgを超えていて（現在90kg）とても八段審査を受けても門前払いされるような体格でした。そんな状態ですので、審査に向け減量をすることから始めました。

毎朝、犬の散歩をかねて30分のジョギングを取り入れました。犬の散歩ですので雨の日も休めません。1年目で20kgの減量に成功し、100kg近くになりました。大好きな牛肉、豚肉を絶ち、鶏肉、魚中心の食生活に変えたのですが、その食事制限もよかったようです。46歳のころには100kgを割り、90kg台になりました。

きめ打ちではきまらない。奥歯で無心状態をつくる

「審査の3分の2を終えたとき、なにか考えたな。最後がダメだった」

初めて受審したとき、審査員だった村山慶佑先生にご指摘をいただきました。それまで余計なことを考えずに立ち合っていたのに最後の最後で「打ってやろう」という気持ちが生まれていたようです。それは攻防のやりとりのなかで機会に応じて打つのではなく、「面を打つ、小手を打つ」といったように、あらかじめ打突部位をきめて技を出す、いわゆる〝きめ打ち〟です。面に出たところに見事な胴を返されました。

その後、一次審査は4回通りました。しかし、二次になると最後の局面できめて打ってしまうところがあり、失敗続きでした。そこで見直したのが、機会に打つ稽古の徹底です。私は少年指導に携わっており、剣道と接する機会は少なくありませんが、自分自身の稽古となると週2回がやっとです。その2回の稽古できめ打ちをせず、機会に応じて打つ稽古を徹底しました。

しかし、頭のなかで「機会に打て、機会に打て」と唱えても当然うまくいくはずがありません。考えれば考えるほど打突部位を限定してしまい、きめ打ちになりました。実力に差があればそれでもうまくいき、実際には一次審査はそれで通ることもありました。しかし二次審査は紙一重、きめ打ちでは絶対に合格はあり得ません。下手との稽古であっても強引に打つのではなく、機会に打つ稽古を心がけました。

機会を打つ稽古は頭だけでなく、身体で反応しなければ遅れてしまいます。機にパッと応じるにはなにも考えていない状況をつくらなければなりません。その状況をつくるために工夫したのが奥歯のかみ合わせと左足の溜めです。それまで口は開いた状態で稽古していたのですが、一文字をつくり奥歯をぴったりとかみ合わせることで落ち着いた状況がつくることができるようになりました。昔から口の形は一文字にすることがキレのある発声、キレのある打突を生むといわれますが、大きな効果がありました。

また左足の溜めは、左手・剣先・左足の一体感を常に保つようにしてつくられていることも再確認しました。剣道では左半身が中心であり、左の崩れが剣道の崩れにつながると理解しているつもりでした。しかし、二次審査など極限の状態になると大きく崩れ、気持ちでも遅れをとっていたようです。立ち上がりで相手より左足の溜めをつくり、相手よりはやく打てる状態をつくるように心がけました。

この状態がつくれるようになると、あとは昇段審査で自分を表現するだけと考えられるようになりました。もちろん全部の立合でうまくいくはずはありませんが、気持ちに余裕が生まれました。

今回、二次審査で私は面返し面を初太刀に放ったそうです。しかし、この技をまったく覚えていません。自分が技を出そうと仕かけたところまでは記憶にあるのですが、そのあとが抜けています。なにも考えていない状況で技が出せたようです。しかし、最後に「面を打とう」ときめ打ちをしたところ、見事に胴に返されました。合格させていただいたものの、最後にきめ打ちの戒めを痛感しました。

また、46歳で審査を受けはじめ、剣友の多さに驚き、最初は会場に入っても自分自身を見失う状況でした。しかし、二度三度と受審を続けていくうちに、発想の転換をすることにしました。今回の場合1301名の受審ですが「私のなかでは、私を含めて5人しか受審をしていない」というようにしていました。一次で2名、二次で2名、だから会場に何千何万の人が受審しようが私には関係ないという考え方です。私を含めて5人のなかで品位・風格を兼ね備え、無心で受審をする。そう考えたことも緊張から解放してくれたかもしれません。

立合30分前から自己暗示して気を充実させた

83

橋本健藏　高知県・自営業

はしもと・けんぞう／昭和15年高知県生まれ。市立高知商業高校から法政大学に進み、卒業後、証券会社勤務を経て家業を継ぐ。高校で武専出身の郷本弥市郎先生に手ほどきを受ける。大学で丸山義一、渡辺敏雄、榎本正義、郷里に帰ってからは西野悟郎、腰山静雄、川添恵実各先生に師事する。東西対抗、国体、都道府県対抗などに出場。現在、高知県剣道連盟副会長、橋本酒店経営。平成14年5月、八段合格。

このたび幸運にも合格することができましたが、自分ではとても八段に合格するなど無理だな！　と思いながらの10年余の挑戦でした。体格、環境、運動神経、どれを取っても人より優れた点は持ちあわせていません。しかも大学卒業以来10年近く稽古から遠ざかってからの再出発でした。自営業であり、仕事の合間での稽古量、稽古相手もいつも同じメンバーです。

そのなかでも気を込めて稽古していこうと思い、やっていたつもりでしたが、まだまだ甘かったと反省しています。

八段を受審するようになってからは攻め合いからどうやって打突にもっていくか、強い打突をするにはどうするか、技術面にとらわれての稽古内容でした。そのとらわれの心が審査の立合で集中力を欠き、中途半端なものになっていたと思います。

昨年の国体を地元で迎えるにあたり、4年前から県剣連の強化担当者として強化に取り組んでいくなかで練習では切り返し、基本稽古、掛かり稽古を若い選手と一緒におこない、試合では勝負する気持ちを前面に表わすことに努めました。

国体アドバイザーコーチとして範士九段井上晋一先生（京都）に県強化指定選手の指導をお願いすることになり、勝負に対する厳しさと先の気をたたき込まれました。実際、井上先生に稽古をお願いすると毎回掛かり稽古ばかりでした。自分よりずっと若い選手が地稽古をしているのに、なんで自分だけが掛かり稽古か！　との思いでしたが、お前は技術はもういい、欠点は気だ、気が足りないのだ、との無言の教えだったと思います。国体強化で選手として、また監督として県外遠征を重ねていくなかで数多くの先生方と稽古や試合をしていくうちに気が前に出てきたように思います。

井上先生より、攻めを早くして勝負に対する気が八段につながっていけば良いな、との言葉でした。ここ2年ほどケガなどもあり審査を受けるのを止めていましたが、強化練習による稽古量は十分だとの思いが気の充実を呼び、無心の立合ができた結果だと思います。

立合がはじまる30分ほど前から「俺は強いんだ、気力だ！　気さえ充実すれば技は自然に出るんだ」と自己暗示にかけるよう自分にくり返し言い聞かせ続けて立合に臨みました。気が一番充実したときに立合を迎えることができ、内容をほとんど覚えていないほど無心でたたかうことができました。

試合では誰でもたびたび経験していることですが、立合では起こりにくいのは集中力、気力の充実が不足しているのだと考えます。

八段になってからは遠間での稽古を心がけ、若い人や下位の者にも自分がさがってでも間合をとり、打ち間に入っていく過程を大切に稽古しています。

上懸かりの稽古で捨て身を養う
自宅では1日1回竹刀を握った

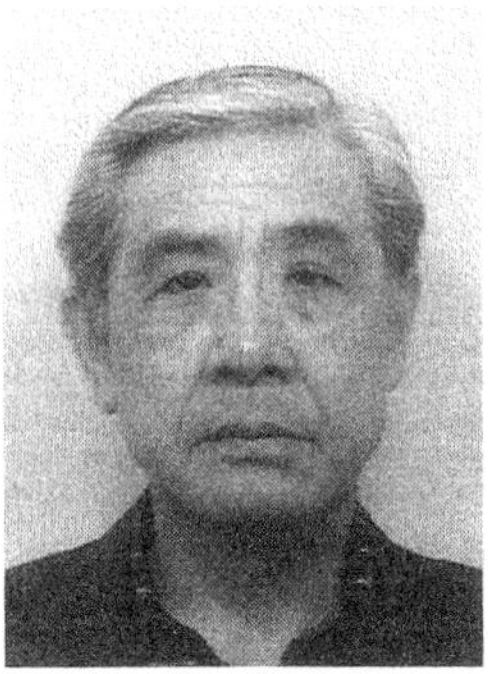

84

青木　茂　福岡県・警察官

あおき・しげる／昭和24年福岡県生まれ。公立古賀高校（現・古賀竟成館高）から福岡県警察に奉職。金子宗利、岩永卓也、宮川英俊各先生に師事。現在、福岡県警西警察署に勤務。平成17年11月、八段合格。

「剣道八段」に挑戦すること実に17回目、二次審査にあっては3回目にしての合格でした。今回の合格で「八段」が決して別世界の話ではなく、私のような地方の一剣士でも一所懸命に努力すれば、夢は実現し、目標は達成できるんだということを強く感じましたので、まずもって皆さんにそのことをお伝えしたいと思います。

審査会場には一人で入る。緊張感と戦気の持続に努めた

審査会場で、受審者と思われる方々が数人単位で群れ、笑顔で会話をされている光景が見られます。数年前までは私もそうでしたが、これでは緊張感や戦気は薄れ、合格はできないと思います。私は今回もそうでしたが、出番まで一人で精神の集中とウォーミングアップに努めていました。

審査には一人で出かけること（数人でいけば、審査前日にみんなでお酒を飲んでしまう）、審査当日は、早めに起床し精神の集中に努めることが大切だと思います。受付をした時点で、自分の出番が何時ごろになるかを判断し、緊張感と戦気を高めて最高の状態で審査に臨むようにしました。

合格率1パーセント、合格者15名。これを考えるとプレッシャーに押しつぶされそうになります。しかし、逆転の発想で「それならば一番で合格してやる」と思うことで気持ちが楽になりました。

また、自分でできることは誰にも負けないと心に決めました。剣道着・袴、防具の着装、礼法、各所作、腹の底から大きな声を出すことなどです。

そして審査は、真剣かつ一所懸命に立ち合うようにしました。「この人は命がけで審査を受けている」という姿勢を審査員の先生方に認めてもらえるよう努力するということです。

「二次審査」ここが人生の分かれ道です。一次審査に2回合格し、浮かれた気持ちで二次審査を受けてしまいました。これでは審査員の先生方の心に響く打突はできません。今回は「死んでもいい」という気構えでした。

以上の点を心がけて審査を受けました。

道場に開始1時間前に入る。元立ち稽古は努めて避ける

次に稽古で心がけた点をいくつかご紹介します。私の修行の場である「宗辰舘剣道場」は、舘長の金子宗利先生（旧武徳会武道専門学校卒）が、昭和53年に私費で建てられた松板張りの本格的剣道場です。無料で開放されており、切り返し、遠間大技、日本剣道形の稽古を中心とした道場です。八段合格者を多数輩出し、現在も各方面から先生方が稽古に来られています。

一、道場には、おおむね1時間前に到着し、掃除、準備運動でひと汗流す。
準備運動、終末運動を怠るとケガをする原因になる。ケガをすれば稽古ができず、昇段審査どころではないからです。

二、努めて元立ち稽古を避け、先生や先輩方に稽古をお願いする。
元立ちの稽古では、捨て切った技の修得が困難です。舘長および師範代には、入門以来12年間、面打ちの稽古のみ。小手、胴は一度も打ったことはありません。今後も打つことはないでしょう。

三、稽古では、審査を意識すること。
剣道着・袴、防具の着装、礼法、各所作に注意を払い、初太刀重視の稽古に徹しました。日頃から実戦を想定し、稽古をしなければ身につくものではないと考えています。

四、師匠（宮川英俊先生・範士八段）に対する基本稽古と打ち込み稽古。

五、出稽古を心がけ、いろいろな人と稽古をすること。
高段者同士（受審者同士が望ましい）の基本稽古や打ち込み稽古を見てもらい、矯正に努めました。

六、稽古の後、先生方に講評をいただく。

84　青木　茂

私は、警察官（パトカー乗務）という職業柄、生活が不規則になり、稽古量が少なくなる分、非番日や休日には、午前中から道場に行き、剣道着・防具着装で鏡の前で納得がいくまで一人稽古をしています。

道場外では、自宅で1日に1回は必ず竹刀を握るようにしているのと、短く切った竹刀（鉄棒入り）を振っています。

つまるところ、私の場合、気持ちの持ち方が一番であった

85

野口愼一郎　熊本県

のぐち・しんいちろう／昭和23年熊本県生まれ。県立熊本高校から東京教育大学に進み、卒業後、和歌山県高校教諭となる。昭和53年郷里に戻り、平成21年熊本高校にて定年退職。現在、熊本大学剣道部師範。平成13年5月、八段合格。

「もっとやらしてください。こんなに楽しいのだから……」

いま振り返ってみまして、私自身の剣道の大きな転機というものが三度あります。一度目は大学入学のときです。高校で、それこそわがままに、ただ当たればよい、勝てばよいという剣道をやっていた私は、剣道部に入部した途端、えらいところへ来たなと驚愕しました。そのとき、先輩方から厳しく教えられたことは、

「お前たちは指導者になるのだから、指導者たるべき剣道を身に付けよ。今までの剣道は忘れて（こわして）4年間で一から身に付けるのだ」

ということでした。高校時代の剣道部の延長で考えていた私は、こういうものかと改めて考え直さなければなりませんでした。必死でしたが、高校時代についた悪癖は直すのに30年かかってしまいました（まだ完全ではありません。後述します）。

しかし、私の剣道の土台は初学の道場龍驤館での最初の1年間と、この大学剣道部での稽古にあると思います。

二度目は七段受審のときです。それまでは稽古をするのにも何となく義務感めいた気持ちでやっていて、重たい気分だったのですが、七段受審を前にしてふっと気分が変わりました。何とも言いあらわし難い気分なのですが、一言でいえば「楽しむ」という気持ちです。そういう気持ちで審査に臨みました。やっていた時間がとても短く感じられ、「止め！」の声を聞いたとき「もっとやらしてください。こんなに楽しいのだからもっと続けさせてください」と叫びたくなるような気持ちでした。

その後もいつも同じような気持ちでできるよう努力していますが、できるときもあり、できないときもあり、なかなか難しいものです。ただ六段のときまでとは気持ちの持ち方が大きく変わったように思われます。

「自分がうまいことしようと思ったら、まず相手にうまいことをさせなさい」

三度目は今回の受審のときです。8回目なのですが、これまで先生方に左足のかかとの上がりすぎ

（爪先立ち）や、高校時代からの癖である右手を支点にして左手を上下に動かし、タイミングで打ちを出すやり方を直すようご指摘をうけ、気をつけて何とか自分なりの構えが身に付いてきたように思われました。

そんなとき、以前、勝浦での部活動指導者講習会を受講した折、千葉の瀧口正義範士が私におっしゃられたことを思い出しました。それは「あなたは自分ばかりうまいことしようとしているだろう。それではいけない。自分がうまいことしようと思ったら、まず相手にうまいことをさせなさい」ということでした。打たれなさい、打たれていいんだよ、と。

この言葉を思い出した途端、肩の力が抜けまして、この気分で一次審査を受けた結果、はじめて一次に合格しました。

二次審査を待つ間、気を張り詰めすぎないよう注意して過ごし、二次でも打たれていいのだと同じ気持ちになることができ、相手の方に集中することができまして、自分の技を思い切り出すことができたように思われます。

つまるところ、私の場合、気持ちの持ち方が一番でした。審査前の1年間は同窓会の仕事で例年の三分の一も稽古できていない私が合格することができたのは、まったく気持ちがそれまでと違ったとしかいえません。

その他の点で気をつけたのは立居振る舞いです。道場への出入りはもちろん防具の着脱、準備運動なども、はたから見てとってつけたようにならないよう、自然体でおこなえるよう気をつけました。やはり、各人それぞれの雰囲気があると思いますので、そのなかに風格といったものが必要ではないかと考えたからです。

あまり参考にならない答えで恐縮です。私自身、今後も自然体で精進してゆきたいと思います。

動物の生態から「ため」と「爆発」を学んだ

86

宮田秀昭　福岡県

みやた・ひであき／昭和13年福岡県生まれ。県立明善高校から中央大学に進み、北島辰二、須郷智両先生に指導を受ける。卒業後、郷里へ戻り、家業を継ぐ。その後、武道具店経営とともに子供達の育成に力をそそぐ。東西対抗出場。平成11年5月、八段合格。

昭和57年に七段を取得したときから七段としての実力を付けるため、どのように稽古をしていくか、質と量をどうするか、まずは量だと思い、久留米市を中心としてよく稽古いたしました。

その間、少年指導も道場を作り、汗を流しました。子どもたちに手の内の冴えや、切り落とし、残心などをわかりやすく説明したら理解できるようです。質の稽古に年齢は関係ないものだと思い、「我以外皆師」という言葉の意味を実感しました。

また、私の友人に書の堪能な人がいますが、どうしたら書は上達するかと尋ねますと、まずは書いて書いて書きまくれ、最終的には心法で書くものであるといいます。素振りも自分が納得するまで振り抜くことでしょう。

「事理一致」ということで、剣道に関する本も読み、稽古会にも参加し、講習会にも参加受講し、県内の先生方からはもちろん、いろいろな先生方から有意義な指導や助言をいただきました。

有効打突の条件は知っているか、相打ちの意味はわかるか、一拍子の打ちができるか、等々……。

一次審査をパスすること3回目、受審してから10年目にして合格しましたが、最終調整の稽古のとき、お願いした先生の前で掛かっていこうと思うのですが、苦しくて打っていくことができません。そのまま竹刀を収めましたが、自分にはこの気の攻めがなかった。そして捨て身でないと反省するなかで、あるテレビ番組を思い出しました。動物の生態として木の上から鳥が海辺の魚を狙っている。その鳥を猫が狙っている。気づかれないようにして岩陰から近づく猫、鳥が魚を獲りまさに飛び立とうとする一瞬、猫が鳥を獲るという場面でした。あの猫の用心深さ、敏捷な動き、まさに「溜め」と「爆発」でした。

合格したときの剣道は未熟ながらも自分の生活してきた人生をぶつけて、それこそ一所懸命、全知全能を傾けて闘いました。相手していただいた先生方も正しい剣捌きをされましたので、恵まれました。すべてが終わったとき、「不動心」という言葉は大切だなと痛切に感じました。

次に、日頃の稽古で気を付ける事柄を箇条書きにしてみたいと思います。

- 姿勢や着装・構えは良くて当たり前ですから少年指導している剣士から「先生かっこいい」といわれるようになりたいと思います。
- 剣道に人生に他を圧倒する勢いがほしい。
- 心技一体。一拍子の打ちと捨て身の技を身につける。

・足捌き・すり足を身軽にできること。
・稽古しているときのビデオを撮ってもらうと自分の長所・欠点を自覚し反省材料となります。
・立合で相手が動いたら打つという待ちの姿勢でなく、攻めて崩して打つ、あるいは引き出して打つという気迫を練る。
・打たれることを怖れてはいけない。剣道は打たれて覚えるものだと思います。
・ある先達がいっています。
「林も山もそれぞれに姿があり、流れも岩もさまざまの形をもっている」

剣道にもそのような趣きがほしいと思います。

攻め打ちは剣道の中心
これができれば合格できる

87

松井　明

岡山県

まつい・あきら／昭和18年徳島県生まれ。県立脇町高校から岡山県警察に奉職する。石原忠美、山根昇両師範に師事する。全国警察官大会団体優勝、都道府県対抗、国体、東西対抗、明治村剣道大会などに出場。現在、岡山県警察剣道名誉師範、岡山県剣道連盟副会長兼理事長、岡山県体育協会常務理事。平成9年5月、八段合格。同17年5月、剣道範士。

ドキュメントにっぽん「心で闘う120秒」剣道・日本最難関試験というタイトルで、NHKテレビから放映された「剣道八段審査会」。その合格者6名のなかに私は、辛うじて仲間入りさせていただきました。二次審査4回目での合格でした。当時、私は岡山県警察本部剣道師範として、教養課に勤務していましたので、各警察署の剣道巡回指導、機動隊での剣道基幹要員訓練指導稽古が中心でした。

本物を求める心が合格の秘訣

八段受審前を振り返りますと、岡山県警察剣道名誉師範の石原忠美範士の指導をいただき、西大寺武道館の朝稽古に月曜日、水曜日、木曜日、土曜日と通いました。朝6時30分～7時20分までの稽古です。稽古の後、県庁のなかにある警察本部へ出勤し、その後、午前か午後の機動隊での稽古、夜は18時30分～19時30分まで、岡山武道館へ火曜日から金曜日までの一般練習会に努めて参加し稽古をしました。竹刀の素振り、木刀の素振り、刀の素振り、竹刀でタイヤ打ち、先生や先輩が良いといえばすぐに実践に移しました。また、大鏡に自分の姿を写し、構えなどを研究しました。いわゆる立ち稽古です。自宅の近くに運動公園があり、体育館の階段昇りやトレーニング、ダッシュ、筋力トレーニングも一生懸命おこないました。

石原忠美先生から剣道の極意を教えていただきました。まず、**①量より質の稽古が大切。**石原先生も八段受験のとき、実践されたとのことでした。自分にハンディをつけて、納得のいく一本でないと、相手がいくら「参った」といっても一本にしない稽古。**②心のさじ加減で剣道は強くもなり弱くもなる。**一本一本の打ちが剣道理念に沿っているのかどうか。つまり刀の観念で刃筋正しい打ち、真剣な稽古を習慣づける。**③日本剣道形で基礎をつくる。**日本剣道形は、岡山武道館で毎週火曜日に石原先生に厳しく指導いただきました。滝山勇先生と私と石原先生の三人稽古で重厚性、迫真性、緩急強弱を瞬間善処しながら身につけることができました。このことが私の本体「基礎」づくりができたように思います。**④攻め打ちは剣道の中心。**攻め打ちのところでずいぶんと苦労し悩みました。強い攻め、相手も八段相当の先生、その攻めを崩し乗ることが大切、この攻め打ちができなければ合格はできないと必死でした。

最後に、攻め打ちのところがどうしてもうまくできない。

『五輪書』の水の巻を中心に剣道の本を読みあさりました。重厚性を出せば迫真性に欠ける、迫真性を出せば重厚性が不十分。こんなとき、出合ったのがこの一文です。「忘れて捨てるもの三つ、敵の体（姿）と自分の体と自分が持っている剣で、この三つを意識しないようにする。覚えて修するもの三つ、真空と我が腹（丹田）と太刀先ののび（赫機）である」

太刀先ののび（赫機）のたとえとして「早駕籠の棒先を出している。早駕籠は、駕籠の棒先を自分より三から四尺も前へ出しているため、向こうから来る者は、誰でも自然と避ける、この棒先の働きとののび（赫機）の働きとは似たところがある」。つまり、のびが強く利くようにするには、練丹して腹の気を強くし、その練った気が太刀の先から、何尺もほとばしるようにしなければならない、のび（赫機）の修行は腹を元として空と敵とを一体としてその敵のはるか後までのび（赫機）で突き貫くことをもっぱら稽古すべきである。とにかく、手間がかかって退屈であってもくり返しくり返し、これを素直に修行することが大切である、と。こののび（赫機）をイメージトレーニングしました。⑤**2分間の立合は、真っ白いキャンバスに絵を描くようなもの**である。絵には余白部分も大切、美しさを作る。時間配分や組み立ても研究しました。⑥**「立ち姿、打つときの姿、打った後の姿」**岡憲次郎先生、⑦**「対立と調和」**と⑧**「剣道はバランス、総合力」**と⑨**鬼一法眼の剣の極意**など、石原忠美先生。⑩**海外派遣。**日本武道館からアメリカ、ボストン市へ派遣され、剣道を外国に広める。こうした機会をいただいたことが自信となった。

極意は我が心中にあり。本物を求める心が合格の秘訣と悟りました。

師の教え「感謝、前向き、愚痴言うな」

二次審査3回目で不合格となったとき、芯から落胆し審査会場から宿舎に帰りました。もうホテルの食堂は閉まりかけていましたが、石原先生は、夕食もとらずに私を待っていてくれました。だだっぴろい食堂の片隅で石原先生と向かい合っての二人っきりの夕食です。

精根尽き果てた私を見てか、先生は、静かに「松井君、元気を出せ、苦労をすればするほど将来役に立つ」「『感謝、前向き、愚痴言うな』この三つを大切に稽古をしなさい」と、ありがたいお言葉をいただき、京都から帰って次の日から懸命に自分の弱点を埋めていきました。

二次審査4回目に合格させていただき、うれしさは人一倍でした。八段は人生の通過点であり、石原先生をはじめとして多くの先生、先輩方のおかげで、やっと富士山のすそ野に立たせていただいた感謝の気持ちがいっぱいでした。さあ、今日からこの大きな山に登れるぞ、一生かけてゆっくりと一歩一歩踏みしめて昇りたい。只今を大切に真剣に稽古し、石原忠美先生から剣道は「無言の対話」である、と教わり、剣先を通して対話をさせていただく幸せ、石原先生は87歳ですがお元気そのもの、全力でお願いするも「そこは無理だよ」と無言の教え、常に打たれて感謝の日々である。富士山の頂上をめざし、歩みを止めることなく、師匠の姿と教えをお手本として感謝しながら人生を歩みたいと考えています。

昇段審査合格五つの法則

88

林　邦夫　愛知県

はやし・くにお／昭和19年岐阜県生まれ。岐阜農林高校から中京大学に進み、卒業後、同大学体育学部助手を経て現在、中京大学体育学部教授・同体育会剣道部長。全日本選手権大会出場、全国教職員大会個人2位、東西対抗、明治村剣道大会、全日本選抜八段優勝大会出場など。平成5年5月、八段合格。同15年5月、剣道範士。

かたちにこだわりすぎている受審者が多い。最近、審査員を務めていて強く感じることです。「面を打たなければ審査に合格しない」と考えている方が多いようですが、決してそんなことはありません。剣道には面以外にも3つの打突部位があります。機会に応じて的確にそれらの部位をとらえれば、価値ある一本になるはずです。このように審査は固定観念にとらわれやすくなりますが、もっと柔軟にとらえてはどうでしょうか。

剣道は審査に合格するために続けているものではありませんが、受験するからにはよい結果を得たいと思うのが人情です。これまでの審査員経験を踏まえ、合格者の共通項目を抜粋してみました。

法則1　厚みのある構え

風格ある構えには厚みがある。攻め合い稽古で気力を練る

剣道は構え、攻め合い、打突の機会と技の選択、有効打突、残心といった流れがあります。いうまでもなく原点は構えです。しかし、審査を拝見していると、構えから打突までの流れができていないことが少なくありません。これは構えと打突が分離してしまっていることに起因があるようですが、合格者の構えはいずれもよどみなく機に応じて技を出していました。

よって構えを確認するときは常に攻めから打突につながるようなイメージを持ちましょう。相手に攻めを伝える構えとは、頭の先、足の先、剣先の三角形に厚みがあるものです。

この構えをつくるにはまず、天井に向かう意識で背筋を伸ばします。次に、左手を内にしぼり、下に押すようにして、へそあたりにおさめます。このとき、左手に備わった力を剣先に注入するような意識を持ちます。上に引っ張られる力と、下に落とす力のバランスが保たれ、腹ができあがります。この調和がとれたとき、構えの三角形に厚みが出てきます。

気持ちがうわずらないためには、呼吸法も意識します。通常、息を吸ったときに肩が上がり、吐いたときに下がります。吸ったときは気持ちもうわずりやすく、気持ちが居つくことすらあります。発声とともに息を吐くことで気持ちが下がり、気分が充実します。そのことで構えに厚みが加わるのです。

自分の姿を鏡に写し、常にチェックすることが大切です。体調は変わっていないようでも日々刻々と

変化しています。構えも立派にできていたとしても今日できるという保証はありません。稽古前に構えを確認し、もしズレやゆがみが生じていれば修正するのです。

そして納得する構えができたならば、そのイメージをもって面をつけて稽古に入ります。

その際、風格をつくる稽古として実践しているのが攻め合い稽古です。互いに構え、気力を充実させて対峙します。そして「隙あらば打つぞ、突くぞ」の気分で練り合います。有効打突につなげるまでの「つくり」の稽古です。

1分、2分など時間を区切り、集中して練り合います。ここが充実してくると互いの気の密度が濃くなるはずです。自然に技が発現されるのです。

今回、八段審査に合格された方のなかにもこの稽古を実践した方がいます。高段者には充実した構えから醸し出される密度の濃い攻防が期待されているのです。

法則2　大きな全身での打突

合格者の面打ちは剣先が天井に向く。大きく鋭い一本が重要

八段審査を受審される方は、ほとんどが数々の試合を経験してきたことでしょう。そのためか、昇段審査でも竹刀の振りを小さくし、踏み込みから打突までの時間をできるだけ短縮させて打つ方が多いように見受けられます。

しかし、その分スピードに頼ったものになり、快音が鳴るようなしっかりとした打突は出せません。審査は有効打突を競うだけではありません。審査員は、「いま打った一本は、どれくらいの価値がある

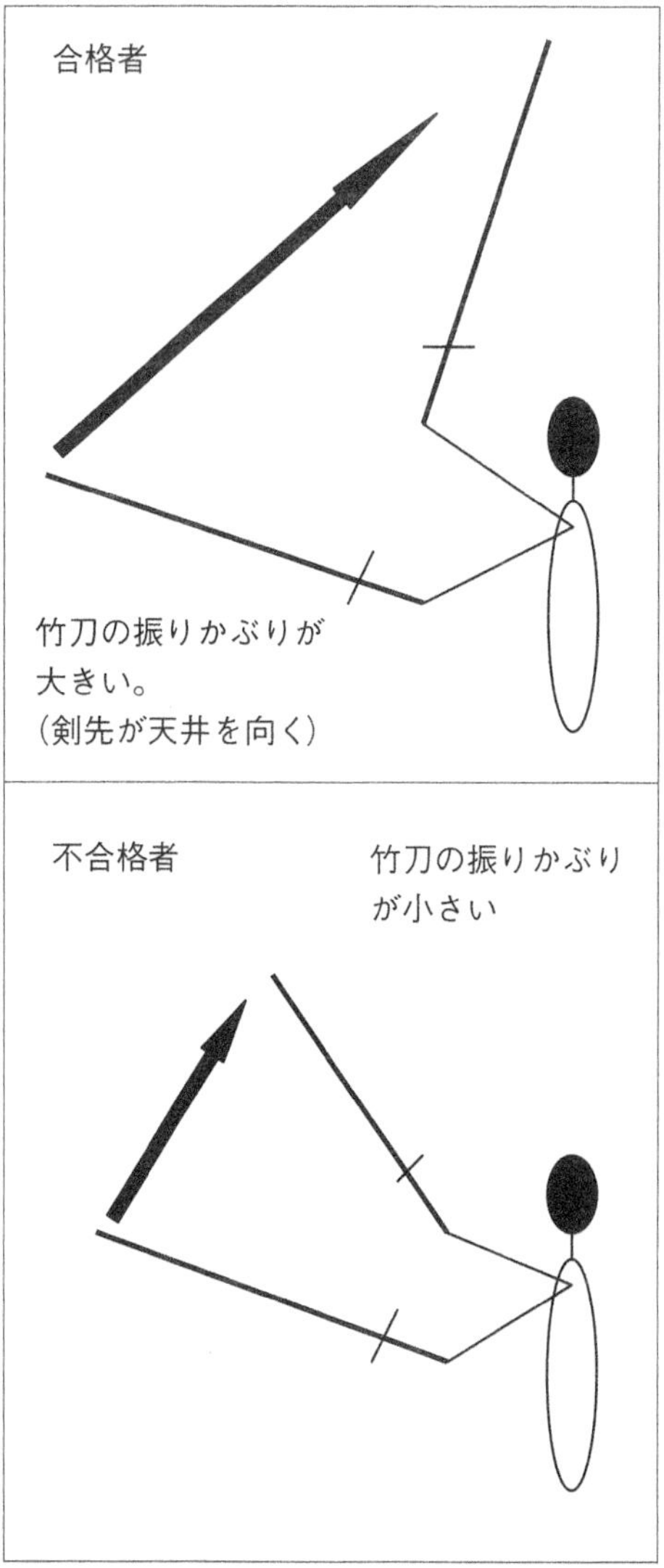
合格者
竹刀の振りかぶりが
大きい。
(剣先が天井を向く)
不合格者
竹刀の振りかぶり
が小さい

図１（上）　必要以上に力まず、剣先が天井を向くまで竹刀を振る
図２（下）　打突部位に到達した一瞬のみ手首に力を込めることによって冴えが生まれる

のか」という意識で見ています。試合の感覚をいちばん覚えている若い受審者の方が落ちるのは、小さく速い技に頼ってしまったという理由もあると思います。小さい振りでは手首から前腕、上腕までの筋肉しか使いません。

合格された方は総じて、面を打つときに剣先が天井を向いています。左腕を肩付近まで上げているのです。そうすることで打突に力強さをつくっていました。打突に重みがなければ審査では評価されないのです。

この打突を身につけるためには、普段から全身の筋肉を使って大きく打突することが重要だと思います。審査では、相手に打突の機会を与えないために、どうしてもある程度速い打突が求められます。しかし、普段から全身を使って打突していれば身体が覚えています。天井を向く程度の振りで、全身に力を込めた打突をすることができます。

基本稽古では大きく、しかもゆっくりと打突できるように心がけてください。そうすることで、ごまかしがききません。手の内、振りかぶり、足さばきなど悪い部分をすべて丹念に見ることができます。小さい振りでの打突はそれなりに打つことができても、大きく振ると意外に悪癖が出てきます。基礎スキーでゆっくりと曲がることが難しいのと一緒です。

ゆっくりと大きく打つ際は、必要以上に力を入れないように注意します。最初から力が入っていると居ついてしまう、打突に冴えがなくなるなど、よい効果は期待できません。力みをなくし、柔らかく構えることができれば、「ここが好機だ」と思った瞬間に、自然と竹刀を振り上げ、振り下ろすことができます。

この稽古をくり返せば、打突に冴えが出てきます。冴えは手首の筋肉、掌の圧力と密接な関係があります。瞬時に力を入れて抜くコツを覚えてきますので、いざ審査の場となっても、力強さと冴えを兼ね備えた打突が出せるはずです。

法則3　緻密な攻め

機会に応じて出すのが技。緻密な攻めが崩しにつながる

審査では一足一刀の間合から面を一刀両断に決めるのが理想かもしれません。しかし、実力が互格の

者同士が対戦するのが審査ですので、そう簡単にはいきません。

審査で面を打つことは大切ですが、もっと大切なのは技につながるまでのプロセスです。「面を打つ」と決めてかかっていては、機会に応じて技を選択することができません。

機会に応じて技を出すには普段の稽古から多くの技を身につけることを心がけることです。昨今、面の稽古に重点を置きすぎるあまり、他の技の練習がおろそかになっているのではないかと思います。昔の先生方が面打ちを重視していたのは、「どの部位よりも遠い位置にある面が打てるようになれば、どの部位も正しく打つ素地ができる」という意味を込めていたからです。正しく打てていないのであれば、それぞれ稽古が必要です。

私は面に限らず、どの打突部位もすべて稽古すべきと考えています。稽古をしていれば、本番では身体が反応してくれます。相手の変化に応じて、空いている部位を的確に打つことができます。

また、攻め合いで「小手も打てるし、胴も打てるぞ」という自信を持って攻めることができるので、気持ちにゆとりが生まれます。面を打ってくるのがわかるような攻めが大切になります。

稽古では、単に打ち間に入って打つだけではなく、二段打ちや捲き、払い、すり上げなどの竹刀操作も加えるべきです。どんな状況にも対応できるようにするためには、データとして身体に覚えこませることが一番だからです。

また、仕かけ技だけでなく、応じ技も重点を置いて稽古したいものです。「受ける太刀は打つ太刀」が剣道の基本ですので、引き出してさばくことができれば立合の内容がぐっと引き締まります。

応じ技はわざわざ時間を設けなくても、掛かり稽古の元立ちの際も充分に稽古ができます。向かってくる相手に対してすり上げ、返しなど手の内を使って打ち返します。切り返しのときも、ただ受けているだけではもったいないです。相手の面を受けることで鎬の遣い方を覚えることができますので、稽古方法はさがせばたくさんあります。

相手と対峙した際は、技を限定して考えてはいけません。機に臨み、変に応じるのが技です。その緻密な攻めを身につけるには多彩な技がベースになければなりません。日頃から技の工夫と研究に充分な時間をとることも大切です。

法則4　位置取り

合格者は、審査員がよく見える位置で演武している

審査員席にいる審査員は、立ち上がって移動することはできません。試合の審判員は試合者に応じて移動しますが、審査ではそれがありません。だとすれば、「どの位置で自分がいれば、審査員にいちばんよいのか」ということを意識する必要があります。

攻めや構えに厚みが見える角度というものはあります。審査員と平行に立った位置です。ここは立合の気構え、間合の攻防、技の発動がすべて見える角度です。審査中、審査員にずっと背を向けたらどうなるでしょうか。構え、攻め合い、打突の好機をつかむ様子、残心など、いちばん見てもらいたい部分がまったく見えない状態になります（図5）。

審査員は横一列に座っています。すべての審査員によいところを見せるためには、蹲踞して立ち上がった位置にいるのがベストです（図3）。どの位置からも剣先から手元、姿まですべてが見えます。審査の時間は2分間であることを考えると、ひとつひとつの動きを見てもらう時間はわずかです。そのこ

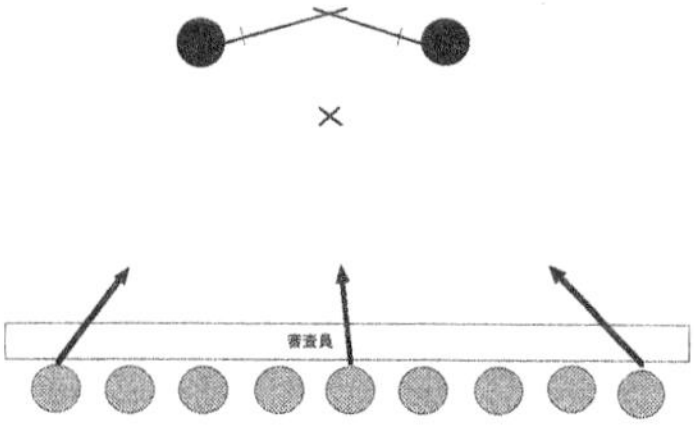

図３　すべての審査員から見やすい立合

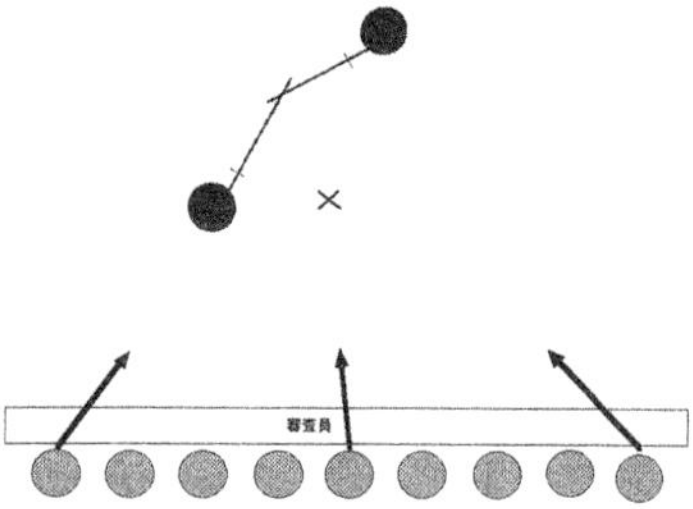

図４　４人の審査員から見えにくい立合

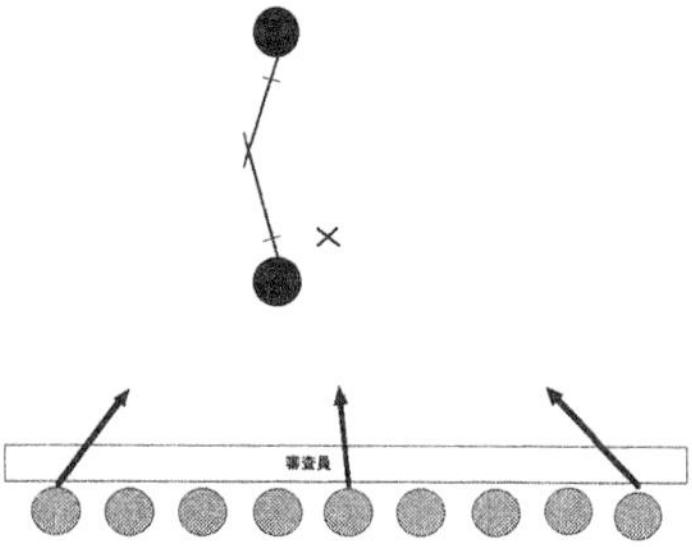

図５　すべての審査員が見えにくい立合

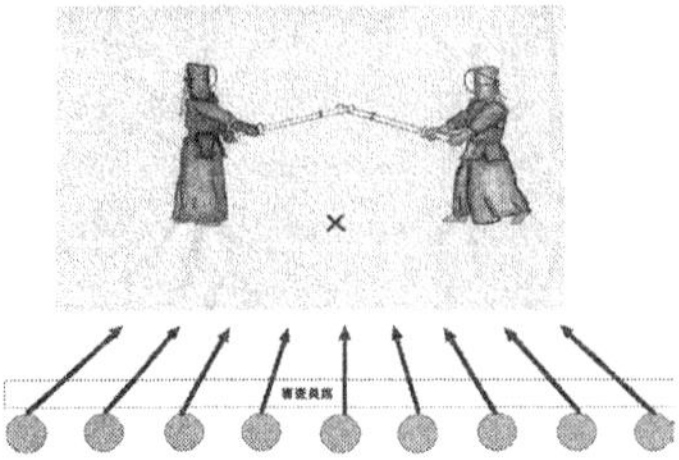

図６　審査員から見やすい距離

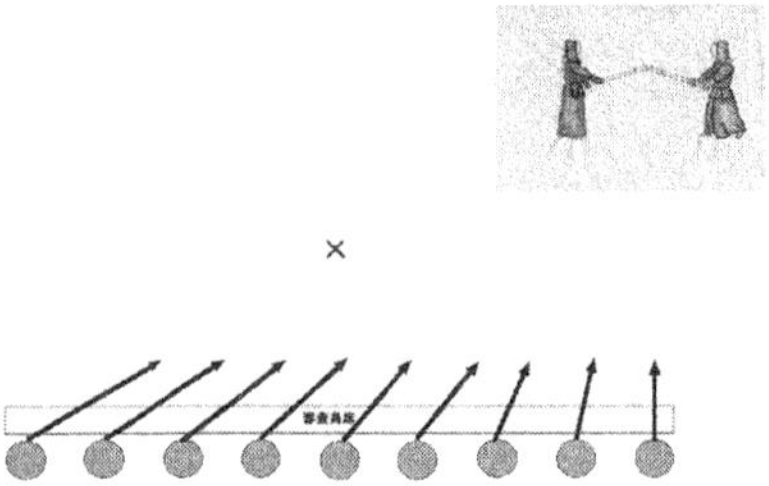

図７　審査員から見えにくい距離

とを踏まえ、この位置取りをキープしておきたいものです。

審査に臨んでいる最中は、必死ですのでなかなか気づきにくいですが、右足から少し斜め前に歩を進めるだけで一部の審査員からは見えにくくなります（図4）。この場合、双方の受審者ともに約半分の審査員からは見えにくい状態になります。必死になればなるほど「審査は見ていただくもの」ということを忘れがちになりますが、極力位置を修正することは大事なことです。

また、図7のように審査員から遠く離れた場所で演武してしまう場合があります。この場合、息遣いや気迫といった細かいところが非常に伝わりにくくなります。なるべく審査員の近くで演武したほうが気迫や風格を感じ取ってもらいやすくなります。

法則5　高まる気の働き

合格者は時間を追うごとに気勢が高まり、持続している

次頁の3つの図は、技の発現と時間をグラフにしたものです。蛇行する線は気勢の充実度を表しています。線の中に時折現れるマル印は、技の発現です。

剣道でよくいわれる「気」というものは図や数値などで表せるものではありません。しかし、この図を頭に入れてイメージトレーニングをし、日々の稽古や審査に臨んでいただきたいと思っています。

気が高まったときに出された技は会心の一本、または決まらなくても評価の高い技として審査員の心に焼きつきます。しかし、最初に素晴らしい技が出せてもその後、気が高まらず尻つぼみのまま終わってしまうことがあります（図9）。その場合、審査員の心を引きつけるような印象は薄れてしまうでし

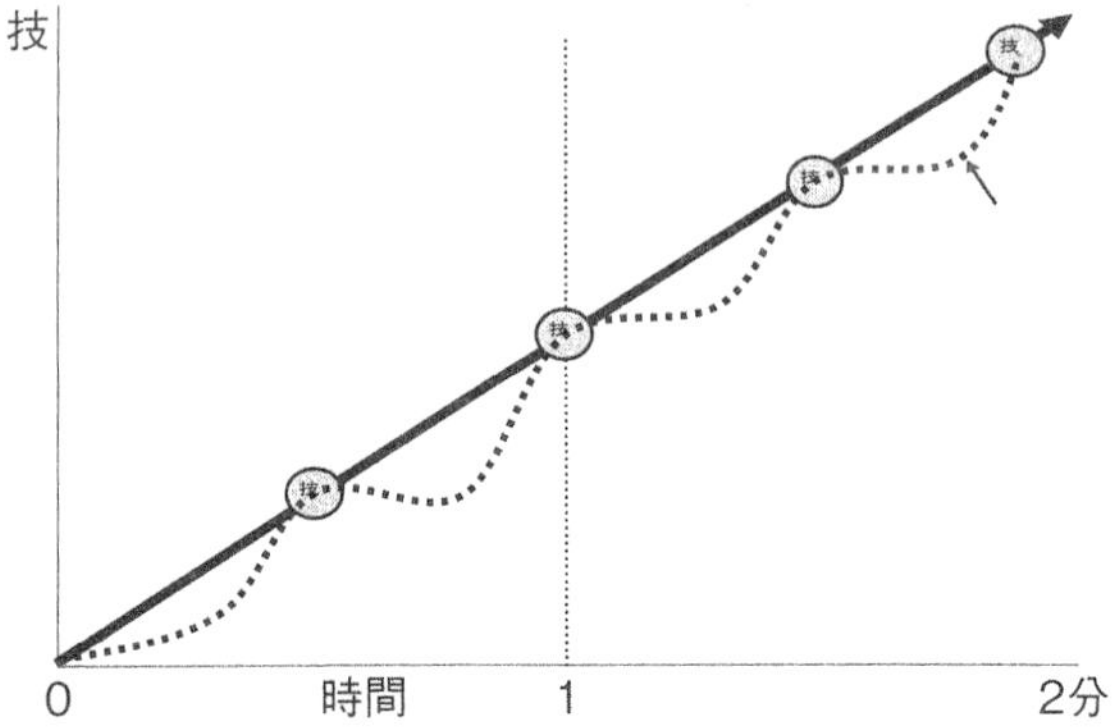

図8　だんだんと気が高まる立合

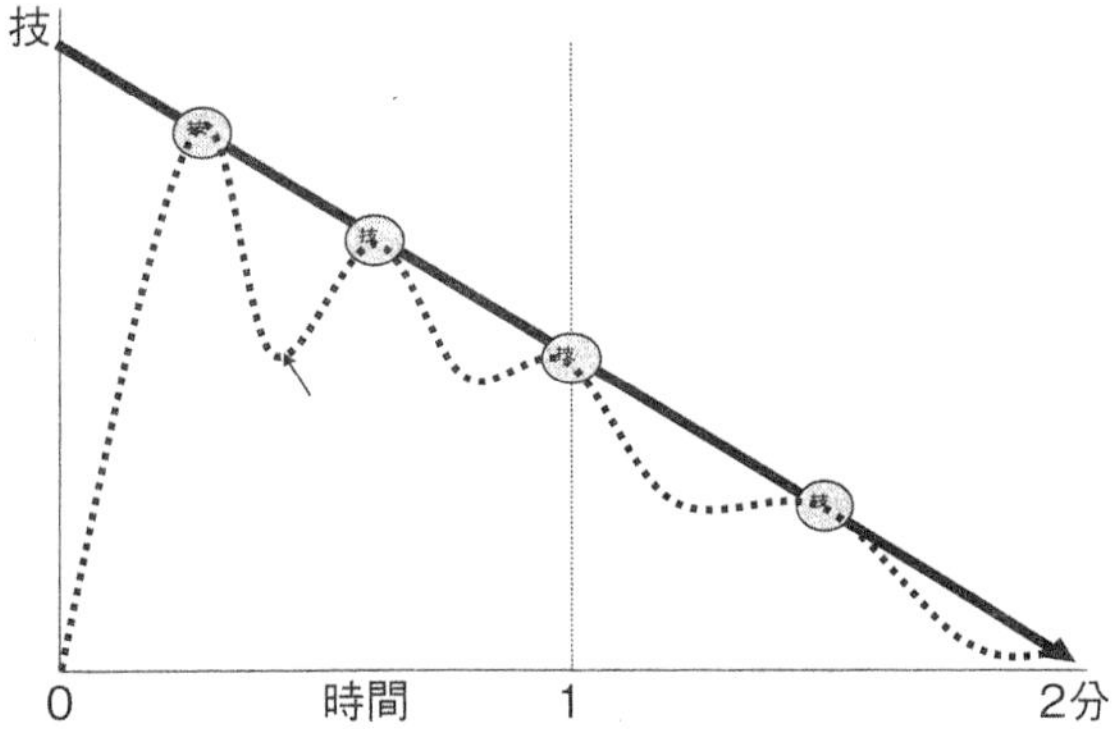

図9　最初は素晴らしいが、だんだんと気が高まらなくなる立合

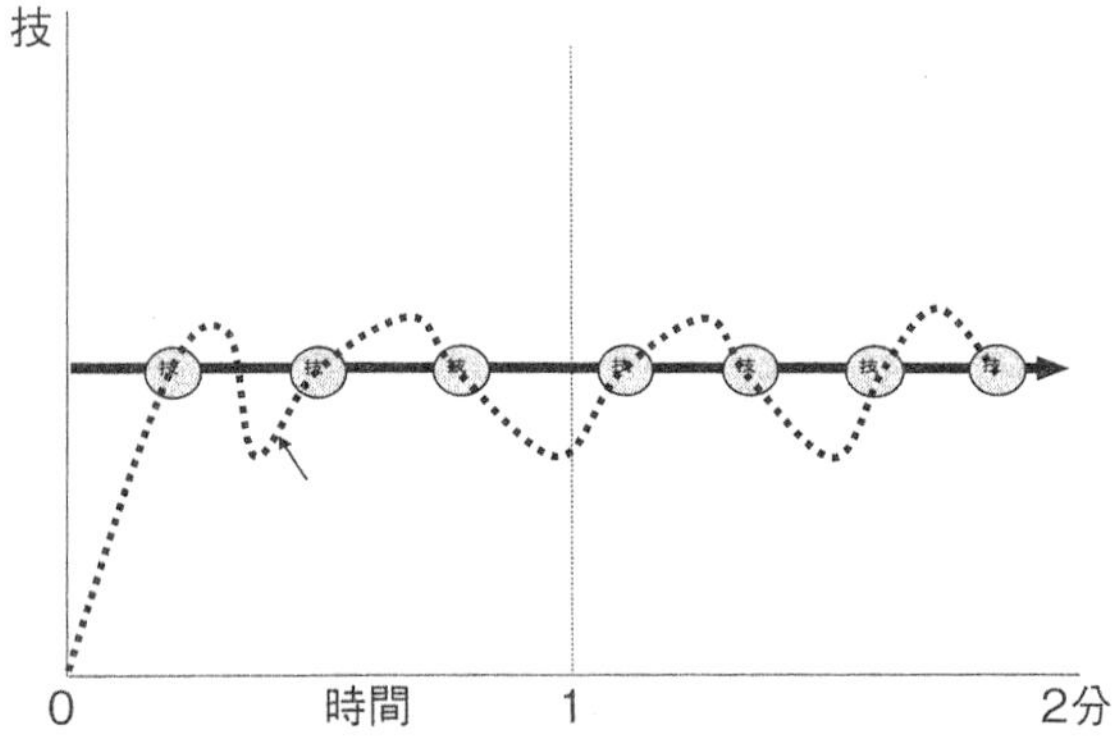

図10　攻め合いが単調で観る者の心を打たない立合

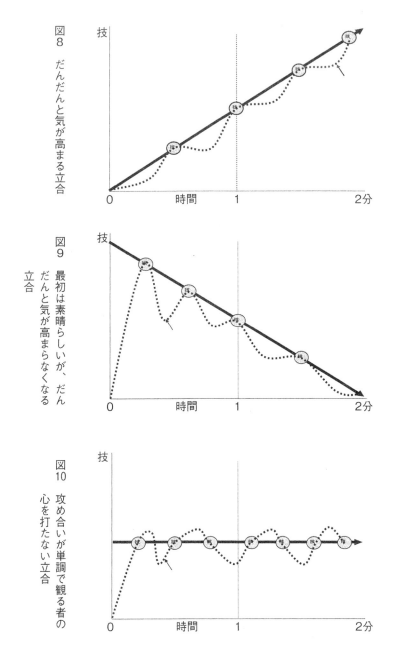

ょう。

勢いのある立合は、後半になるにつれて気勢が高まっていくものです（図8）。つまり、だんだんと気が充実し、持続しているため、審査員の心を打つようになります。最初は五分の状態でも、最後には相手のみならず審査員も風格や勢いを感じているかもしれません。審査は演劇のようなストーリーはつくれませんが、技と時間軸を考えて稽古することは必要でしょう。

初出一覧

「剣道時代」2002年11月号特集　八段合格の秘密

「剣道時代」2003年５月号特集　八段合格の秘密Ⅱ

「剣道時代」2004年３月号特集　八段合格の秘密Ⅲ

「剣道時代」2005年３月号特集　八段合格の秘密４

「剣道時代」2006年３月号特集　八段合格の秘密５

「剣道時代」2007年３月号特集　八段合格の秘密６

剣道《けんどう》昇段《しょうだん》審査《しんさ》合格《ごうかく》の秘密《ひみつ》　八段合格者《はちだんごうかくしゃ》88人《にん》の体験記《たいけんき》に学《まな》ぶ

平成23年10月28日　初版第１刷発行
令和６年10月10日　新装版第１刷発行

編　者　「剣道時代」編集部
発行者　手塚栄司
発行所　㈱体育とスポーツ出版社
〒135-0016
東京都江東区東陽2-2-20 3F
電　話　03-6660-3131
FAX　03-6660-3132

印刷所　株式会社デジタルパブリッシングサービス

落丁本・乱丁本はお取り替えいたします。

ISBN978-4-88458-451-1 C3075　定価はカバーに表示してあります。

（2025年4月現在）

剣道学、筋トレ学を学ぶ 故に書を読む

体育とスポーツ出版社

図書目録

KEN DO JI DAI

月刊 剣道時代

Monthly Bodybuilding Magazine

ボディビルディング

（株）体育とスポーツ出版社

なんといってもためになる　剣道時代の本

生死の岐路で培われた心を打つ面

面 剣道範士九段楢崎正彦

剣道時代編集部編

A5判並製352頁・定価：2,860円

楢崎正彦範士の面は「楢﨑の面」と称され、剣士たちの憧れであり、尊敬の念も込めてそう呼ばれた。人生観、剣道観が凝縮された面ゆえにひとびとの心を打ったのである。その面が生まれた要素のひとつとして戦後、26歳で収監されて約10年にも及ぶ巣鴨プリズンでの獄中生活が大きい。生死の岐路で培った強靭な精神で〝生ききる〟という気持ちを失わなかった。極限な状況にあっても日本人らしく武士道をつらぬいたのだった。楢﨑範士がそういう心境になれたのは、巣鴨プリズンで同室となった岡田資中将（大岡昇平『ながい旅』の主人公」との交流が大きかった。楢﨑範士の生き方はあなたの剣道観、いや人生観が変わるきっかけにもなるでしょう。とくに楢﨑範士を知らない世代が多くなった若い世代に読んでもらいたい。

打たれ上手な人ほど上達がはやい！

剣道は乗って勝つ

岩立三郎 著　B5判並製・定価：1,980円

日本はもとより海外からも多数の剣士が集まる「松風館道場」。その館長岩立三郎範士八段が剣道愛好家に贈る剣道上達のポイント。剣道時代の連載記事と特集記事がまとめられた一冊である。

あなたの人生、剣道を導き支えてくれる本との出合い

礼法・作法なくして剣道なし

剣道の礼法と作法

馬場武典 著

B5判・定価：2,200円

30年前、剣道が礼法・作法による「人づくり」から離れていく風潮を憂い、『剣道礼法と作法』を著した著者が、さらに形骸化する剣道の礼法・作法を嘆き、"礼法・作法なくして剣道なし"と再び剣道の礼法と作法を取り上げ、真摯に剣道人に訴える

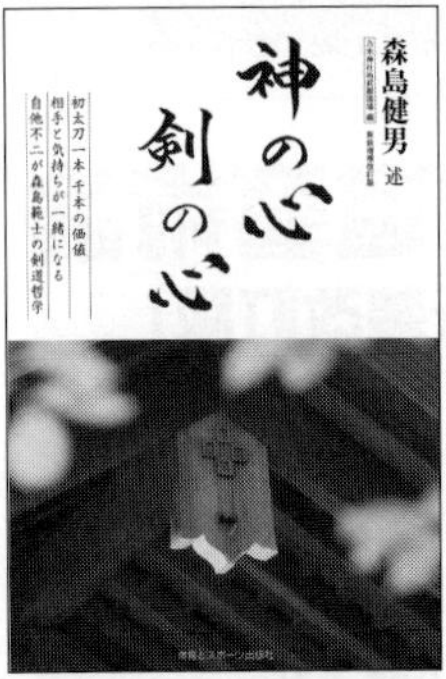

初太刀一本 千本の価値

神の心 剣の心（新装増補改訂版）

森島健男述　乃木神社尚武館道場編

四六判・定価：2,530円

本書は平成10年発行。森島範士（令和3年8月逝去）の剣道哲学の集大成の一冊である。森島範士が剣道人に伝えたかったことと剣道への想いが切々と語られている。復刊にあたり、「日本伝剣道の極意　乗る」「私の好きな言葉」、そして乃木神社尚武館道場の梯正治、坂口竹末両師範の追悼文を加えた新装増補改訂版である。

理に適う剣道を求めて

修養としての剣道

角正武 著

四六判・定価：1,760円

理に適うものを求めることこそが剣道と、生涯修行を旨とする剣道に、如何に取り組むのかをひも解いた書。健全な心身を養い、豊かな人格を磨いて充実した人生に寄与する修養としての道を分かりやすく解説した書

剣道を愛し、読書を愛する剣道時代の本

★ロングセラー本

剣道の極意と左足

小林三留 著

B5判・定価：1,760円

左足が剣道の根幹だ。まずは足腰を鍛え、剣道の土台づくりをすることが大切だ。著者小林三留範士八段が半世紀以上をかけて体得した剣道極意を凝縮した一冊!!

生涯剣道へのいざない 剣道の魅力

山神真一 著

四六判・定価：2,200円

剣道の魅力を様々な視座から追究することを通して、生涯剣道を考える機会をいただき、剣道を改めて見つめ直すことができたことは、私にとって望外な幸せでした。（中略）論を進めるにつれて、生涯剣道にも『守破離』に代表されるプロセスがあることに気づかされました（あとがきより）

剣道昇段審査対策21講

亀井徹 著

B5判・定価：1,760円

著者が剣道家として、選手権者として永年培ってきた経験をもとに、仕事で忙しい市民剣士向けにまとめた昇段審査対策を分かり易く解説。著者は、熊本県警察時代から警察官の指導だけでなく、市民剣士の指導にも携わって来た。剣道は、武術性・競技性・芸術性が必要であるという信念のもとに、強く美しい剣道を実践している。

あなたの人生観・剣道観を変える一冊の本との出合い

～八段までの笑いあり涙なしの合格不合格体験記～

奇跡の合格 剣道八段への軌跡

池澤清豪 著　四六判並製288頁・定価：2,200円

39歳三段リバ剣、65歳八段挑戦、69歳9回目で合格。永遠の若大将を自負する整形外科医が、自ら綴る笑いあり涙なしの合格不合格体験記。

諦めず継続すれば力となって桜咲く。

大いに笑い、感銘、発見することでやる気が生まれる、元気が出てくる、勇気がもらえる。

剣の道を輝かせたいあなたに贈る。おもしろくためになる痛快剣道エッセイ！

「改めて読み直すと沢山の合格のヒントを書いているのに気付きました」（本文より）

この本を読めばあなたも奇跡を起こす!?

- 序に代えて
  親友（心友）と剣道八段は剣道の神様から授かったごほうび
- 第一章◉八段審査1回目の巻
  お互いが相手に尊敬の念を抱くことがお互いの向上になる
- 第二章◉八段審査2回目の巻
  不合格はさわやかに受け入れよう
- 第三章◉八段審査3回目の巻
  次回は審査員の魂を揺さぶる気根で臨むと決意する
- 第四章◉八段審査4回目の巻
  八段は向こうからやって来ない。失敗しても何度でも起き上がって挑戦しよう
- 第五章◉八段審査5回目の巻
  恩師の言葉「目標があれば、いつも青春」を思い出し、また次に向けて頑張るぞ
- 第六章◉八段審査6回目の巻
  八段審査は「わび」「さび」の枯れた剣道では評価されないと再認識する
- 第七章◉八段審査7回目の巻
  努力は報われる。いや報われない努力もあるが、諦めず継続すれば桜咲く
- 第八章◉八段審査8回目の巻
  六・七段合格のゲンの良い名古屋で八段審査会。しかし七転び八転び
- 第九章◉八段審査9回目、そして最終回の巻
  ま、まさかのまさかで八段合格。常日頃、手を合わせていた母。なにかいいことがあると「それは私が祈っていたからよ」
- あとがきに代えて
  親友であり心友であり続ける葛西良紀へ

読者の感想

「剣の道の楽しさ、おもしろさは人生の後半にあることを教えてもらいました」（50代男性）

「著者の人柄がよく出ており、こうして八段になれたことがわかりました」（40代男性）

「著者の心のつぶやきが漫画を読んでいるみたいで笑いましたが、その裏にはためになることが多く書かれた本だと思います」（60代男性）

「おもしろおかしく書いてありますが、剣道八段に受かる大変さや素晴らしさが分りました」（40代女性）

「剣道をとおした人間ドラマであり、剣道を人生に置き換えると身近なものに感じられました」（50代女性）

「人間味あふれるエピソードの数々。諦めなければ私でも八段になれるかもしれないという希望を抱きました」（60代男性）

あなたの人生、剣道を導き支えてくれる本との出合い

良書復刊（オンデマンド版）

あなたは知っているか。師範室で語られた長老の佳話の数々

師範室閑話（新装版）

上牧宏 著　四六判248頁・定価：2,750円

「師範室閑話」は剣道時代に昭和61年8月号から昭和63年12月号にわたって連載。連載中から大いに評判を呼んだ。平成3年、連載当時のタイトルと内容を見直して再構成して単行本として発刊。刊行時、追加収録「桜田余聞」は筆者が歴史探訪中に偶然得た資料による。戦闘の生々しい活写は現代剣道家にとっても参考になるだろう。

【収録項目】

一、全剣連誕生秘話　戦後、剣道は禁止されたが、その暗黒時代を乗り越え、復活に情熱を傾ける人々がいた

二、浮木　一刀流の極意「浮木」とはどんな技か……

三、かすみ　上段に対抗し得る「かすみ」について説く

四、機会と間合　七段、八段の段審査における落とし穴を解明

五、妙義道場 郷土訪問秘話　妙義道場一行が郷里・上州（群馬県）を訪問。道中、持田盛二範士の清廉な人柄を物語るエピソードが……

六、審査員の目　ある地方で老九段が稽古後、静かな口調で話す

七、斎村先生と持田先生の教え　警視庁にも中には癖のある剣士がいた。そこで斎村、持田の両範士はどう指導したか

八、古老の剣談　修道学院（高野佐三郎）と有信館（中山博道）の門閥解消に努力した人

九、ある故人の話を思い出して　荒天の日の尚道館道場。晩年の斎村五郎範士と小野十生範士が余人を交えず剣を合わす

十、小川範士回顧談　剣と禅の大家、小川忠太郎範士は二十代の前半、三十歳で死んでもいいとして、捨て身の修行をする

十一、桜田余聞　桜田門外で井伊大老を襲ったのは、元水戸藩士十七名と元薩摩藩士十一名。其の攻防を活写し、逸話も紹介

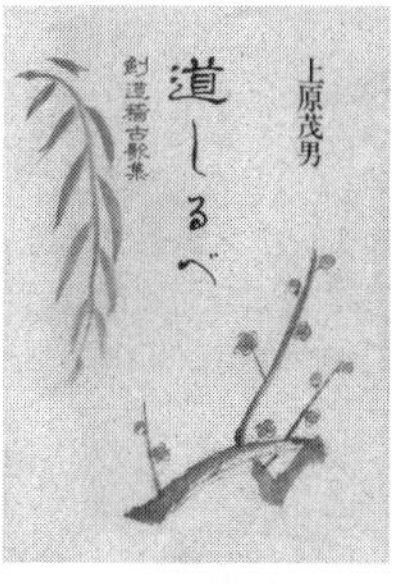

五七五七七調で理解しやすい

剣道稽古歌集 道しるべ

上原茂男 著　A5判176頁・定価：2,750円

本書は剣道時代1987年3月号から2年間にわたって連載されたものをまとめて平成元年に発刊。文武両道、芸術にも通じた上原茂男氏（剣道教士七段）が、岡田道場（館長岡田茂正範士）での修錬の過程で得た教訓を31文字にまとめた短歌約三百首を27項目に分け、その教訓の意味が歌とともに説明されている。含蓄深い道歌と分かりやすい説明文が、各々の剣道観を高めてくれると思います。歌を口ずさめばおのずと身体にしみこんでいくことでしょう。

◆剣道に虚実は非ず常に実 実の中にも虚も有りにけり

面を打つなら面、小手を打つなら小手を攻めるべきで、面を攻めているのは見せかけで、実は小手を打つという虚から実への移りは剣道にはいらない。剣道は実から実でなければならず、面で決めようとして面を打って失敗したら、相手の体勢を見て小手なり胴へいくのである。そして小手が決まったとしたら、その前の面が結果的には虚ということになり、小手が実という具合になる。しかし、あくまでも最初から実で打つことで虚が生まれてくることを忘れてはならない。

なんといってもためになる　剣道時代オススメ居合道の本

2022年2月2日付毎日新聞朝刊「BOOK WATCHING」で紹介

各界のアスリートも経験

おうちで居合道

末岡志保美 著

A5判オールカラー96頁／実技はすべて動画・英訳つき（QR コード）・定価：1,540円

オンライン講座「おうちで居合道」との併用がおススメ！

「居合道に興味があるのですが、道場へ通う時間がなかなか取れなくて……」

「それならおうちで学んでみませんか」

「えっ、道場に通わなくても学べるんですか」

「はい、この本を教材にすればおうちで本格的に学べます。オンライン講座『おうちで居合道』で構築した基礎鍛錬や体さばきなど自主稽古法が豊富に紹介してあります。居合道の新しい学び方が盛りだくさん。実技はすべて動画・英訳つきです」

「なるほど。だからおうちでもできるんですね。できそうな気がしますが、刀はどうするのですか」

「ポリプロピレン製の刀だと数千円程度で買えます。これだと年配の方、お子さんでも安心して行なえます」

「安全でしかもおうち時間を有効に使えそうですね。なにかワクワクしてきました。剣道にも役立ちそうですね」

「はい、きっと剣道にも活かせるでしょう。前述した『おうちで居合道のオンライン講座』もあり、本と併用して学べますよ」

検索「おうちで居合道」（http://ouchideiaido.com/）

こどもの居合道

末岡志保美 著

A5判オールカラー96頁・定価：1,540円

現代に生きる子供たちの力を育む

「こども向けのクラスを開講しませんか」

最初は、大人向けの指導と同じように難しい言葉を使ってしまったり、ひたすら型の稽古をさせてしまったりして、学びに来ている子たちを混乱させてしまった部分もありましたが（笑)。(中略) それらの指導を通じ、多くの子供たちと触れ合う中で、一つの強い疑問が生まれました。〝この子たちが生きていく上で、本当に必要なものはなんだろう？〟(中略) (私は) 居合道に出会い日々の稽古を重ねる中で、少しずつ変化をしていきました。悩んだ時に、考えるための基準値というものが出来たのです。(著者「はじめに」より)

姿勢、体幹、集中力、コミュニケーションスキル…。現代を生きる子供たちにとって必要な力を育む伝統武道＝居合道。本書では、それらの力の源となる〝軸〟を身につけることをテーマに、イラストや図解を多く用いながら、子供たちに居合道を分かりやすく楽しく伝えていく。軸の体づくり、実技などは動画つき (QR コード) で解説しており、子供たちだけでなく、親子で一緒に楽しみながら取り組むこともできる、これまでになかった一冊。

なんといってもためになる　剣道時代オススメ居合道の本

☆居合道教本のロングセラー

居合道 その理合と神髄

檀崎友彦 著　四六判並製・定価：3,850円

斯界の最高権威の檀崎友彦居合道範士九段が精魂込めて書き上げた名著を復刻。初伝大森流から中伝長谷川英信流、早抜きの部、奥居合の部など居合道教本の決定版である。

居合道で女子力アップ 凛々しく美しく強く

女子の居合道プログラム

新陰流協会 監修　A5判96頁・定価：1,518円

現代の世相を反映し、女性も強くなることへの関心が高まっている。ぜひ皆さんも新陰流居合道を学び、強く凛々しく美しくなる女子力向上に努めよう。本書が心身両面の強さを身につける道として居合道を学んでいくきっかけとなることを望んでいる。動画（QR コード）で所作・実技が学べる。

剣道人のバイブル 小川忠太郎関連良書

剣禅悟達の小川範士が説く珠玉の講話集

剣道講話（新装版）

小川忠太郎 著　A5判548頁・定価：4,950円

剣と禅の大家であり剣道界の精神的支柱として崇拝された小川範士初めての本格的な著書。3部構成。第一部「剣道講話」で剣道の理念を、第二部「不動智神妙録」で沢庵の名著を、第三部「剣と道」で論語・孟子等の大事な問題をそれぞれ解説。剣道の普遍性を改めて認識できる。★ロングセラー本

持田盛二範士十段—小川忠太郎範士九段

百回稽古（新装版）

小川忠太郎 著　A5判446頁・定価：4,180円

「昭和の剣聖」持田先生や当時の仲間との稽古の内容を小川範士は克明に記録し、絶えざる反省と発憤の糧とした。今その日記を読むと、一打一突に工夫・思索を深めていった修行の過程をたどることができる。

現代に生きる糧　小川忠太郎の遺した魂

刀耕清話

杉山融 著　A5判344頁・定価：2,750円

剣道を通じて人生を豊かなものにしたい人にオススメ。社会人としての私たちにとって大事なことは、剣道の修行を通して、しなやかでしっかりとした自己の確立をしていくこと、すなわち、事に臨んでも揺るがない本体の養成を平素から心掛けていくことにあると思います。（著者「まえがき」より）

剣道およびその他武道関連図書

剣技向上のために
剣道上達の秘訣
中野八十二範士指導
A5判・1,923円

本書は剣技向上をめざす剣士のために、剣道の技術に関するあらゆる要素を洗い出し、その一つ一つについてこの分野における斯界の第一人者である中野範士（九段）に具体的かつ詳細に解説して頂いた。
昭和60年発刊。重版を重ねるロングセラー。

現代剣道の源流「一刀流」のすべてを詳述
一刀流極意（新装版）
笹森順造著 A5判・4,730円

今日、古流の伝書類は各流ともほとんど散逸してしまったが、奇跡的にも日本最大の流派ともいうべき一刀流の極意書が完全な形で残されており、それらをもとに著者が精魂込めて書き上げた決定版である。

正しい剣道の学び方
剣道の手順（オンデマンド版）
佐久間三郎著 B5判・3,520円

「技術編」と「無くて七癖」に分かれ、技術編ではそれぞれのランクに応じた実技を解説。「無くて七癖」ではユニークな発想で、剣道におけるたくさんの癖を列挙し、上達を妨げる諸症状の一つ一つに適切な診断を下す。

剣禅悟達の小川範士が説く珠玉の講話集
剣道講話（新装版）
小川忠太郎著 A5判・4,950円

剣と禅の大家であり剣道界の精神的支柱として崇拝された小川範士初めての本格的な著書。「剣道講話」で剣道の理念を、「不動智神妙録」で沢庵の名著を、「剣と道」で論語・孟子等の大事な問題を解説。

持田盛二範士十段ー小川忠太郎範士九段
百回稽古（新装版）
小川忠太郎著 A5判・4,180円

「昭和の剣聖」持田先生や当時の仲間との稽古の内容を小川範士は毎日克明に記録し、絶えざる反省と発憤の糧とした。今その日誌を読むと、一打一突に工夫・思索を深めていった修行の過程をたどることができる。

現代に生きる糧　小川忠太郎の遺した魂
刀耕清話
杉山 融著　A5判・2,750円

剣道を通じて人生を豊かなものに。小川忠太郎範士九段が遺した崇高なこころを解説。充実した人生の実現に向けた道標となる一冊。

生涯剣道への道しるべ
剣道年代別稽古法（オンデマンド版）
角　正武著　四六判・3,300円

教育剣道を求め続けている著者が、各年代別に留意した稽古法を解説。心身一元的に技を追求する剣道永遠の「文化の薫り」を汲み取る剣道人必携の一冊。

人生訓の数々
剣道いろは論語（オンデマンド版）
井上正孝著　A5判・4,950円

斯界の現役最長老である井上範士が、いろは歌留多の形で先人の金言・格言を解説したもので、剣道家はもちろん剣道に関心を持つ一般大衆にも分かり易く、剣道への理解を深める上で大いに参考になるであろう。

人生に生きる
五輪の書（新装版）
井上正孝著　A5判・1,980円

本書は剣道界きっての論客である井上正孝範士が初めて剣道家のために書き下ろした剣道と人生に生きる「五輪書」の解説書である。

1世紀を超える道場の教えとは
東京修道館剣道教本
中村福義著　B5判・1,780円

私設道場100年以上の歴史を持つ東京修道館。三代にわたり剣道を通して剛健なる青少年育成に努めて多くの優秀な人材を輩出した。その教育方針を三代目中村福義氏が剣道時代誌上で発表したものをまとめた一冊。

昇段審査・剣道指導にもこの一冊！
剣道の法則
堀籠敬蔵著
四六判上製・2,750円

剣を学ぶ　道を学ぶ
それぞれの段位にふさわしい教養を身に付けてほしいものである。お互いがそれぞれの技倆に応じた理論を身に付けることこそ、剣道人として大事なことではないだろうか。
著者「はじめに」より

風が生まれる　光があふれる
天馬よ　剣道宮崎正裕
堂本昭彦著 A5判上製・2,090円

全日本選手権大会６回優勝、うち連覇２回。全国警察官大会６回優勝。世界剣道選手権大会優勝。平成の剣道界に新しい風と光をもたらした宮崎正裕とその同時代に活躍した剣士たちの青春と試合の軌跡をさわやかに描いた剣道実録小説。

剣道およびその他武道関連図書

昇段審査を目指す人必読
剣道　審査員の目　1.2.3
「剣道時代」編集部編
四六判上製・各巻2,200円(第3巻は並製)

剣道範士75人が明かす高段位審査の着眼点と修行の心得とは―。剣道の理想の姿を求める人たちへの指針ともなるシリーズ。あなたはここを見られている！
意外な点に気づかされ、自分の剣道を見つめ直すことも合格へとつながる道となるだろう。

剣道昇段審査合格の秘密
剣道時代編集部編　**(新装版)**
A5判・2,750円

合格率1パーセント。日本最難関の試験に合格した人達はどんな稽古を実践したのか。八段合格者88人の体験記にその秘密があった。

全日本剣道連盟「杖道」写真解説書
改訂　杖道入門
米野光太郎監修、松井健二編著
B5判・3,666円

平成15年に改訂された全剣連杖道解説書に基づいた最新版。豊富な連続写真を元に懇切丁寧な解説付。杖道愛好者必携の書。全国稽古場ガイド付

古流へのいざないとしての
杖道打太刀入門
松井健二著　A5判・2,750円

杖道の打太刀の解説を通して、太刀遣いの基本や古流との相違点を易しく説いた入門書。武道家なら知っておきたい基本極意が満載。

水南老人講話　宮本武蔵
堂本昭彦・石神卓馬著
A5判上製・3,080円

あの武術教員養成所で多くの俊秀を育てた水南楠正位がとくに剣道家のために講義した宮本武蔵。大日本武徳会の明治もあわせて収録した。

小森園正雄剣道口述録　冷暖自知　改題
剣道は面一本(新装版)
大矢　稔編著 A5判・2,200円

「剣道は面一本！その答えは自分で出すものである」元国際武道大学武道学科主任教授小森園範士九段が口述された剣道の妙諦を忠実に記録。

生涯剣道はいがっぺよ
百歳までの剣道
岡村忠典著 四六判上製・2,640円

剣道大好き人間がすすめる生涯剣道のクスリ。「向上しつつ生涯剣道」を続けるための稽古法や呼吸法など従来にはなかった画期的な本。

生涯剣道をもとめて
石原忠美・岡村忠典の剣道歓談
石原忠美・岡村忠典著
四六判上製・2,640円

90歳現役剣士が生涯をかけて体得した剣道の精髄を聞き手名手の岡村氏が引出す。以前に刊行した「円相の風光」を改題、増補改訂版。

生涯錬磨　剣道稽古日誌
倉澤照彦著 A5判上製・3,080円

50歳で剣道八段合格。自分の修行はこれからだと覚悟を固めた著者53歳～64歳の12年間の稽古反省抄。今は亡き伝説の名剣士も多数登場。

ゼロからわかる木刀による
剣道基本技稽古法(DVD付)
太田忠徳解説　B5判・2,200円

剣道級位審査で導入にされた「木刀による剣道基本技稽古法」。本と動画で指導上のポイントから学び方まで制定に携わった太田範士がわかりやすく解説。DVD付

居合道審査員の目
「剣道時代」編集部編
四六判上製・2,200円

居合道審査員は審査でどこを見て何を求めているか。15人の八段審査員が明かした審査上の着眼点と重要項目。よくわかる昇段への道。

剣道およびその他武道関連図書

剣道時代ブックレット②
悠久剣の道を尋ねて
堀籠敬蔵著　四六判・838円

京都武専に学び、剣道範士九段の著者が剣道生活八十年の総まとめとして日本伝剣道の歩みをまとめた魂の叫び。若き指導者に望むもの。

剣道はこんなに深い
快剣撥雲　豊穣の剣道
（オンデマンド版）
作道正夫著　A5判・2,750円

剣道もわれわれ人間と同様この時代、この社会に生きている。
日常にひそむ剣道の文化性、教育性、社会性を透視し、その意義を問いなおす。
思索する剣道家作道正夫の剣道理論が初めて一冊の本になった。大阪発作道流剣道論。

剣道極意授けます
剣道時代編集部編
B5判・2,475円

10名の剣道八段範士（小林三留、岩立三郎、矢野博志、太田忠徳、小林英雄、有馬光男、渡邊哲也、角正武、忍足功、小坂達明）たちがそっと授ける剣道の極意。教科書や教本には絶対に載っていない剣道の極意をあなたにそっと授けます。

末野栄二の剣道秘訣
末野栄二著 B5判・2,750円

全日本選手権優勝、全剣連設立50周年記念優勝等ながく剣道界で活躍する著者が、自身の優勝体験をもとに伝授する剣道上達の秘訣が凝縮された力作

本番で差が付く
剣道のメンタル強化法
矢野宏光著 四六判・1,760円

実戦で揺るがない心をつくるためのアドバイス。スポーツ心理学者が初めて紐解く、本番（試合・審査）で強くなりたい人のための剣道メンタル強化法。

社会人のための考える剣道
祝 要司著 四六判・1,760円

稽古時間が少ない。トレーニングが出来ない。道場へ行けない。もんもんと地稽古だけ続けている社会人剣士に捧げる待望の一冊。

強くなるための
剣道コンディショニング&トレーニング
齋藤実編著 B5判・2,750円

剣道の試合に勝つ、審査に受かるには準備が必要だ。トレーニング、食事、水分摂取の方法を新進の研究者たちはわかりやすく紹介する。

名手直伝
剣道上達講座1・2・3
剣道時代編集部編
B5判・1,2巻2,475円 3巻1,760円

16人の剣道名手（八段範士）が公開する剣道上達の秘訣。中級者以上はここから基本と応用を見極め、さらなる上達に必須の書。有馬光男、千葉仁、藤原崇郎、忍足功、船津普治、石田利也、東良美、香田郁秀、二子石貴資、谷勝彦ほか

剣道は乗って勝つ
岩立三郎著 B5判・1,980円

日本はもとより海外からも多数の剣士が集まる「松風館道場」。その館長岩立範士八段が剣道愛好家に贈る剣道上達のためのポイント。

剣道特訓これで進化（上）・（下）
剣道時代編集部編
B5判・各巻1,760円

昇段をめざす市民剣士のための稽古読本。多数の剣道カリスマ講師陣たちがいろいろな視点から剣道上達のために役立つ特訓を行なう。

仕事で忙しい人のための
剣道トレーニング（DVD付き）
齋藤　実著 B5判・2,970円

少しの工夫で一回の稽古を充実させる。自宅で出来る簡単トレーニングを中心に剣道上達に役立つストレッチ等の方法を紹介。

全日本剣道選手権者の稽古
剣道時代編集部編
B5判・1,980円

全日本選手権大会優勝をはじめ各種大会で栄冠を手にした４名の剣士たち（高鍋進・寺本将司・原田悟・近本巧）が実践する稽古法を完全収録。

剣道およびその他武道関連図書

勝って打つ剣道

古川和男著

B5判126頁・1,760円

隙があれば打つ。隙がなければ崩して打つ。強くて美しい剣道で定評のある古川和男範士が、勝って打つ剣道を指導する、珠玉の一冊。一足一刀の間合から一拍子で打つ剣道を求めよう

正しく美しい剣道を求める

優美な剣道 出ばな一閃

谷勝彦著

B5判132頁・1,760円

正しく美しい剣道を求めてきた谷勝彦範士。目指した山の頂を一つ超えると、見える景色もまた変わる。常に新たな発見・体験があると信じて挑戦を続けることが剣道だ。これまでの自分の修行から得たものをまとめたのが本書である。本書での二つの大きなテーマは根本的・本質的に別々のものではなく共通点や関連性があるという。

剣道昇段への道筋(上)・(下)

剣道時代編集部編

A5判・各巻2,475円

2007年～2012年の日本最難関の試験である剣道八段審査の合格者の生の体験記から審査合格の法則を学べ！

脳を活性化させる剣道

湯村正仁著

四六判・1,430円

正しい剣道が脳を活性化。免疫力・学力向上・老化予防も高める。その正しい剣道を姿勢、呼吸、心の観点から医師で剣道範士八段の筆者が紐解いて詳解する。

年齢とともに伸びていく剣道

林　邦夫著

A5判・2,200円

質的転換を心がければ、剣道は何歳になっても強くなれる。年齢を重ねてもなお最高のパフォーマンスを発揮するための方法を紐解く。

詩集 剣道みちすがら

国見修二著

A5判・1,375円

剣道を愛する詩人・国見修二が詩のテーマにはならないと思われていた剣道をテーマに綴った四十篇の詩。これは正に剣道の指南書だ！

剣道 強豪高校の稽古

剣道時代編集部編

B5判・2,200円

九州学院、水戸葵陵、明豊、本庄第一、高千穂、奈良大付属、島原の7校の稽古が事細かく写真と共に紹介されている。

剣道 強豪大学の稽古

剣道時代編集部編

B5判・1,760円

学生日本一に輝いた国士舘大学、筑波大学、鹿屋体育大学、大阪体育大学の4校の稽古を連続写真であますところなく紹介。映像を見るならDVDも発売中（定価・4,950円）

オススメ図書

心を打つ剣道

石渡康二著

A5判・2,750円

自分らしい「心を打つ剣道」すなわち勝敗や強弱ではなく真・善・美を共感する剣道に近づくための、七つの知恵を紹介する。　　（2018年７月発行）

心に響け剣の声

村嶋恒徳著

A5判・3,300円

組織で働く人は利益をめざすため顧客と対峙して戦略・戦術に従って、機を見て打ち込んでいく。剣道の本当の修錬の姿は、正にビジネスにおけるマーケティングの理想と同じであり、道の中で利益を出すことを理想とする、この剣道の考え方を働くリーダーのために著者が書き下ろした魂の作品。　（2025年1月発行）

二人の武人が現代人に伝える真理

柳生十兵衛と千葉真一

小山将生著（新陰流協会代表師範）

A5判・1,540円

新陰流を通じて千葉真一氏と親しく交流していた著者が、なぜ千葉氏が柳生十兵衛を敬愛していた理由を説き明かす。

剣道修錬の着眼点

濱﨑満著

B5判・1,760円

剣道は生涯剣道といわれるように終わりがない。生涯にわたり追求すべき素晴らしい伝統文化としての剣道。その剣道修錬の着眼点とは。　（2018年11月発行）

筋トレが救った癌との命がけの戦い

吉賀賢人著

A5判・1,980円

ボディビルダーに突然襲った癌の宣告。抗がん剤も放射線も効かない稀少癌。その元ボディビルチャンピオン『吉賀賢人』の癌との戦いの記録。

（2019年１月発行）

武道名著復刻シリーズ（オンデマンド版）

剣法至極詳伝
木下壽徳著
大正２年発行／四六判・3,080円

東京帝国大学剣道師範をつとめた木下翁の著になる近代剣道史上の名著を復刻。初歩から奥義に至る次第を五七調の歌に託し、道歌の一つ一つに解説がつけられている。

剣道秘要
宮本武蔵著　三橋鑑一郎註
明治42年発行／四六判・2,750円

2003年大河ドラマ関連本。武蔵が体得した勝負の理論を試合や稽古に生かしたい人、武蔵研究の材料を求めている人など、武蔵と「五輪書」に興味を持つ人におすすめしたい良書。

二刀流を語る
吉田精顕著
昭和16年発行／四六判・3,080円

武蔵の二刀流を真正面から取り上げた異色の書。二刀の持ち方から構え方、打ち方、受け方、身体の動作などの技術面はもちろん、心理面に至るまで解説された二刀流指南書。

日本剣道と西洋剣技
中山博道・善道共著
昭和12年発行／四六判・3,520円

剣道に関する書物は多数発行されているが、西洋剣技と比較対照した著述は、恐らく本書が唯一のものと言える。剣道の概要について外国人が読むことを考慮して平易に書かれている。

剣道手引草
中山博道著
大正12年発行／四六判・1,980円

剣道・居合道・杖道合わせて三道範士だった著者の門下からは多数の俊才が巣立ち、我が国剣道界に一大剣脈を形成した。その教えについて平易に解説した手引書。

剣道の発達
下川 潮著
大正14年発行／四六判・4,620円

下川氏ははじめ二天一流を学び、その後無刀流を学ぶかたわら西洋史を修め、京都帝大に入り武道史を研究した結果、本書を卒論として著作した。後世への遺著として本書が発行された。

剣道指南
小澤愛次郎著
昭和３年発行／四六判・3,300円

初版が発売されるや爆発的な評判となり、版を重ねること20数版という剣道の書物では空前のベストセラーとなった。附録に近世の剣士34人の小伝及び逸話が収録されている。

皇国剣道史
小澤愛次郎著
昭和19年発行／四六判・3,300円

剣道の歴史について詳述した書物は意外に少なく、古今を問わず技術書が圧倒的に多い。その点、神代から現代までの各時代における剣道界の動きを説いた本書は一読の価値あり。

剣道修行
亀山文之輔著
昭和７年発行／四六判・3,300円

昭和７年発行の名著を復刻。教育の現場で剣道指導に携わってきた著者が剣道修得の方法をわかりやすく解説している。

剣道神髄と指導法詳説
谷田左一著　高野茂義校閲
昭和10年発行／四六判・5,280円

668頁にも及ぶ大書であり、剣道に関するいろいろな項目を広範囲にとらえ編纂されている不朽の名著をオンデマンド復刻した。今なお評価の高い一冊である。

武道名著復刻シリーズ（オンデマンド版）

剣道講話

堀田捨次郎著

昭和10年発行／四六判・3,630円

昭和４年に天覧試合に出場したのを記念して執筆、編纂したもの。著者は数多くの剣道書を残しているが、本書はその決定版ともいえる一冊である。

剣道新手引

堀田捨次郎著

昭和12年発行／四六判・2,860円

昭和12年初版、13年に再版発行した名著を復刻。警視庁武道師範の著者が学校・警察・社会体育等の場で教育的に剣道を指導する人たちに贈る手引書。

千葉周作遺稿

千葉榮一郎編

昭和17年発行／四六判・3,630円

昭和17年発行の名著を復刻。
剣法秘訣」「北辰一刀流兵法目録」などを収録したロングセラー。

剣道極意

堀田捨次郎著

大正７年発行／四六判・3,740円

剣道の根本理念、わざと心の関係、修養の指針などを理論的に述べ、剣道の妙締をわかりやすく説明している。大正中期の発行だが、文章も平易で漢字は全てふりがな付きで、中・高校生でも読むことができる。

剣道時代ライブラリー

居合道　－その理合と神髄－

檀崎友彰著

昭和63年発行／四六判・3,850円

斯界の最高権威が精魂込めて書き上げた名著を復刻。初伝大森流から中伝長谷川英信流、早抜の部、奥居合の部など居合道教本の決定版。

剣道時代ライブラリー

剣道の学び方

佐藤忠三著

昭和54年発行／四六判・2,420円

32歳で武道専門学校教授、のちに剣道範士九段となった著者が、何のために剣道を学ぶのか、初心者でもわかるように解説した名著を復刻。

剣道時代ライブラリー

私の剣道修行　第一巻・第二巻

「剣道時代」編集部編

第一巻　昭和60年発行／四六判・5,280円

第二巻　昭和61年発行／四六判・7,150円

我が国剣道界最高峰の先生方48名が語る修行談。各先生方のそれぞれ異なった血の滲むような修行のお話が適切なアドバイスになるだろう。先生方のお話を出来るだけ生のかたちで収録したため、一人ひとりに語りかけるような感じになっている。

剣道時代ライブラリー

帝国剣道教本

小川金之助著

昭和７年発行／四六判・3,080円

武専教授・小川金之助範士十段の良書を復刻!!
昭和６年４月、剣道が中等学校の必須科目となった。本書は、その中等学校の生徒に教えるために作られた教科書であり、良書として当時広く読まれていた。

スポーツ関連およびその他オススメ図書

スポーツで知る、人を動かす言葉

スポーツと言葉

西田善夫著 B6判・1,047円

元 NHK スポーツアナウンサーの著者が高校野球の名監督・木内幸男氏を中心にイチロー、有森裕子らの名選手の言葉と会話術に迫る。（2003年12月発行）

対談・現代社会に「侍」を活かす小池一夫術

不滅の侍伝説『子連れ狼』

小池一夫・多田容子共著 四六判・1,650円

名作『子連れ狼』で描かれる「侍の魅力」について、原作者小池一夫氏が女流時代小説家多田容子氏と対談。侍ブームの今、注目の書。（2004年8月発行）

殺陣武術指導林邦史朗

特別対談／役者・緒形拳 × 殺陣師・林邦史朗

男二人お互いの人生に感ずる意気

林邦史朗著 四六判上製・1,760円

大河ドラマ殺陣師として知られる林邦史朗氏が殺陣の見所や作り方を紹介。さらに終章で殺陣が持つ魅力を役者緒形拳氏とともに語っていく。（2004年12月発行）

北京へ向けた0からのスタート

井上康生が負けた日

柳川悠二著 四六判・1,320円

日本中が驚いたアテネ五輪での「本命」、柔道井上康生の敗北理由を彼の父であり師でもある井上明氏への密着取材から導いていく。（2004年12月発行）

座頭鯨と海の仲間たち 宮城清写真集

宮城 清著 B5判・1,980円

沖縄慶良間の海に展開するザトウクジラを撮り続けて20年。慶良間の海で育ったカメラマン宮城清が集大成として上梓する渾身の一冊。（2005年12月発行）

定説の誤りを正す

宮本武蔵正伝

森田　栄著 A5判・3,850円

今までいくつの武蔵伝が出版されてきたであろう。著者があらゆる方面の資料を分析した結果解明された本当の武蔵正伝。（2014年10月発行）

自転車旅のすすめ

のぐちやすお著 A5判・1,760円

サイクリングの魅力にとりつかれ、年少時の虚弱体質を克服。１９８１年以来、世界中を計４３万キロ走破。その著者がすすめる自転車旅。（2016年７月発行）

スポーツ関連およびその他オススメ図書

勝負を決する！ スポーツ心理の法則

高畑好秀著 四六判・1,760円

心を強く鍛え、選手をその気にさせる18のメンタルトレーニングを「なぜ、それが必要なのか」というところから説き起こして解説。(2012年1月発行)

もっとその気にさせるコーチング術

高畑好秀著 四六判・1,760円

選手と指導者のためのスポーツ心理学活用法。選手の実力を引出す32の実戦的方法。具体例、実践アドバイス、図解で選手が変わる！(2012年9月発行)

スポーツ傷害とリハビリテーション

小山 郁著 四六判・1,980円

スポーツで起こりやすい外傷・障害についてわかりやすく解説。重症度と時間経過に応じた実戦的なリハビリプログラム40。(2013年12月発行)

チーム力を高める36の練習法

高畑好秀著 A5判・1,760円

本番で全員が実力を出しきるための組織づくり。チーム力アップに必要なユニークな実践練習メニューを紹介。楽しみながらスキルアップ。(2014年4月発行)

やってはいけないコーチング

高畑好秀著 四六判・1,760円

ダメなコーチにならないための33の教えをわかりやすくレクチャー。好評の「もっとその気にさせるコーチング術」に続く著者第３弾。(2015年3月発行)

女子選手のコーチング

八ッ橋賀子著 A5判・1,760円

今や目を見張る各スポーツ界における女子選手の活躍。経験から養った「女子選手の力を100%引き出すためのコーチング術」を伝授。(2015年7月発行)

野球こんなときどうする?

高畑好秀著 A5判・1,760円

野球の試合や練習中に直面しそうなピンチの場面を30シーン取り上げて、その対処法と練習法を教えます。自分でできるメンタル調整法。(2016年1月発行)

選手に寄り添うコーチング

八ッ橋賀子著 A5判・1,760円

著者、八ッ橋賀子のコーチング第二弾！　メンタルトレーナーの著者が、いまどきの選手をその気にさせ、良い結果を得るために必要な選手に寄り添うコーチング術を伝授する。(2017年３月発行)

ボディビルディングおよびウエイトトレーニング関連図書

ポイント整理で学ぶ実践・指導のマニュアル

競技スポーツのためのウエイトトレーニング

有賀誠司著　B5判・3,300円

ウエイトトレーニングが競技力向上や傷害事故の予防に必須であるという認知度が上がってきている中、指導者に問われる基礎項目はもちろん、各部位別のトレーニングのテクニックを約600点におよぶ写真付きで詳しく解説している。

ボディビルダー必読、究極の筋肉を作り上げる

ボディビルハンドブック

クリス・アセート著 A5判・1,980円

ボディビルダーにとってトレーニングと栄養学についての知識は必須のものであるが、その正しい知識を身に付け是非ともその努力に見合った最大限の効果をこの一冊から得てほしい。又ストレングスの向上をめざすトレーニーにもお勧めである。

すぐに役立つ健康と体力づくりのための

栄養学ハンドブック

クリス・アセート著 A5判・1,980円

我々の身体は日々の食事からつくられている。そして、その身体を正常に機能させるにはさまざまな栄養素が必要である。その一方で、最近は栄養の摂りすぎ又バランスのくずれが大きな問題となっている。では、どのようなものをどのくらい食べればよいか、本書が答えてくれる。

トレーニングの歴史がこの一冊でわかる

私のウェイトトレーニング50年

窪田 登著 A5判上製函入・8,905円

ウエイトトレーニングの先駆者である窪田登氏が自ら歩んできた道程を書き綴った自叙伝に加え、ウエイトトレーニングの歴史、そこに名を残す力技師たちなどが紹介されている。ウエイトトレーニング愛好者なら必ず手元に置いておきたい一冊。

パワーリフティングの初歩から高度テクまで

パワーリフティング入門

吉田　進著　B5判・1,620円

スクワット、ベンチプレス、デッドリフトの挙上重量のトータルを競うパワーリフティング。強くなるためには、ただ重いものを挙げれば良いというものではない。そこには科学的で合理的なアプローチが存在する。その方法が基礎から学べる一冊。

トップビルダーの鮮烈写真集

BODYBUILDERS

岡部充撮影　直販限定本(書店からは不可)

A4判上製・特価2,989円(カバーに少し汚れ)

80年代から90年代にかけて活躍した海外のトップビルダーたちが勢ぞろいした贅沢な写真集。リー・ヘイニー、ショーン・レイ、ビンス・テイラー、ティエリー・パステル、ロン・ラブ、ミロス・シャシブ、リッチ・ギャスパリ、フレックス・ウィラー他

スポーツマンのための

サプルメントバイブル(新装版)

吉見正美著　B5判・2,090円

日本でも最近スポーツ選手を中心に大いに注目されるようになったサプルメント。それは通常の食事からは摂りきれない各種の栄養を補う栄養補助食品のこと。本書は種類およびその使用方法から適切な摂取量などにわたり、すぐに役立つ情報が満載。

初心者でも一人で学べる

部位別ウエイトトレーニング

小沼敏雄監修　B5判・1,650円

(85、87 ～ 99年日本ボディビル選手権チャンピオン)

ウエイトトレーニングを始めたい、でもスポーツジムへ行くのは嫌だし身近に教えてくれる人もいない。この本は各筋肉部位別にエクササイズを紹介し、基本動作から呼吸法、注意点等を分かりやすく解説しているので、これからウエイトトレーニングを始めたい人にも是非おすすめしたい一冊。

ボディビルディングおよびウエイトトレーニング関連図書

理論と実践で100%成功するダイエット
ダイエットは科学だ
クリス・アセート著
A5判1,430円

この本を読み切る事は少々困難かもしれない。しかし、ダイエット法はすでに学問であり科学である。そのノウハウを修得しなければ成功はあり得ない。だが、一度そのノウハウを身に付けてしまえばあなたは永遠に理想のボディを手に入れることができる。

日本ボディビル連盟創立50周年記念
日本ボディビル連盟50年の歩み
50年史編纂委員会編集
A4判・2,750円

敗戦の混乱の中、ボディビルによって明るく力強い日本の復興を夢みた男たちの活動が、JBBFの原点だった。以来数々の試練を乗り越えて日本オリンピック委員会に正式加盟するに至る激動の歴史を、各種の大会の歴史とともに網羅した、資料価値の高いビルダー必携の記念誌。

スポーツトレーナーが指導している
これが正しい筋力トレーニングだ！
21世紀筋力トレーニングアカデミー著
B5判・1,572円

経験豊富なスポーツトレーナーが、科学的データを駆使して解説する筋力トレーニングの指導書。競技能力を高めたいアスリート必見！「特筆すべきは、トレーニングの基礎理論と具体的方法が研究者の視線ではなく、現場指導の視線で捉えられている」（推薦文・石井直方氏）

筋力トレーニング法100年史
窪田 登著　B6判・1,100円

80年代発刊の名書に大幅に加筆、訂正を加え復刻させた待望の一冊。ウェイトトレーニングの変遷を写真とともに分かりやすく解説。

スポーツトレーナー必読！
競技スポーツ別 ウェイトトレーニングマニュアル
有賀誠司著　B5判・1,650円

筋力トレーニングのパフォーマンス向上の為に競技スポーツ別に解説する他、走る・投げる・打つ等の動作別にもくわしく解説している。

続・パワーリフティング入門
吉田 進著　B5判・2,090円

現在発売中の『パワーリフティング入門』の続編。中味をさらにステップアップさせた内容となり、より強くなりたい方必読の一冊。

ベンチプレス 基礎から実践
東坂康司著　B5判・2,860円

ベンチプレスの基本事項ならびに実際にトレーニングを行う上での重要ポイントを分かりやすく具体的に解説。ベンチプレス本初の出版。

ベンチプレス フォームと補助種目
東坂康司著　B5判・1,980円

大好評のシリーズ第１巻「基礎から実践」に引続いて、個別フォームの方法やベンチプレス強化の上でも効果のある補助種目を詳細に解説。

究極のトレーニングバイブル
小川 淳著　B5判・1,650円

肉体と精神　究極のメンタルトレーニングであるヘビーデューティマインドこそ、ウエイトトレーニングに悩む多くの競技者の一助になる一冊である。

アスリートのための分子栄養学
星 真理著　B5判・2,343円

人それぞれで必要な栄養量は大きく違うはずである。本書では、分子栄養学的に見た栄養と体の働きの深い関わりを分かりやすく解説。

（株）体育とスポーツ出版社

〒135-0016　東京都江東区東陽2-2-20 3F

［営業・広告部］

TEL 03-6660-3131　FAX 03-6660-3132
Eメール　eigyobu-taiiku-sports@thinkgroup.co.jp
郵便振替口座番号　00100－7－25587　体育とスポーツ出版社

［剣道時代編集部］

〒101-0065　東京都千代田区西神田2-4-6宮川ビル2F
TEL 03-6265-6554　FAX 03-6265-6553

［ボディビルディング編集部］

〒179-0071　東京都練馬区旭町3-24-16-102
TEL 03-5904-5583　FAX 03-5904-5584